Kornel Terplan

Client/Server Management

Kornel Terplan

Client/Server Management

DATACOM-Fachbuchreihe

Die Deutsche Bibliothek – CIP-Einheitsaufnahme

Terplan, Kornel:
Client-Server-Management/Kornel Terplan. – Bergheim:
DATACOM-Buchverlag GmbH, 1995.
ISBN: 3-89238-124-0

(DATACOM-Fachbuchreihe)

Copyright 1995 by DATACOM Buchverlag GmbH
Nachdruck, auch auszugsweise, ist genehmigungspflichtig.

DATACOM
Buchverlag GmbH
Postfach 15 02
50105 Bergheim
Telefon: (0 22 71) 608-0
Telefax: (0 22 71) 608-290

Der Autor

Dr.-Ing. Kornel Terplan ist namhafter Kommunikationsfachmann für Netzwerk-Management. Langjährige Beratungspraxis als Unternehmensberater. Während seiner Laufbahn hat der Autor an über 30 Großprojekten auf vier Kontinenten mitgewirkt. Seine Kunden schließen ein: BMW, Siemens, Commerzbank, Schweizer Kreditanstalt, AT&T, Allianz, France Telecom, Salomon Brothers, Georgia Pacific, Schweizerische Bankgesellschaft, Telcel Venezuela, Creditanstalt Österreich, Lufthansa, Disney World und Iscor Südafrika. Derzeitige Schwerpunktgebiete sind: Netzmanagementbenchmarks, Auswahl von Instrumenten, Systemintegration, Outsourcing-Beratung und Spezifizierung von Management-Anwendungen.

10 Fachbücher, 150 Fachartikel und eine Vielzahl von Präsentationen an Konferenzen und Seminaren. Er studierte und promovierte an der Technischen Universität Dresden, unterrichtete an den Universitäten in Los Angeles, Stanford, Berkeley, Troy und Clemson. Seit mehreren Jahren unterrichtet er an der Brooklyn Polytechnic University in New York, am Stevens Institute of Technology in Hoboken und an der Technischen Universität in Budapest.

Vorwort

Die strategische Bedeutung der Client/Server-Systeme steigt in unerwartetem Tempo. Auch kritische Anwendungen, die die Produktivität des Unternehmens unmittelbar beeinflussen, werden auf Client/Server-Systemen implementiert. Aufgrund dieses direkten Einflusses auf die Geschäfts-Ergebnisse des Unternehmens muß das Client/Server Management die Verfügbarkeit von Server, Clients und Kommunikationsnetz maximieren und ein angemessenes Antwortzeitverhalten für die Benutzer garantieren. Die komplexen und vernetzten Client/Server-Systeme haben die mangel- und lückenhaften Lösungen des Client/Server Management an das Tageslicht gebracht, einfach dadurch, daß gewisse Systeme nicht mehr verwaltet werden konnten.

Das vorliegende Buch ist auf folgende Weise aufgebaut:

Nach der Diskussion der an das Management von Client/Servern gestellten Anforderungen werden im ersten Kapitel die Ziele, Aufgabenbereiche und Erwartungen gegenüber Client/Server Management formuliert. Darauf aufbauend, werden die ersten Installationsergebnisse von Client/Server-Systemen diskutiert. Der Zustand der jetzigen Lösungsansätze wird durch die Funktionen, Instrumente, Standards und die Zuordnung der Aufgabenträger beschrieben. Schließlich werden die vier kritischen Erfolgsfaktoren des Client/Server Management identifiziert und beschrieben.

Kapitel 2 behandelt die Komponenten von Client/Servern und weist auf ihre Management-Möglichkeiten hin. Dabei werden als Komponenten Hostrechner, Server, Clients, Betriebssysteme, standortübergreifende und lokale Netze sowie Datenbanken und Anwendungen definiert und mit ihren Merkmalen charakterisiert.

Kapitel 3 ist den Standards gewidmet. Insbesondere werden SNMPv1 und SNMPv2 behandelt. Nach der Erörterung der Eigenschaften des jeweiligen Protokolls wie CMIP, SNMP, TMN, DMI und OMNIPoint werden einige Beispiele für existierende und geplante Implementationen gezeigt. Viel Wert wird auf die Erklärung von Management Information Bases (MIBs) gelegt. Auch RMON (Remote Monitoring) für die Vereinheitlichung der Meßdatenerfassung und -verarbeitung in LANs wird ausführlich behandelt. Zum Schluß werden die SNMP-Fähigkeiten mit denen von CMIP verglichen und Migrationswege aufgezeigt.

Im Kapitel 4 sind die Client/Server-Management-Funktionen detailliert nach einer einheitlichen Struktur dargestellt. Die Management-Funktionen sind nach Bestands-, Konfigurations-, Problem-, Performance Management, Security Management und Acocunting Management sowie nach Administration untergliedert. Neben der Beschreibung der Funktionen wird auch der Informationsbedarf identifiziert. Schließlich werden die typischen Instrumente aufgezählt und die Anwendbarkeit der SNMP-Datenelemente erörtert. Dadurch werden konkrete Richtlinien für auf SNMP basierende Anwendungen bereitgestellt.

Kapitel 5 beschäftigt sich mit Plattformprodukten für das Client/Server Management. Zunächst werden die Merkmale und Eigenschaften von Plattformen erklärt. Danach folgt die Zusammenstellung der Auswahlkriterien für Produkte. Die weit verbreiteten Produkte wie OpenView (Hewlett Packard), SunNet Manager (SunSoft), NetView for AIX (IBM), DiMONS von Netlabs, NMS von Novell, Tivoli Management Environment von Tivoli, OperationsCenter von Hewlett Packard und Unicenter von Computer Associates werden etwas ausführlicher nach einer einheitlichen Merkmalstruktur analysiert. Andere wichtige Produkte wie z. B. OneVision von AT&T und Spectrum von Cabletron werden etwas weniger ausführlich bewertet.

Kapitel 6 ist geräteabhängigen Management-Anwendungen gewidmet. Weit verbreitete Produkte für Hub-, Router- und Bridge Management eröffnen die Beschreibungen. Das Management von Servern und Clients wird für Unix, OS/2 und Windows mit einigen Produkten beschrieben. Auch WAN-Komponenten von Client/Server-Systemen müssen verwaltet werden: dafür werden einige wenige Beispiele gezeigt. RMON standardisiert heute das Monitoring von lokalen Netzen. Auch für diesen Fall werden einige Beispiele gezeigt.

Geräteunabhängige Anwendungen, die prozeß- oder dienstorientiert sind, werden im Kapitel 7 behandelt. Zunächst werden einfache Werkzeuge für MIBs gezeigt. Die Verbreitung der elektronischen Softwareverteilung kann die Administration von Client/Server-Systemen drastisch ändern und verbessern. Deswegen werden drei unterschiedliche Produktfamilien, hostbasierende, unixbasierende und PC-basierende Lösungen ausführlich behandelt. Danach folgen Produktbeispiele für die Störzettelverwaltung und für das Kabel-Management. Beide Gruppen repräsentieren Produkte, die heute schon sehr häufig benutzt werden. Bei der Implementation ist aber die Integrationstiefe mit dem Plattformprodukt sehr unterschiedlich. Plattformerweiterungen zeigen unterschiedliche Beispiele einschließlich Console-Emulation und die Einbindung von existierenden Architekturen in Client/Server-Management-Strukturen.

Im Kapitel 8 werden Fragen der Aufgabenträger erörtert. Es wird eine praktisch orientierte Organisationsstruktur gezeigt. Es werden dabei die Bereiche Betrieb, Administration, Planung und Analyse unterschieden, die Zuordnung von Funktionen geklärt und eine mögliche Zuteilung der Werkzeuge zu Aufgabenträgern empfohlen. Sehr ausführlich werden Beispiele für typische Arbeitsplatzbeschreibungen gegeben. Als Ergebnis der Erfahrungen mit den ersten Anwendern der Client/Server-Technologie werden Schätzungen für die Anzahl der Aufgabenträger gegeben.

Kapitel 9 konzentriert sich auf drei Fragen: Integration der Managementfunktionen und -anwendungen, Werkzeuge sowie Kommunikationsdienste, Automatisierung der Ausführung von Management-Aufgaben und schließlich die Inanspruchnahme von Management-Diensten. Dieser abschließende Teil versucht, Richtlinien für die Entscheidungsvorbereitung zu geben. Wenn noch mehr Erfahrungen mit dem Management von Client/Server-Systemen gesammelt werden, können diese Empfehlungen und Richtlinien weiter verfeinert werden.

Für die fachlichen Anregungen und die Redaktion des Textes gilt mein Dank Herrn Christian Voigt von der Siemens AG. Ich möchte mich herzlichst bei Herrn Ernst H. Pröfener, Frau Susanne Grümmer und Frau Kirsten Knobbe vom DATACOM-Buchverlag für ihre Geduld und ständige Unterstützung bei der Bearbeitung des Manuskriptes bedanken. Ich möchte mich auch bei meinem Vater, Professor Zeno Terplan, für seine Hilfe beim Korrekturlesen bedanken.

Das Buch möchte ich meiner Tochter Krisztina widmen.

Gröbenzell bei München, März 1995

Inhaltsverzeichnis

1.	**Anforderungen an das Management von Client/Servern**		**17**
	1.1	Client/Server-Technologie-Überblick	17
	1.2	Rightsizing und Downsizing	20
	1.3	Erwartungen von Benutzern an das Client/Server Management	21
	1.4	Status an das Client/Server Management	23
		1.4.1 Fragmentation des Management	23
		1.4.2 Management-Anwendungen und -Instrumente	24
		1.4.3 Aufgabenträger	24
	1.5	Erhebungsergebnisse	25
	1.6	Management-Kosten für das Client/Server Management	27
	1.7	Kritische Erfolgsfaktoren des Client/Server Management	29
	1.8	Zusammenfassung	29
2.	**Komponenten des Client/Server Management**		**31**
	2.1	Administration von Hostrechnern	31
	2.2	Management von Systemen	33
	2.3	Netzwerk-Management	35
	2.4	Plattformprodukte für das Management von Client/Server-Systemen	37
	2.5	Zusammenfassung	38
3.	**Standardisierung des Client/Server Management**		**39**
	3.1	Grundmodell	39
	3.2	Offene Standards	41
	3.3	De-facto-Standard SNMP	43
	3.4	Open Management Interoperability Point (OMNIPOINT) vom Netzmanagement-Forum	49
	3.5	Telecommunications Management Network (TMN)	52
	3.6	Standards für Desktop Management	52
	3.7	Overhead infolge von Management-Protokollen	54
	3.8	Zusammenfasssung	56
4.	**Management-Funktionen für Client/Server-Systeme**		**57**
	4.1	Bestands-Management	59
		4.1.1 Bestandführung	59
		4.1.2 Backup	62
		4.1.3 Änderungs-Management	65
		4.1.4 Bestellwesen	69
		4.1.5 Directory-Dienst	70

	4.1.6	Typische Instrumente zur Unterstützung des Bestands-Management	70
4.2		Konfigurations-Management	71
	4.2.1	Konfiguration von Systemen und Netzen	71
	4.2.2	Topologiepflege	72
	4.2.3	Typische Instrumente für das Konfigurations-Management	74
	4.2.4	Wichtige SNMP-Informationen für das Konfigurations-Management	74
4.3		Problem-Management	76
	4.3.1	Statusüberwachung	78
	4.3.2	Alarm-Management	80
	4.3.3	Problembestimmung, Problemdiagnose und Problembehebung	81
	4.3.4	Datensicherheit	84
	4.3.5	Messungen und Tests	86
	4.3.6	Störzettelverwaltung	88
	4.3.7	Disaster/Recovery	90
	4.3.8	Typische Instrumente für das Problem-Management	92
	4.3.9	Wichtige SNMP-Informationen für das Problem-Management	94
4.4		Performance-Management	95
	4.4.1	Definition von Performance-Parameter	95
	4.4.2	Durchführung von Performance-Messungen	97
	4.4.3	Meßdatenverarbeitung	100
	4.4.4	Optimierung der Performance	102
	4.4.5	Berichtsgenerierung	103
	4.4.6	Modellierung und Baselining	104
	4.4.7	Typische Instrumente für das Performance Management	105
	4.4.8	Wichtige SNMP-Informationen für das Performance Management	106
4.5		Security Management	109
	4.5.1	Risikoanalyse für Client/Server-Systeme	109
	4.5.2	Security-Dienste und Security-Maßnahmen	112
	4.5.3	Implementierungen von Security-Maßnahmen	114
	4.5.4	Schutz des Management-Systems	115
	4.5.5	Typische Instrumente für das Security Management	115
	4.5.6	Wichtige SNMP-Informationen für das Security Management	116
4.6		Accounting Management	116
	4.6.1	Kostenerfassung	117

		4.6.2	Lizenzüberwachung	117
		4.6.3	Weiterverrechnung	118
		4.6.4	Typische Instrumente für das Accounting Management	120
		4.6.5	Wichtige SNMP-Informationen für das Accounting Management	121
	4.7	Administration		122
		4.7.1	Dokumenation	122
		4.7.2	Softwareverteilung	123
		4.7.3	Softwarepflege	127
		4.7.4	Typische Instrumente für die Administration	128
	4.8	Zusammenfassung		129
5.	**Plattformprodukte**			**131**
	5.1	Management-Konzepte		131
		5.1.1	Zentraler Manager	131
		5.1.2	Manager von Managern	132
		5.1.3	Offene Plattformprodukte	133
	5.2	Eigenschaften von Plattformprodukten		133
		5.2.1	Basisdienste	134
		5.2.2	Fortgeschrittene Dienste	136
	5.3	Auswahlkriterien für Plattformprodukte		138
	5.4	Führende Plattformprodukte		139
		5.4.1	SunNet Manager von SunSoft	139
		5.4.2	OpenView von Hewlett Packard	141
		5.4.3	NetView für AIX von IBM	144
		5.4.4	DiMons von Netlabs	146
		5.4.5	Network Management Systems (NMS) von Novell	149
		5.4.6	OpenView für Windows von Hewlett Packard	150
		5.4.7	Spezielle Plattformlösungen	151
			5.4.7.1 Tivoli Management Environment (TME) von Tivoli	151
			5.4.7.2 OperationsCenter von Hewlett Packard	154
			5.4.7.3 Unicenter von Computer Associates	155
	5.5	Vergleich der Produkte		157
	5.6	Zusammenfassung		158
6.	**Geräteabhängige Management-Anwendungen**			**160**
	6.1	Kategorisierung von Anwendungen		160
	6.2	Unterstützung von Plattformprodukten		162

	6.3	Integrationsebenen	164
	6.4	Geräteabhängige Management-Anwendungen für Netze	165
		6.4.1 Anwendungen für intelligente Hubs	165
		6.4.2 Anwendungen für Router-, Brücken- und Brouter-Management	169
		6.4.3 Anwendungen für WAN-Geräte	172
	6.5	Geräteabhängige Management-Anwendungen für Systeme	173
		6.5.1 UNIX Systems Management	174
		6.5.2 UNIX Systems Security	181
		6.5.3 OS/2 Management	183
		6.5.4 PC LAN und PC Systems Management	183
	6.6	Monitoring und Verkehrsanalyse	185
	6.7	Anwendungs- und Datenbank-Management	189
	6.8	Zusammenfassung	195
7.	**Geräteunabhängige Management-Anwendungen**		**198**
	7.1	Hilfsmittel für MIBs	196
	7.2	Softwareverteilung	199
		7.2.1 Software Distributor von Hewlett Packard	200
		7.2.2 Hermes (SMS) von Microsoft	201
		7.2.3 Navigator von Novell	202
		7.2.4 Enterprise Desktop Manager von Novadigm	204
		7.2.5 Distribution Manager/6000 von IBM	205
		7.2.6 Distribution Manager/2 von IBM	207
	7.3	Datenanalyse und Berichtswesen	208
	7.4	Störzettelverwaltung	214
	7.5	Kabel- und Asset-Management	217
	7.6	Plattformerweiterungen	223
		7.6.1 Alarmweiterleitungssysteme	223
		7.6.2 Legacy- oder Altlasten-Management	224
		7.6.3 Console Management und Automatisierung	227
	7.7	Zusammenfassung	229
8.	**Organisationsstruktur für das Management von Client/Server-Systemen**		**230**
	8.1	Arbeitsplatzbeschreibungen	230
	8.2	Größe des Management-Teams	241
	8.3	Zuordnung der Instrumente	242
	8.4	Management des Teams	242
	8.5	Zusammenfassung	246

9.	Zusammenfassung und Ausblick		247
	9.1	Integration	247
	9.2	Automatisierung	251
	9.3	Management-Dienste	254
	9.4	Zusammenfassung	255
10.	Anhang		257
	10.1	Literaturverzeichnis	257
	10.2	Abkürzungsverzeichnis	259
	10.3	Stichwortverzeichnis	263

1. Anforderungen an das Management von Client/Servern

Im Rahmen des Downsizing und Rightsizing entstehen leistungsfähige Client/Server-Strukturen, die die Effektivität am Arbeitsplatz entscheidend erhöhen können. Der Preis für diese Effektivität ist eine bessere und flexiblere Management-Struktur. Der Benutzer erwartet einfach diese »verdeckte« Management-Struktur. Bei Kosten/Nutzen-Analysen darf diese Managementseite keineswegs vernachlässigt werden.

1.1 Client/Server-Technologie-Überblick

Traditionelle Terminal/Server-Strukturen bilden den Ausgangspunkt, wenn Client/Server-Strukturen in die Diskussion gebracht werden. Bild 1.1 zeigt eine symbolische Darstellung der typischen Terminal/Server-Struktur. Einzelheiten über das Netzwerk wie Vorrechner, Konzentratoren, Verkabelung, Steuereinheiten, Protokolle usw. werden in dieser einfachen Darstellung nicht gezeigt. Der Server ist extrem leistungsfähig und teuer; die Terminals sind zwar sehr preiswert, aber nicht besonders intelligent. Client/Server-Strukturen versuchen diesen Abstand hinsichtlich der Intelligenz zu reduzieren. Dieser Vorgang läuft in mehreren Schritten ab. Bild 1.2 zeigt diesen Prozeß. Im ersten Schritt werden die Anzeigedienste verteilt, im zweiten vollständig ausgelagert. Im dritten Schritt werden gewisse Funktionen verteilt, im vierten Datenmanagement-Dienste vollständig ausgelagert und im fünften Schritt die Datenbanken verteilt.

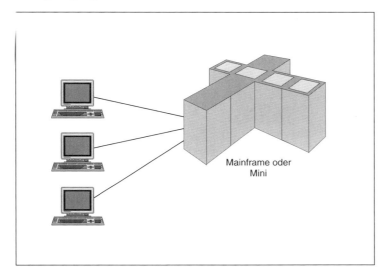

**Bild 1.1
Terminal/Server-Struktur**

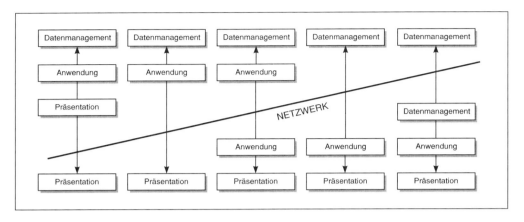

Bild 1.2 Modelle für Client/Server-Aufgabenteilung

Es ist interessant, die trennende Rolle des Netzwerkes zu beobachten: Es ist eine Struktur von WANs, MANs und LANs. Bild 1.3 zeigt die physikalische Realisierung eines Client/Server-Systems an einem lokalen Netz. Die Benutzerschnittstelle ist sicherlich sehr anspruchsvoll ausgerüstet mit Farbkodierung und mit grafischen Anzeigen. Die Performance ist vergleichbar mit Terminal/Server-Systemen, wenn man die Antwortzeit und den Sekundenbereich als Maßstab nimmt.

Bild 1.3 Client/Server-Struktur

Ein Client/Server-System ist eine neue Art, Probleme anzugehen, Anwendungen zu schreiben und zu implementieren. Dafür, wie die Arbeitsteilung konkret gelöst wird, gibt es zwei Alternativen. Bei beiden Alternativen können viele Funktionen von Servern und Clients in einem Hostrechner implementiert werden. Aber diese Implementierung von Client/Servern ist die Sonderform. Typischerweise werden Server und Clients getrennt voneinander implementiert und in einem Kommunikationsnetz miteinander verbunden. Bild 1.4 zeigt die beiden Alternativen.

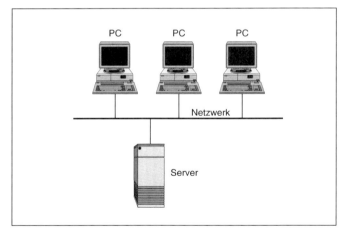

Auch eine Kombination der beiden gezeigten Alternativen ist möglich, da man nur in seltensten Fällen auf die Leistung der bereits implementierten Hostrechner vollständig verzichten kann.

Bild 1.5 zeigt diese so eben genannte Kompromißlösung mit der folgenden möglichen Arbeitsteilung:

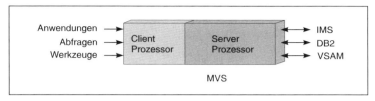

**Bild 1.4a
Client/Server im Hostrechner**

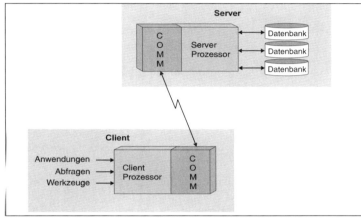

**Bild 1.4b
Client/Server mit Kommunikationsstruktur**

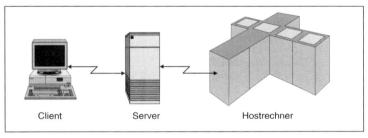

**Bild 1.5
Arbeitsteilung zwischen Clients, Server und Hostrechner**

- *Client*:

    - Ablauf von neuen Anwendungen,
    - Unterstützung von Präsentationsdiensten,
    - elektronisches Ausfüllen von Formularen.

- *Server:*

    - Konsolidierung der erfaßten Formulare,
    - Downloading von aktuellen Informationen an die Clients,
    - Softwareverteilung an die Clients,
    - Zwischenspeicherung,
    - Kommunikation mit Clients und mit dem Hostrechner,
    - Drucken.

- *Hostrechner:*
    - Verarbeitung von Massendaten,
    - Pflege der Datenbasis,
    - Fortschreibung von Datenbanken,
    - Softwareverteilung an die Server.

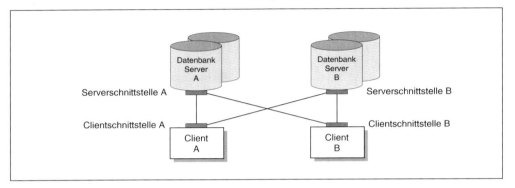

Bild 1.6 Client/Server-Schnittstellen

Je mehr Client/Server-Verbindungen erforderlich sind, desto mehr Schnittstellen müssen definiert und geplegt werden. Eine umfassende Standardisierung liegt noch weit entfernt in der Zukunft. Bild 1.6 zeigt eine vereinfachte Struktur mit zwei Servern und mit zwei Clients. Es gibt vier Schnittstellen und vier Kommunikationsverbindungen. Nur mit Individualschnittstellen können etwas kompliziertere Client/Server-Systeme kaum mehr verwaltet werden. Der Weg führt zu standardisierten Schnittstellen und standardisierten Protokollen.

1.2 Rightsizing und Downsizing

Rightsizing und Downsizing bedeuten den Weg zur erhöhten Flexibilität und zur Reduzierung von Betriebskosten. Client/Server-Systeme sind eine große Hilfe in diesem Zusammenhang. Benutzer und Entwickler sehen die Vorteile auf folgenden Gebieten:

- Möglichkeit der stufenweisen Erweiterung der Kapazität,
- verbesserte Zugriffsmöglichkeiten zu Daten, die in unterschiedlichen Datenbanken gespeichert sind,
- Verbesserung des Preis/Performance-Verhältnisses,
- Bereitstellung von besseren Instrumenten zur Entwicklung von neuen Anwendungen;
- einfachere Nutzung der Systeme wegen stark verbesserter Benutzeroberflächen;

- für einige Anwendungsbereiche wie z. B. Dokumentationssysteme, Backoffice bei Banken, Softwareunterstützung für Versicherungsagenten werden weniger Betriebskosten verursacht;
- stärkere Einbeziehung von Benutzern in den Entwicklungsprozeß,
- Automatisierung von Arbeitsflüssen im Rahmen des Workgroup Computing.

Auf der anderen Seite sehen Benutzer und Entwickler folgende Schwierigkeiten:

- Komplexität der Administration von Client/Server-Systemen, wodurch höhere Betriebskosten verursacht werden;
- Stabilität und das genaue Verstehen der Client/Server-Systeme, wie sie arbeiten und wie die Performance verbessert werden kann;
- zu wenig Anwendungen, die ohne viel Aufwand implementiert werden können;
- Hardwarekosten, die vor allem mit der Unterstützung der grafischen Oberflächen zusammenhängen;
- langsame und sehr aufwendige Softwarentwicklung;
- angemessene Security-Lösungen, die viel Geld erfordern;
- die zentralen DV-Abteilungen arbeiten mit, aber sie haben sehr wenig Erfahrungen mit Client/Server-Systemen;
- die Teilnahme von Benutzern an der Entwicklung kann unter Umständen die Qualität des Endproduktes beeinträchtigen.

1.3 Erwartungen von Benutzern an das Client/Server Management

Benutzer benötigen einen nahtlosen Übergang vom Terminal/Server-Strukturen zu Client/Server-Systemen. Dieser Übergang soll die Performance nicht beeinträchtigen. Das ist keine leichte Aufgabe. Terminal/Server-Strukturen wurden jahrzehntelang optimiert. Client/Server-Systeme sind vielfältig und weitgehend nonstandardisiert. Dadurch ist die Performance weder modellierbar noch voraussagbar. Anforderungen von Benutzern an das Management von Client/Server-Systemen können wie folgt konkretisiert und zusammengefaßt werden:

- Aufrechterhaltung der Dienstleistungen wie Endbenutzerverfügbarkeit, Antwortzeit und Durchsatzraten trotz der überdurchschnittlichen Wachstumsraten im Client-Bereich und vieler technologischen Änderungen in der Kommunikationstechnologie.

- Messung und Anzeige der Performance durch den gezielten Einsatz von Monitoren und Analysatoren.
- Eingebaute Automatismen, die es ermöglichen, ausgefallene Clients, Server und Netzkomponenten in Echtzeit zu erkennen und zu reparieren oder zu ersetzen, damit die Dienstleistungen für den Endbenutzer nahtlos fortgesetzt werden können.
- Möglichkeiten des redundanten Betriebes, in dem Administrationsstationen die Verwaltung übernehmen können, wenn der Hauptplatz aus irgendwelchen Gründen ausfällt.
- Pflege der Konfigurationsdaten in einer Datenbank, die für viele Benutzer und Administratoren zugreifbar ist.
- Implementierung einer zentralen Anlaufstelle für sämtliche Alerts, Meldungen und Nachrichten aus Servern, Clients und aus Netzkomponenten. Dieser Arbeitsplatz kann dann auch als zentrale Anlaufstelle von Online-Hilfen für Benutzer betrachtet werden.
- Ausarbeitung und Implementierung einer wirkungsvollen Backup-Konzeptes, wodurch der Administrator in der Lage ist, Backups im laufenden Betrieb kontinuierlich auszuführen.
- Integrierung der physikalischen und logischen Client/Server-Komponenten zur korrelativen Diagnose, zum Tuning und zur Netzplanung.
- Einsatz von flexiblen Instrumenten, die sowohl als Monitore als auch als Testinstrumente benutzt werden können.
- Überwachung und Optimierung der Performance von Anwendungen, Betriebssystemen und Netzkomponenten; bei Schwellenwertüberschreitungen müssen Alarme automatisch ausgelöst werden.
- Mehr Alternativen zur Planung, Modellierung und zum Stress Testing von Client/Server-Systemen, damit man mit realistischeren Diensterwartungen rechnen kann.
- Migration zu offenen Management-Plattformen, damit Client/Server-Management-Anwendungen auf breiterer Basis implementiert werden können.
- Implementierung einer zentralen Anlaufstelle, wo sämtliche Softwareversionen überwacht werden. Diese Stelle ist dann auch für die elektronische Verteilung der Software und auch für das Änderungsmanagement verantwortlich.
- Zentrale Überwachung von Softwarelizenzen, damit die aktuelle Nutzung von Betriebssystemen und Anwendungen administriert werden kann; gleichzeitig gilt die Überwachungsgrundlage für Lizenzvereinbarungen.
- Skalierbarkeit des gewählten Managementsystems, da in Client/Ser-

ver-Systemen die Zuwachsraten und Änderungen schwieriger voraussehbar sind als in Terminal/Server-Strukturen.
- Zentrale Administrierung von Fehlern mit Hilfe einer leistungfähigen Anwendung, die einen hohen Grad der Automatisierung der Fehlererfassung, Registrierung, Administrierung und Verfolgung zuläßt.

Diese lange Liste an Anforderungen zu erfüllen, ist durchaus nicht ohne weiteres möglich. Die Implementation ist mit viel Aufwand verbunden, und die Benutzer müssen die Reihenfolge der Implementierung nach Prioritäten sorgfältig wählen. Es ist recht unterschiedlich, wo die einzelnen Benutzer starten. Der eigentliche Aufwand und Implementierungszeiträume hängen vom Status des Management ab. Merkmale des allgemeinen Zustandes werden im nächsten Abschnitt diskutiert.

1.4 Status an das Client/Server Management

Es stellt sich mit Recht die Frage, ob und inwieweit das Management von Client/Servern heute angegangen wird. Insgesamt stellt man noch sehr große Lücken fest. Die wichtigsten Erkenntnisse und Fakten werden wie folgt zusammengefaßt. Es handelt sich dabei um drei Gruppen:

- Fragmentation des Management,
- Management-Anwendungen und -Instrumente,
- Aufgabenträger.

1.4.1 Fragmentation des Management

Die Komplexität der Client/Server-Systeme macht es fast unmöglich, heterogene Systeme als geschlossenes Ganzes zu verwalten. Aber Integration ist der einzige Weg, Client/Server-Systeme effizient zu verwalten. Es gibt sowohl technologische als auch organisatorische Ursachen, die eine zügige Integration verhindern. Die Hauptursachen sind:

- Trennung des Netzwerk-Management vom System Management,
- Trennung des logischen und physischen Management,
- Unterschiede in Verwaltung von aktiven und passiven Client/Server-Komponenten,
- unterschiedliche Verwaltbarkeit von Netzarchitekturen,
- getrennte Verwaltung von standortübergreifenden, städtischen und lokalen Netzen,
- keine Integration des Alarm-Management,
- Fehlen von Störzettelverwaltungsprodukten,
- fehlende Einheitlichkeit der Anwendungsschnittstellen.

1.4.2 Management-Anwendungen und -Instrumente

Es gibt Hunderte von Instrumente und Anwendungen, die in einer sinnvollen Kombination die Güte des Client/Server Management verbessern können. Es gibt heute jedoch noch ernsthafte Schwächen in diesem Bereich. Davon sind die wichtigsten:

- mehrere Datenbanken und Dateien, die Konfigurationsdaten pflegen, aber nicht miteinander synchronisiert sind,
- viele Spezialprodukte mit eigenständigen Bedienstationen, die eine zügige Integration erschweren,
- Fehlen von leistungsfähigen Berichtsgeneratoren,
- begrenzte Unterstützung durch die Hersteller und Vertreiber,
- Fehlen von leistungsfähigen Lösungen für Expertensysteme, insbesondere im Bereich des Problem-Management,
- keine zufriedenstellenden Lösungen für die Schutzmaßnahmen der Management-Systeme und der Management-Anwendungen,
- es gibt nur sehr wenige Instrumente zur Unterstützung vom Backup und Disaster Recovery.

1.4.3 Aufgabenträger

Client/Server-Systeme können nur mit Instrumenten und Anwendungen allein nicht verwaltet werden. Das Management-Team ist ebenso wichtig wie die Werkzeuge. Auf dem Gebiet der Aufgabenträger kann man die folgenden verbesserungsdürftigen Fakten beobachten:

- zu hohe Fluktuationsrate des Personals,
- fehlende Kenntnisse für Client/Server-Systeme,
- fehlende Erfahrungen, wie man Management-Anwendungen und Instrumente wählt und implementiert,
- ständig wachsende Zahl des Personals,
- niedrige Produktivität im Betrieb durch fehlende Automatismen und Anwendungen,
- keine klare Zuordnung der Verantwortlichkeiten für die Management-Funktionen,
- ständig sich ändernde Zuordnungen und ad-hoc-Aktionen, die eine kontinuierliche Arbeit kaum ermöglichen,
- steigende Betriebskosten, wodurch die Betriebsbudgets ernsthaft überschritten werden können.

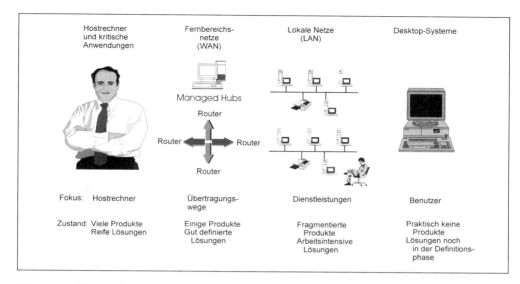

**Bild 1.7
Status zum Client/
Server Management**

Die aufgezählten Schwachstellen erscheinen wahrscheinlich nicht alle zusammen in einem Unternehmen, aber eine Kombination von ihnen kann ernsthafte Engpässe verursachen. Nach der sorgfältigen Gewichtung der einzelnen Fakten müssen konkrete Maßnahmenpläne zur Beseitigung der Schwächen erarbeitet und implementiert werden. Das geschieht in den meisten Fällen im Rahmen von Management Audits und Management Benchmarks.

Bild 1.7 zeigt den derzeitigen Zustand der Management-Segmente für Client/Server-Systeme. Die Schlußfolgerungen sind für:

– Hostrechner und die (meisten) Server:
 Es gibt viele Produkte und viele Betriebserfahrungen;

– Ortsübergreifende Netze:
 Es gibt einige Produkte für sehr klare Aufgabenstellungen;

– Lokale Netze:
 Es gibt relativ wenig Produkte mit sehr fragmentierten Lösungen;

– Clients (Workstations):
 Sie sind praktisch noch nicht managementfähig. Es gibt nur wenig Produkte, die nur Insellösungen anbieten.

1.5 Erhebungsergebnisse

Vor der tiefergehenden Diskussion der Management-Fragen ist es interessant, wie weit das durchschnittliche Unternehmen mit der Implementation und mit dem Management von Client/Server-Strukturen ist. Die in diesem

Abschnitt gezeigten Ergebnisse basieren auf den Erhebungen von Network World und von International Data Corporation (IDC). Die Erhebungsergebnisse werden in folgende Kategorien aufgeteilt:

- Einsatzgebiete von Client/Servern,
- Kosten,
- Verantwortlichkeiten,
- Managementprobleme,
- Lösungsansätze.

Einsatzgebiete

Client/Server-Lösungen werden praktisch bei jedem Unternehmen eingesetzt. Die meisten Firmen (etwa 60 %) haben heute schon Lösungen im Einsatz oder werden innerhalb der nächsten 2 Jahre eine Lösung (27 %) implementieren. Unternehmen definieren die Client/Server-Strategie individuell und übernehmen wenig Erfahrungen voneinander. Es lassen sich jedoch wenigstens 3 unterschiedliche Richtungen festlegen (IDC 1994):

a.) PC-Zugriff auf Hostanwendungen:	23,2 %
b.) Verbindung von Anwendungen über mehrere Plattformen:	28,2 %
c.) Anwendungen für PC-LANs:	48,6 %
Gesamt	100,00 %

Kosten

Es sind folgende Kostenaufteilungen vertreten:

Erwartete Budget-Grenzen nicht überschritten:	41 %
Erwartete Budget-Grenzen etwas überschritten:	32 %
Keine Kostenerfassung:	13 %
Viel teurer als gedacht:	6 %
Etwas billiger als gedacht:	5 %
Viel billiger als gedacht:	3 %

Dieses Bild ist hinsichtlich der Budget-Grenzen ziemlich ausgeglichen; es geht daraus nicht klar hervor, ob die Management-Kosten berücksichtigt und, wenn ja, welche Anteile eingeschlossen sind.

Verantwortlichkeiten

In dieser Hinsicht gibt es Meinungsunterschiede; zentrale oder dezentrale Verantwortung stehen zur Debatte. Die Statistik zeigt folgendes Ergebnis:

Netzgruppe der zentralen Abteilung ist verantwortlich:	47 %
Zentrale Informationstechnologie ist verantwortlich:	38 %

Unternehmensbereich mit lokaler Informationstechnologie
ist verantwortlich: 12 %
Netzgruppe außerhalb den IT-Abteilungen ist
verantwortlich: 6 %
Endbenutzer ist verantwortlich: 4 %

Management-Probleme

Je nach Benutzer werden die Probleme recht unterschiedlich interpretiert. Schlußfolgerungen sind derzeit noch sehr schwer machbar. Die Erhebung zeigt das folgende Ergebnis:

Kein Management: 37 %
Netzkosten: 30 %
Zuverlässigkeit: 18 %
Keine Voraussage des Kapazitätsbedarfs: 18 %
Integration zwischen Netzsoftware und Anwendungen: 18 %
Performance-Engpässe: 17 %
Datenschutz: 8 %
Unberechtigte Zugriffe: 6 %
Sonstige: 1 %

Lösungsansätze

Es gibt bereits einige Ansätze, die aber noch keineswegs zufriedenstellend sind. Die wichtigsten sind:

»Ratlosigkeit« über Lösungen: 44 %
Hardware-Erweiterung: 19 %
Entwicklung von hausinternen Tools: 9 %
Verstärktes Training: 8 %
Mehr Tests: 4 %
Kauf von gebrauchten Geräten: 4 %
Standardisierung: 3 %
Software-Erweiterung: 1 %
Sonstige Ansätze: 8 %

1.6 Management-Kosten für das Client/Server Management

Obwohl mit Client/Server-Systemen in vielen Fällen Ersparnisse erzielt werden sollen (und können), dürfen die erhöhten Administrationskosten nicht unberücksichtigt bleiben. Einfache Rechnungen zeigen, daß die Administrationskosten einen wesentlichen Anteil der Betriebskosten ausmachen. Bei den Anschaffungskosten bleiben die Ausgaben für Plattform,

Management-Station und Anwendungen in einem kontrollierbaren Rahmen. In einfachen Kostenmodellen kann man mit dem folgenden Beispiel arbeiten. Nehmen wir an, daß das Client/Server-System relativ einfach ist; es beinhaltet 250 Clients (Unix und OS/2) and 10 Server (Unix und OS/2) < LEUE94 >. Die Anschaffungskosten betragen etwa:

- je Server: DM 150.000,00
- je Client: DM 10.000,00
- Netzanschluß im lokalen Bereich: DM 800,00

Dadurch erhält man das folgende Ergebnis:

Komponente	Anzahl	Einzelpreis	Gesamtpreis
Server	10	150.000,00	1.500.000,00
Clients	250	10.000,00	2.500.000,00
Netzanschluß	250	800,00	200.000,00
Gesamtinvestition			4.200.000,00

Wenn dieser Betrag in 4 Jahren abgeschrieben wird, beträgt die jährliche Belastung etwa 1 Millionen DM. Dazu kommen die Management-Kosten nach folgenden Überlegungen:

- 10 Administratoren (je DM 120.00,-)
- 10 durchschnittliche Bedienstationen (je DM 10.000,-)

Dadurch ergibt sich eine jährliche Belastung von

DM   1.200.000,- durch die Aufgabenträger
DM   25.000,- durch die Bedienstationen, die wiederum in 4 Jahren abgeschrieben werden.

Daraus ist ersichtlich, daß die jährlichen Management-Kosten die jährliche Hardwarebelastung überschreiten. Und hier wurden nur die offensichtlichen Kosten ausgewiesen. Versteckte Kosten kommen noch aus folgenden Quellen dazu:

- Mitbenutzung der Störannahmestelle,
- Mitbenutzung des Management Server,
- Software- und Hardwarepflege,
- Backups und Sicherstellungen.

Dieser Gedankengang zeigt, daß Client/Server-Systeme nicht überall wirtschaftlich sein können. Erhebungen zeigen, daß Client/Server-Systeme für transaktionsorientierte und datenbankintensive Anwendungen mit sehr hohen Administrationskosten verbunden sind.

1.7 Kritische Erfolgsfaktoren des Client/Server Management

Es gibt einige Faktoren, die eindeutig über Erfolg und Mißerfolg auf dem Gebiet des Client/Server-Management entscheiden. Wenn diese Faktoren identifiziert werden und ihre sorgfältige und kontinuierliche Überwachung garantiert werden kann, sind die Kriterien für ein erfolgreiches Management erfüllt. Diese Erfolgsfaktoren sind:

– Prozesse, Funktionen und Anwendungen beinhalten ein Konfigurations-, Problem-, Performance-, Security- und Accounting-Management, Systems Administration, Bestandsführung, manchmal auch Design und Planung. Die Prozesse können einzelne Funktionen enthalten, z. B. Statusüberwachung, Änderungskoordination, Archivierung, Softwareverteilung, Lizenzüberwachung, Modellierung, Problembehebung und eventuell Baselining. Diese Prozesse und Prozeduren benutzen Plattformen mit Protokollen, Datenbanken und Benutzerschnittstellen. Auf diesem Gebiet kann man immer mehr mit herstellerabhängigen und herstellerunabhängigen Management-Anwendungen rechnen.

– Instrumente für die Überwachung, für die Performance-Analyse, für die Modellierung und für die Berichtsgenerierung in zentralen und dezentralen Standorten. Die meisten Instrumente benutzen Plattformen mit Unterstützung von Anwendungsschnittstellen, genannt API (Application Programming Interface). Die meisten Instrumentenhersteller bieten die eigenen Anwendungen für mehrere Plattformprodukte an.

– Management-Protokolle zur Standardisierung des Informationsaustausches zwischen Managern und Agenten, unabhängig davon, wer die Kommunikationsverbindung aufgebaut hat. Durch die Standardisierung können auch unterschiedliche Client/Server-Komponenten in das Management einbezogen werden.

– Aufgabenträger mit klar definierten Aufgaben, mit Arbeitsplatzbeschreibungen und mit dem erforderlichen Kenntnisstand über Prozesse, Prozeduren, Funktionen, Anwendungen und Instrumente.

Diese Erfolgsfaktoren bilden die Grundlagen der nachfolgenden Kapitel des Buches.

1.8 Zusammenfassung

Die Client/Server-Technologie ist noch sehr neu. Management-Erfahrungen existieren noch kaum. Es gibt jedoch einige Vorreiter für diese Technologie. Bild 1.8 zeigt ein Erhebungsergebnis von Forrester Re-

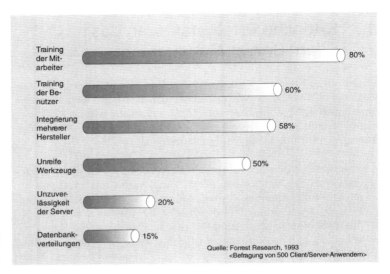

**Bild 1.8
Probleme mit Client/
Server-Systemen**

search; 500 Client/Server-Anwender wurden über ihre Client/Server-Probleme befragt. Die Antworten sind in Form einer Verteilungsfunktion im Bild gezeigt.

Wie aus dem Bild ersichtlich, Problem Nummer drei und Nummer vier haben mit dem Management von Client/Server-Systemen zu tun. Die Probleme treten wegen der fehlenden Integration und wegen der unreifen Werkzeuge auf.

Viele Benutzer sind über das Mengenproblem besorgt. Im Laufe der Client/Server-Implementation wächst die Zahl der intelligenten Endbenutzergeräte. Gleichzeitig wächst die Zahl der zu verwaltenden Geräte, die auch noch verteilt sind. Erhebungen belegen diese Befürchtungen; 1984 mußte man z. B. für 1.000 Benutzer etwa 50 Endgeräte verwalten (Verhältnis: 20 : 1); dagegen wird erwartet, daß man 1997 für ein vergleichbares Unternehmen für 15.000 Benutzer etwa 30.000 Endgeräte verwalten wird (Verhältnis: 1: 2).

2. Komponenten des Client/Server Management

Vor der Behandlung der Management-Funktionen und deren Instrumente werden zunächst die Komponenten von Client/Server-Systemen kurz erläutert. Dabei darf man keinesfalls vergessen, daß existierende Hostrechner – von mehreren voreiligen Benutzern gedanklich bereits eliminiert – auch in Client/Server-Systemen eine wichtige Rolle spielen können. Die anderen Komponenten wie Server, Clients und Netzverbindungen sind selbstredend. Client/Server-Systeme bestehen grundsätzlich aus den folgenden Komponenten:

- Hostrechner in der Rolle einer wichtigen Datenbank-Maschine,
- unterschiedliche Server zur Ausführung verschiedener Aufgaben wie z. B. Verarbeitung, Daten-Management, Drucken, Kommunikation, Security-Überwachung, Software-Verteilung,
- Clients zur unmittelbaren Unterstützung der Benutzer am Arbeitsplatz u.a. mit lokaler Verarbeitung, Drucken und mit grafischen Anzeigen,
- Netze, die Hostrechner, Server und Clients im lokalen, städtischen und im ortsübergreifenden Bereich miteinander verbinden.

Aus dem Gesichspunkt des Management handelt es sich hier um eine Kombination des Systems und des Netzwerk-Management. Beide Aufgabenbereiche können heute zwar schon viele Ergebnisse aufweisen, aber die Integration im Interesse des Client/Server Management steht noch vor vielen ungelösten Aufgaben (Bild 2.1, Seite 32).

2.1 Administration von Hostrechnern

Die wichtigsten Merkmale von Hostrechnern und deren Management werden in Tabelle 2.1 zusammengefaßt. Diese Art Rechner können nicht ohne weiteres durch Client/Server-Systeme abgelöst werden. Eine vorläufige Arbeitsteilung ist sinnvoll. Vielleicht auch eine längerfristige, in der der Hostrechner als Datenbank- und Archivierungsmaschine eingesetzt werden. Auch als Backup-Maschine können sie noch eine bedeutende Rolle spielen.

Zur Administration werden die Indikatoren herangezogen, die auch bisher benutzt worden sind. Der Unterschied ist, daß man versucht, diese Rechner von außen – von einem Plattformprodukt her – zu verwalten. Dadurch sind Integrationsmöglichkeiten jederzeit gegeben.

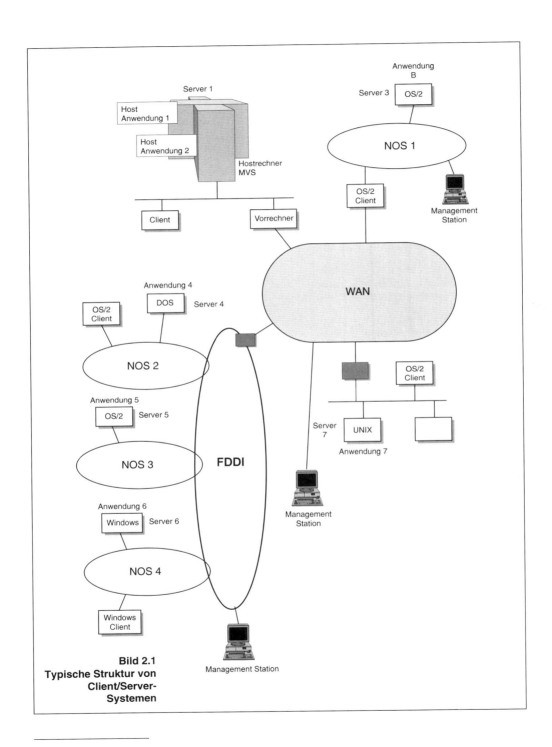

**Bild 2.1
Typische Struktur von Client/Server-Systemen**

> **Charakteristische Merkmale**
>
> MIPS sind sehr teuer
> Interne und externe Speicher sind teuer
> Es gibt genügend Erfahrungen mit Performance Tuning
> Accounting-Daten sind verfügbar
> Performance-Indikatoren sind sehr gut verständlich
> Erfahrungen sind an wenigen Standorten konzentriert
> Instrumente stehen zentral im Hostrechner und um den Hostrechner zur Verfügung
> Security ist relativ leich kontrollierbar
> Overhead der Datenerfassung und der Datenübertragung ist kritisch

Die wichtigsten Indikatoren zur Performance-Überwachung beinhalten:

Tabelle 2.1 Management von Hostrechnern

– Auslastung von Systemressourcen wie CPU, Input/Output, Hauptspeicher, Platten und Drucker,

– Task-Bereich mit CPU- und Input/Output-Bedarf,

– Input/Output-Bereich mit Angabe der Wartezeit, der Antwortzeit, der Warteschlangenlänge und der Angabe von Engpässen,

– Anwendungsbereich mit der Angabe der Anwendungen, der offenen und abgeschlossenen Prozesse und der Tasks,

– Problembereich mit Anzahl der Probleme je Klasse, Anzahl der Security-Verletzungen und der jeweiligen Problembehebungszeit,

– Bestandsführung mit Systemtyp, Prozessortyp, Drivers, Ports, Betriebssystem und Kommunikationssoftware,

– Parameter zur Prüfung der Überlappung zwischen Systemfunktionen,

– Programmzustände innerhalb des Betriebssystems.

Die Periodizität der Datenerfassung ist recht unterschiedlich. Einige Indikatoren werden abgefragt, die anderen kommen automatisch von den betreffenden Komponenten, sobald Schwellenwerte über- oder unterschritten worden sind.

2.2 Management von Systemen

System Management ist relativ neu in der heutigen Definition. Eine Menge von Erfahrungen können jedoch von Hostrechnern übernommen werden. Die wichtigsten Merkmale von Servern (ausgenommen Hostrechner) und

Charakteristische Merkmale

MIPS sind preiswerter geworden
Interne und externe Speicher sind (noch) preiswert
Es gibt kaum Erfahrungen mit Performance Tuning
Accounting-Daten sind meistens nicht verfügbar
Performance-Indikatoren sind noch nicht so gut verständlich und
    interpretierbar
Erfahrungen sind verteilt und konzentrieren sich auf Einzelgebiete
Instrumente sind verteilt oder tragbar
Security ist ein sehr großes Problem
Overhead der Übertragung der Management-Informationen
    bleibt sehr kritisch

Tabelle 2.2 Management von Servern und Clients deren Management werden in Tabelle 2.2 zusammengefaßt. Trotz der Unterschiede und unterschiedlichen Instrumente gehen die langjährigen Erfahrungen nicht verloren, da viele Ähnlichkeiten zu den Indikatoren von Hostrechnern festgestellt werden können.

Die Verwaltungsfunktionen und die Management-Indikatoren sind weitgehend identisch. Insgesamt darf man jedoch weniger Zeit und Geld einsetzen, da die Systeme wesentlich preiswerter sind. Die wichtigsten Indikatoren schließen ein:

- Ressourcenauslastung (CPU, Input/Output, Platten, Speicher),

- Task-Bereich (CPU und Input/Output),

- Eingabe/Ausgabe-Bereich (Antwortzeit je Input/Output, Warteschlangenlänge),

- Anwendungsbereich (Anzahl von gestarteten und abgeschlossenen Prozessen und Tasks),

- Problembereich (Anzahl von Problemen, Anzahl von Security-Verletzungen),

- Bestandsführung (Systemtyp, Prozessortyp, Netzadapter, Drivers, Ports, Betriebssystem),

- Programmzustände innerhalb des Betriebssystems (interessant sind UNIX, OS/2, Windows und DOS).

Die meisten Tools für System-Management von Clients und Server sind in der Lage, diese Indikatoren zu vermessen.

2.3 Netzwerk-Management

Netzwerk-Management bedeutet die Koordination aller Ressourcen, die zum Design, zur Planung, zur Modellierung, zur Simulation, zur Analyse, zur Kostenerfassung, zur Implementierung, zur Messung, zur Überwachung und zum Testen von Client/Server-Verbindungen erforderlich sind, damit der Servicegrad für Clients mit angemessenen Kosten durch optimale Dimensionierung des Verbundnetzes garantiert werden kann.

Die Zeit der LAN-Inseln mit Client/Servern und den isoliert stehenden PCs ist endgültig vorbei. PCs und LANs werden miteinander mit Hilfe von ortsübergreifenden und städtischen Netzen verbunden. Dadurch ist die Konnektivität für die Benutzer und die Anwendungen ohne jegliche Einschränkungen gegeben. Bei der Vernetzung jedoch kann bei Client/Server-Systemen ein Mengenproblem auftreten. Bei der totalen Vermaschung entstehen so viele Verbindungen, daß die Übertragungskosten sehr schnell in die Höhe gehen. Beispiele für die Anzahl der Verbindungen:

     3 Knoten: 3 Verbindungen
     5 Knoten: 10 Verbindungen
     9 Knoten: 36 Verbindungen
    20 Knoten: 190 Verbindungen

Dabei bedeuten die Verbindungen logische Verbindungen und die Knoten umfassen Server, Workstations, Clients und auch LANs. Dabei dürfen die Vernetzungskomponenten wie Repeater, Extender, Bridges, Router, Brouter, Modems, Paketvermittler, Frame-Relay-Vermittler und Multiplexer nicht vergessen werden. Bei den Verbindungen stehen wiederum mehrere Alternativen zur Verfügung. Die wichtigsten sind:

– digitale Mietleitungen,
– Wählverbindungen,
– Paketvermittlung,
– Frame Relay,
– Asynchronous Transfer Mode (ATM),
– Integrated Services Digital Networks (ISDN).

Die Management-Informationen sind von den Vernetzungskomponenten mit wenig Ausnahmen immer verfügbar. Über den Zustand der Verbindungen müssen Informationen zwischen den Benutzern und den Anbietern ausgetauscht werden. Dafür stehen heute schon elektronische Wege zur Verfügung.

Wenn man aus Kostengründen andere Dienste als Alternative zu Mietleitungen zur Übertragung wählt, z. B. Paketvermittlung, kann die Performance nicht zufriedenstellend sein. Derzeit werden unterschiedliche Struk-

Netztopologie	WAN	MAN	LAN
Kriterien des Vergleichs			
Anzahl der zu verwaltenden Objekte	mittel - meistens logische Komponenten	hoch - meistens physikalische Komponenten	hoch - meistens physikalische Komponenten
Statusüberwachung	aktiv durch Komponenten, die Ereignisse berichten	passiv, da die Objekte gepollt werden; Traps sind Ausnahmen	passiv, da die Objekte gepollt werden; Traps sind Ausnahmen
Managementkonzept	zentralisiert und hierarchisch	dezentralisiert aber zentralisiert innerhalb von MANs	dezentralisiert und peer-to-peer
Standards	eigenständige und de-facto Standards	SNMP in Kombination mit SMT	SNMP
Anzahl technologischer Alternativen, Protokolle und Hersteller	groß	klein	sehr groß
System- und Netzwerk-Management	weitgehend getrennt	weitgehend integriert	weitgehend integriert
Unterstützung von Managment-Funktionen			
- Konfiguration - Problem	lückenhaft architekturspezifisch	akzeptierbar komponenten- und herstellerspezifisch	akzeptierbar komponentenspezifisch
- Perfomance - Security	WAN-spezifisch logischer Schutz	MAN-spezifisch Kombination vom logischen, organisatorischen und physikalischen Schutz	LAN-spezifisch physikalischer Schutz
- Accounting - Administration	Host-orientiert Host-orientiert	sporadisch denzentralisiert	sporadisch dezentralisiert
Konsequenzen von Ausfallzeiten	schwerwiegend	hängt von der Anzahl der angeschlossenen LANs ab	hängt von der Größe der LAN-Segmente und der Anzahl der Stationen ab
Qualifizierbarkeit der AusfallKonsequenzen	ja	ja	ja

Tabelle 2.3 Kriterien zum Vergleich von WAN, MAN und LAN Management

turen wie WANs, MANs und LANs getrennt voneinander verwaltet. Viele
Faktoren sprechen heute noch für ein getrenntes Management:

- unterschiedliche Anzahl der zu verwaltenden Komponenten,
- unterschiedliche Intelligenz der Komponenten,
- unterschiedliche Erwartungen vom Management-Produkt bezüglich
  der Aktualität der Management-Entscheidungen,
- unterschiedliche Schwerpunkte der Netzmanagement-Funktionen und
- unterschiedliche Instrumente zur Informationserfassung.

Tabelle 2.3 zeigt die wichtigsten Eigenschaften vom WAN-, MAN- und
LAN-Management.

Aus heutiger Sicht muß man noch lange mit unterschiedlichen Produkten
arbeiten. Das bedeutet, daß mehrere Bedienstationen erforderlich sind,
wodurch der Platzbedarf steigt. Auch mehr Aufgabenträger müssen eingestellt werden, da eine Person nur bis zu drei Management-Produkte voll
beherrschen kann.

2.4 Plattformprodukte für das Manage– ment von Client/Server-Systemen

Das typische Management-Produkt (Bild 2.2) besteht aus einem Server
und mehreren Clients, die auch verteilt werden können. Die Clients

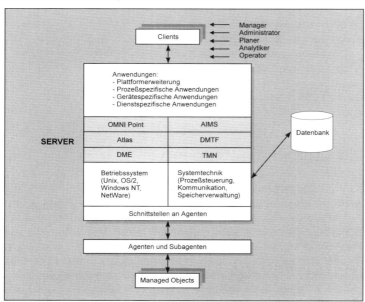

Bild 2.2
Struktur eines
typischen Manage-
mentproduktes

übernehmen vor allem Präsentationsdienste, lokale Verarbeitungen und pflegen die Benutzerschnittstelle. Der Server hat drei Schnittstellen: Die erste ist verantwortlich für die Clients, die zweite pflegt – meistens auf SQL-Basis – den Dialog mit der Datenbank, und die dritte regelt die Kommunikation mit den Management-Agenten, die wiederum verteilt werden können.

Der zentrale Teil beinhaltet das Betriebssystem (UNIX, DOS, Windows, Windows-NT, OS/2) und die Systemtechnik. Die Systemtechnik pflegt die internen Schnittstellen, regelt die Inter-Prozeß-Kommunikation und integriert, soweit möglich, die Anwendungen. Die Anwendungen stammen vom Hersteller des Plattformproduktes, von den Geräteherstellern oder von unabhängigen Softwarefirmen. Heute gibt es etwa 120 brauchbare Anwendungen, die prozeßspezifische, gerätespezifische und dienstspezifische Aufgaben lösen. Einige Anwendungen ergänzen einfach die Systemtechnik der Plattform. Es gibt zusätzlich eine Grauzone, die am besten als systemnahe Software bezeichnet werden kann. Hier können Lösungen, Lösungsvorschläge und praktische Standards von verschiedenen Ausschüssen wie das Netzmanagement-Forum (OMNIPoint), Open System Foundation (DCE und DME), Unix International (Atlas), Desktop Management Task Force (DMI) und CCITT (TMN) berücksichtigt werden. Die Integration bleibt aber fast immer die Aufgabe des Benutzers oder eines Systemintegrators.

Am breitesten werden die folgenden Plattformprodukte eingesetzt:

- SunNet Manager von SunConnect,
- OpenView von Hewlett Packard,
- NetView für AIX von IBM,
- OneVision von ATT und
- Spectrum von Cabletron.

Diese Produkte können sowohl Systeme als auch Netze verwalten und erfüllen damit die Erwartungen von Client/Server-Management-Kriterien.

2.5 Zusammenfassung

Nach der kurzen Behandlung der Komponenten von Client/Server-Systemen stellt man fest, daß die Management-Fähigkeiten der Komponenten recht unterschiedlich sind. Insbesondere muß die Systemseite in dieser Hinsicht stark verbessert werden. Dafür gibt es heute nur Ansatzpunkte in Form von DMI (Desktop Management Interface). Es ist noch nicht sicher, ob diese Management- und Anwendungsschnittstelle von allen Herstellern akzeptiert wird. Für alle Fälle stehen die Plattformprodukte für das Management von Client/Server-Systemen bereit.

3. Standardisierung des Client/Server Management

Der verstärkte Trend zur Zusammenarbeit von Servern, Clients und Netzkomponenten erfordert immer komplexere Management-Aufgaben, insbesondere da, wo es sich um Multihersteller-Konfigurationen handelt. Es besteht daher die Notwendigkeit, die Qualität von Management-Werkzeugen kontinuierlich zu verbessern. Dabei sollen drei Ziele verfolgt werden:

- Die Integration, d.h. die Vereinheitlichung und Kooperationsfähigkeit aller Werkzeuge:
  Integration bedeutet die Vereinheitlichung und Kooperationsfähigkeit über unterschiedliche geometrische Gebiete, über private und öffentliche Netzteile und über Datenbanken und Anwendungen.

- Die Automatisierung des Betriebs:
  Die Rolle des Operators reduziert sich auf die Beobachtung und Verifizierung der automatisierten Abläufe. Hier können in Zukunft Expertensysteme zum Einsatz kommen.

- Die Bedienbarkeit muß trotz fortschreitender Automatisierung für die wichtigen Tätigkeiten des Management einfach und übersichtlich gestaltet sein. Es sind geeignete Schnittstellen nach folgenden Merkmalen zu definieren:
  - Minimierung der Interaktionsmenge,
  - Reduzierung der Möglichkeiten von Fehlbedienungen,
  - Berücksichtigung der unterschiedlichen Anforderungen verschiedener Benutzergruppen, einschließlich Zugangskontrollen, Backup und Sicherheitkonzept.

Langfristig sind aber herstellerunabhängige Management-Lösungen auf der Basis internationaler Standards erforderlich. Derzeit arbeiten unterschiedliche Gruppen für Netzwerke und für Systeme an Management-Standards mit dem Ergebnis, daß sich die Standardisation vom Client/Server Management als sehr schwierig erweist.

3.1 Grundmodell

Die existierenden Netz- und Systemmanagement-Produkte im Dienste vom Client/Server Management sind sehr oft durch ihre Protokollunterstützung klassifiziert. Grundsätzlich gibt es drei Alternativen:

- eigenständige Standards wie Protokolle von IBM, DEC, Siemens-Nixdorf und Unisys (das bekannteste Beispiel ist NMVT von IBM);

- De-facto-Standards wie SNMPv1 und SNMPv2, vor allem zur Verwaltung von TCP/IP-Netzen;

- offene Standards wie z. B. CMIP, die einen offenen Informationsaustausch zwischen Management-Produkten ermöglichen.

In allen drei Fällen versucht man, den Dialog zwischen dem Manager und den Agenten zu kontrollieren. Bild 3.1 zeigt die wichtigsten Teilnehmer dieses Dialogs: den Manager, den Agent, den Subagent und die Objekte, die verwaltet werden. In einfachen Strukturen gibt es keine zwei unterschiedlichen Agenten.

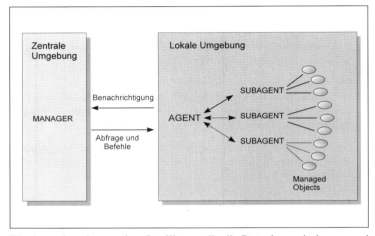

**Bild 3.1
Kommunikation
zwischen Managern,
Agenten, Subagenten
und Objekten**

Ein Agent hat eine gewisse Intelligenz, die die Datenkomprimierung und das Polling von Subagenten ermöglicht. Dieses Modell gilt für alle oben definierten Alternativen. Der einzige Unterschied ist, wer in der Regel den Dialog initialisiert. Bei De-facto-Standards ist es der Manager, bei eigenständigen und offenen Standards ist es der Agent. Es treten allerdings immer Unterschiede auf wie z. B. Traps bei SNMP.

Die folgenden beiden Punkte sind wichtig bei der Standardisierung der Manager-Agent-Dialoge:

- Wie wird die Management-Information formatiert, und wie wird der Informationsaustausch überwacht? Das ist eigentlich das Problem der Protokolldefinition.

- Wie wird die Management-Information zwischen dem Manager und den Agenten übertragen? Bisher waren die Management-Protokolle mit den darunterliegenden Schichten sehr eng verbunden. Heute gibt es schon mehrere Alternativen, wo eine Kombination möglich ist. Dafür gibt es folgende Beispiele:

- CMOT,
- CMOS und
- CMOL.

Zur Vertiefung der Standardisierung gibt es mehrere Organisationen. OSI und CCITT sind für CMIP (Common Management Information Protocol) und TMN (Telecommunication Management Network) verantwortlich. IETF (Internet Engineering Task Force) ist für die TCP/IP-Standards und somit auch für SNMP verantwortlich. Außerdem gibt es noch das Network Management Forum (NMF), die Open System Foundation mit DCE und DME, Unix International mit Atlas, die Object Management Group mit CORBA und DMTF (Desktop Management Task Force) mit DMI. Auch technologisch orientierte Gruppen für Frame Relay, FDDI und ATM schließen Management-Standards mit ein.

Bei Client/Server-Strukturen werden De-facto Standards, vor allem SNMPv1 und SNMPv2, überwiegen. Dazu gesellen sich noch eigenständige Lösungen im Systembereich und offene Lösungen im WAN-Bereich.

3.2 Offene Standards

Ausgehend von allgemeinen Benutzeranforderungen an das OSI Management, werden fünf Funktionsbereiche unterschieden:

1. *Fault Management:*
   Erkennen, Lokalisieren und Beheben von Störungen.

2. *Configuration Management:*
   Definieren und Benennen von Betriebsmitteln, Initialisieren und Terminieren von Betriebsmitteln, Einstellen und Ändern von Parametern sowie Sammeln von Zustandsdaten und Sichern des Normalbetriebs.

3. *Performance Management:*
   Sammeln von statistischen Daten und Aufzeichnung der Ereignisse zur Bewertung und Verbesserung des Leistungsverhaltens von Betriebsmitteln.

4. *Security Management:*
   Authentifizierung, Zugangskontrolle und Paßwortverwaltung.

5. *Accounting Management*:
   Festlegung und Abrechnung von Gebühren für die Benutzung von Betriebsmitteln.

Die am Management beteiligten Prozesse können generell unterschieden werden in:

- Manager- oder Managing-Prozeß, wenn sie für Management-Aktivitäten verantwortlich sind, z. B. Anstoßen von Funktionen,

- Agenten oder Agentenprozesse, wenn sie auf Veranlassung eines Manager tätig werden, indem sie z. B. Operationen auf einem Betriebsmittel ihres Zuständigkeitsbereiches ausführen.

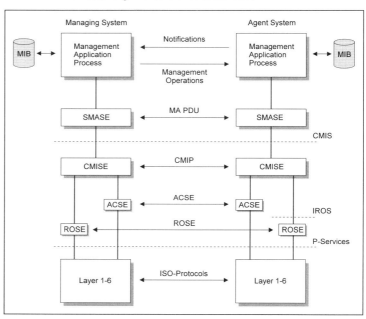

**Bild 3.2
Konzeptionelle
Architektur vom OSI-
Management**

Bild 3.2 stellt die konzeptionelle Architektur des OSI-Management vor. Für die Standardisierung sind die Kommunikationsvorgänge, die sich aus den Direktiven ergeben, von Bedeutung. Den Anwendungsprozessen werden Kommunikationsdienste von einer Systems Management Application Entity (SMAE) zur Verfügung gestellt. Wie jede Instanz der Anwendungsschicht ist die SMAE aus verschiedenen Anwendungselementen zusammengesetzt. Die Information wird in PDUs (Protocol Data Units) abgelegt und übertragen. Für die Übertragung ist CMIS mit folgenden Befehlen verfügbar:

- Dienste zur Verwaltung von Verbindungen (M-Initialize, M-Terminate, M-Abort),
- Dienste zur Mitteilung von Ereignissen (M-Report),
- Dienste zum Anstoßen von Aktionen (M-Action),
- Zugreifen auf Management-Informationen (M-Get),
- Ändern von Management-Informationen (M-Set),
- Kreieren von Objekten (M-Create),
- Löschen von Objekten (M-Delete),

- Abbrechen eines Dienstes (M-Cancel),
- Anfordern von mehreren Anworten auf eine Anfrage (M-Linked-Reply).

Die meisten Dienstelemente unterstützen sowohl die unbestätigte als auch die bestätigte Form. Alle Dienste haben gemeinsam (außer der Assoziationsverwaltung), daß sie dazu dienen, Objekte und ihre Merkmale zu manipulieren. Sämtliche Objekte werden durch Namen identifiziert, wobei vorausgesetzt wird, daß Objekte bezüglich ihres Namens hierarchisch in Form eines Baumes angeordnet sind.

Die Stärken von offenen Standards sind:

- allgemeine und erweiterbare objektorientierte Lösungsansätze,
- Unterstützung durch die Telekommunikationsindustrie und durch einige namhafte Hersteller,
- Unterstützung der Manager-Manager-Dialoge,
- gute Automatisierungsmöglichkeiten.

Auf der anderen Seite gibt es auch einige Schwächen:

- das Protokoll ist zu komplex;
- sehr hoher Overhead;
- es gibt wenige Produkte mit CMIP-Unterstützung;
- wenig CMIP-Agenten sind verfügbar.

3.3 De-facto-Standard SNMP

Das Internet Engineering Task Force (IETF) ist verantwortlich für sämtliche TCP/IP-orientierten Aufgaben, auch für das Protokoll zur Verwaltung von TCP/IP-Netzen. Außerdem setzt man SNMP fast überall ein, auch in WAN-Komponenten und in Desktop-Produkten, wo eine unkomplizierte Statusüberwachung erforderlich ist.

SNMP ist ein einfaches, erweiterbares und damit schnell zu realisierendes Management-Protokoll vor allem für das Management von Routern, Bridges und auch für Stationen in LAN-Netzen mit TCP/IP-Protokollstack. Definiert wurde das Protokoll vom IAB (Internet Activities Board) bzw. deren technischen Komitees. Es besteht eine enge Zusammenarbeit mit OSI.

Bild 3.3 zeigt die vereinfachte Struktur von SNMP. Aus dem Bild geht hervor, daß eine Master-Client-Konfiguration existiert, bei der die verteilten und dezentralen Agenten mit einer Master Station über definierte Protokolle kommunizieren. Der Netz-Manager ist eine zentral installierte Anwendung, die relevante Daten aus dem Netz und aus Systemkomponenten sammelt und nach bestimmten Kriterien auswertet. So können z. B.

Alarmmeldungen beim Ausfall einzelner Stationen ausgelöst und auch Statistiken und Logbücher geführt werden.

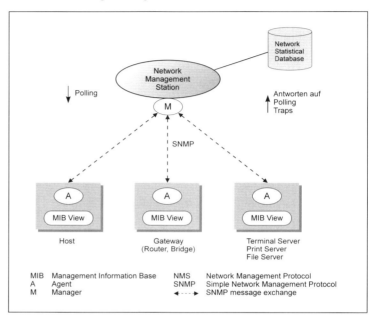

**Bild 3.3
SNMP-Grundstruktur**

In den Agenten werden Datenbasen, die sogenannten MIBs (Management Information Base), implementiert, die die wichtigsten und für das Management erforderlichen Daten erhalten. Die MIB ist also verteilt: Jeder Agent hat seine eigene MIB. Die Objekte darin sind meist statistischer Natur wie Zähler für gesendete Pakete, Anzahl der fehlerhaften Pakete und Anzahl der Kollisionen in einem LAN-Segment. Die Daten werden kodiert abgespeichert und übertragen; die aktuellen Zahlenwerte müssen anschließend dann durch den Manager entschlüsselt und interpretiert werden.

Das Ziel der MIB ist die Schaffung eines einheitlichen, protokollunabhängigen Datenraumes. Eine MIB ist hierarchisch aufgebaut. MIB I umfaßt über 160 Objekte, die man in acht Gruppen zusammengefaßt hat; Tabelle 3.1 zeigt diese Gruppen (Gruppe 1 bis 8).

MIB II erweitert MIB I um zwei Gruppen:

– Transmission (spezifische Angaben zu Übertragungsmedien),
– SNMP (spezifische Daten über SNMP).

Der vollständige Inhalt vom MIB II wird in Tabelle 3.1 gezeigt.

Die einheitliche Darstellung der Daten aus den MIBs in den Protokollpaketen wird dadurch erreicht, daß eine abstrakte, genormte Datenpräsenta-

Informationsgruppen in MIB II	Informationsinhalt in der Gruppe
1. System	Betriebssystem der Netzkomponente
2. Interfaces	Spezifische Angaben zur Schnittstelle
3. Address Translation	Übersetzung von Adressen
4. IP	Spezifische Angaben zum Internet-Protokoll
5. ICMP	Spezifische Angaben zum Internet-Control-Message-Protokoll
6. TCP	Spezifische Angaben zum Übertragungsprotokoll
7. UDP	Spezifische Angaben zum User-Datagramm-Protokoll
8. EGP	Spezifische Angaben zum Exterior-Gateway-Protokoll
9. CMOT	Spezifische Angaben zum Common Management Information Protocol over TCP/IP
10. Transmission	Spezifische Angaben zu Übertragungsmedia
11. SNMP	Spezifische Detailangaben über Simple Network Management Protocol

Tabelle 3.1 Informationsinhalt von Management Information Base (MIB) II

tion gewählt wird, nämlich ASN.1. Die Struktur und Identifikation der Management-Information ist durch Standards geregelt. Darin werden die Definition der Variablen und die Namen der Objekte festgelegt. Weiterhin wird die hierarchische Baumstruktur abgebildet (TERP91).

Die Definition von privaten MIBs ist sehr populär bei Herstellern. Dort können sie alle produktspezifischen Einzelheiten abspeichern. Die privaten MIBs werden leider nur sehr langsam offengelegt. Wenigstens akzeptiert man dabei die formalen Vorschriften von MIBs. Es gibt MIB-Definitionen für Hubs, Prozessoren, Router, Bridges und für UNIX-Systeme. Desktops werden noch unterschiedlich standardisiert (s. Abschnitt 3.6).

Um die kontinuierliche Überwachung von LAN-Segmenten zu unterstützen, wurde RMON (Remote Monitoring) entwickelt. RMON ist eine Erweiterung von MIB II. RMON definiert die wichtigsten Indikatoren für Ethernet- und Token-Ring-Segmente. Diese Definitionen werden in den Tabellen 3.2 und 3.3 zusammengefaßt.

Tabelle 3.2 RMON-Definition für Ethernet-Segmente

Statistics-Gruppe	Matrix-Gruppe
History-Gruppe	Filtergruppe
Alarmgruppe	Packet-Capture-Gruppe
Host-Gruppe	Event-Gruppe
HostTopN-Gruppe	

Tabelle 3.3 RMON-Definition für Token Ring-Segmente

Statistics-Gruppe	Ring Station-Order-Gruppe
History-Gruppe	Source-Routing-Statistics-Gruppe
Alarmgruppe	
Host-Gruppe	Event-Gruppe
HostTopN-Gruppe	Filtergruppe
Matrix-Gruppe	Packet-Capture-Gruppe
Ring-Station-Gruppe	

Dadurch ist ein gemeinsamer Nenner für die Performance-Analyse von LANs geschaffen worden. Einzelne Monitoren können unter Umständen noch zusätzliche Indikatoren unterstützen. RMON löst die LAN- und WAN-Analyzatoren aber keinesfalls ab.

Neben der MIB in jedem Agent gibt es noch die Network Statistics Database (NSD), die zentral zur Managementstation gehört. Die Kommunikation zwischen dem Manager und den Agenten erfolgt über das UDP-Protokoll anstelle von TCP. Als Funktionen kennt das SNMP-Protokoll das Abfragen und das Setzen von Werten und das Versenden von Alarmmeldungen. Beim Setzen von Werten spielt die Sicherheit oder, besser gesagt, die fehlende Sicherheit eine bedeutende Rolle. Bild 3.4 zeigt die SNMP-Architektur und Bild 3.5 die Protokollhierarchie. In beiden Fällen ist die Einbettung der SNMP-Nachricht in die Protokollhierarchie klar ersichtlich.

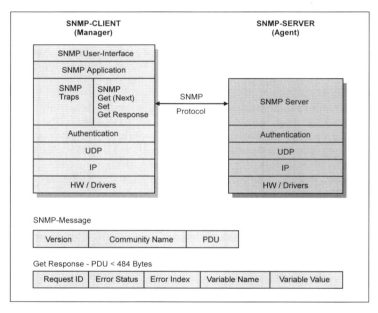

Bild 3.4 Protokollebenen mit SNMP

Die möglichen Befehle werden im Bild 3.6 veranschaulicht. Der Agent kann nur antworten, wenn er vom Manager dazu aufgefordert wird. Die Alarme bilden eine Ausnahme. Folgende Dienste stehen zur Verfügung:

- Abfragen von Objekten und Variablen (Get-Request),
- Abfragen von Tabellen und Listen (Get-Next-Request),
- Änderung eines Wertes in Objekten (Set-Request),
- Anworten auf Get- und Set-Befehle (Get-Response),
- Übertragung großer Datenmengen (Get-Bulk),

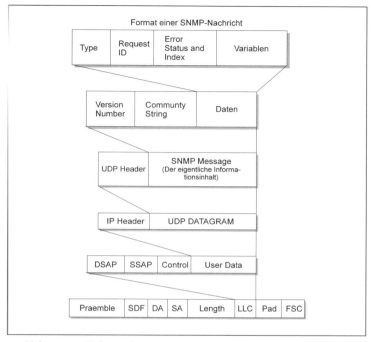

**Bild 3.5
Einbettung der SNMP-Nachricht (SNMPv1)**

- Abfrage von Informationen (Get-Info)
- Meldung von außergewöhnlichen Ereignissen wie z. B. Warm- oder Kaltstart, Verbindungsfehler, Authentikationsproblem (Traps).

In speziellen Fällen werden zusätzliche Traps geschrieben und implementiert. Ein bekanntes Beispiel ist NerveCenter von Netlabs; dieses Produkt wurde von Hewlett Packard, Sunsoft und von Siemens-Nixdorf lizensiert.

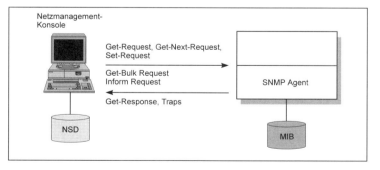

**Bild 3.6
SNMP-Befehle**

Die Beobachtung der Zustände geschieht bei SNMP durch Anpollen der Geräte mit eingebauten Agenten, wobei kontinuierlich Informationen aus den MIBs geholt werden. Die Verarbeitung und Abspeicherung der korrelierten Ergebnisse geschieht beim Manager. Durch das Polling sowie das

Senden von Traps wird es ermöglicht, Fehlerquellen schnell zu isolieren. Eine hohe Polling-Rate kann viel Overhead im Netz verursachen. Wie Overhead-Werte berechnet werden können, wird im Abschnitt 3.7 gezeigt.

Mit dem SNMP-Protokoll sind die elementaren Funktionen zur Beschaffung von Management-Informationen gegeben. Eine weitere Funktion von SNMP ist die Bildung eines Proxy-Agenten, der es der Management-Station ermöglicht, Nicht-SNMP-Komponenten zu überwachen und zu kontrollieren. Bild 3.7 zeigt symbolisch, wie diese Protokollumsetzung realisiert wird. Der Proxy-Agent verschafft so der Management-Station ein für sie einheitliches Bild.

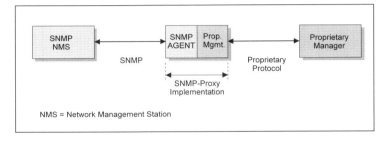

Bild 3.7 SNMP-Proxy -Implementation

Wegen der Beschränkungen der ersten SNMP-Versionen wurden mehrere Verbesserungen in der zweiten Version implementiert. Die zweite Version erlaubt mehreren Protokollschichten wie OSI, AppleTalk und IPX, SNMP-PDUs zu übertragen. Durch ein sogenanntes Security Wrapper wurden die schwachen Security-Schutzfunktionen der ersten Version entscheidend verbessert. Zur Unterstützung von komplexen SNMP-Management-Strukturen wird auch eine Manager-Manager-Verbindung und Kommunikation zwischen den Managern unterstützt. Schließlich wurden zwei neue Protokollelemente – GetBulkRequest und InformRequest – implementiert. Dadurch wird die Effizienz der Datenübertragung verbessert. Aber SNMPv1 und SNMPv2 sind und bleiben zwei unterschiedliche Protokolle.

Die Stärken von SNMP sind:

– Agenten sind auf breiter Basis implementiert.
– Die Implementation ist einfach.
– Agenten-Overhead ist minimal.
– Polling ist wirkungsvoll für alle Objekte auf LANs.
– Er ist robust und erweiterbar.
– Es gibt eine effiziente und leicht verständliche Schnittstelle zwischen Manager und Agenten.

Andererseits sieht man noch die folgenden Schwächen:

– Das Protokoll ist zu einfach.
– Es gibt keine Objektorientierung.

- Die Semantik ist eigenartig, wodurch die Integration mit anderen Protokollen schwierig ist.
- Kommunikations-Overhead ist groß.
- Zu viele Agenten wären für Client/Server Management erforderlich.
- Viele private MIB-Erweiterungen sind erforderlich.
- SNMPv1 und SNMPv2 sind zwei unterschiedliche Protokolle, wodurch beim einheitlichen Management eine Protokollumsetzung erforderlich ist.

3.4 Open Management Interoperability Point (OMNIPoint) vom Netzmanagement-Forum

Das Network-Management-Forum hat praktische Hinweise an Hersteller und Benutzer in Form vom OMNIPoint 1 konkretisiert und veröffentlicht. OMNIPoint ist

- ein Plan zum integrierten Netzmanagement,

- ein Satz von Standards und von Spezifikationen zur Implementierung des Integrationsplans,

- eine Beschreibung von Managed Objects, die diese Spezifikation konkretisiert,

- eine Reihe von Testprozeduren, die die Qualität der Entwicklung sichert,

- ein Instrument zur Sicherung der Zusammenarbeit existierender und künftiger Managementsysteme.

Das OMNIPoint-Modell bietet die Basis für die Zusammenarbeit unterschiedlicher Management-Systeme. OMNIPoint spezifiziert die Dienstleistungen, die Management Information und einige Protokolle. Aber OMNIPoint spezifiziert die Benutzerschnittstelle, die APIs und die Management-Anwendungen nicht im Detail.

Management-Dienste beinhalten eine Mischung von Common Management Information Services (CMIS) und System Management Functions (SMF) ein. Im einzelnen handelt es sich um die folgenden Dienste:

- *Fault Management:*
  Sowohl die Manager- als auch die Agentenrolle ist in Bezug auf die Generierung und Übertragung von Ereignissen von/zu den Agenten beschrieben. Auch die Rolle der Initialisierung der Dialoge ist festgelegt.

- *Testing Management:*
  Es wird spezifiziert, wie Remote Tests periodisch oder bei Bedarf durch den Manager initialisiert und durch den Agenten ausgeführt werden.

- *Scheduling Management:*
  Diese Funktion unterstützt die Festlegung von verwalteten Ressourcen.

- *Trouble Management:*
  Störzettelverwaltung ist durch Öffnen, Bearbeiten und Schließen von Störzetteln unterstützt. Auch der Fortschritt der Störungsbehebung kann jederzeit ermittelt werden.

- *Path Tracing:*
  Um Ende-zu-Ende-Verbindungen zwischen Benutzern und Anwendungen überwachen zu können, hilft diese Funktion, die Managed Objects auf der logischen Verbindung zu identifizieren.

- *Security Management:*
  Um Management-Anwendungen zu schützen, unterstützt dieser Funktionsbereich die Zugriffskontrolle. Authentikation, der Einsatz von Security Audits und die Generierung von Security-Alarmen werden in diesem Rahmen angeboten.

Schnittstellen zur Anwendungsprogrammierung (API) helfen bei der Portierung von Anwendungen zwischen Management-Produkten.

Das Netzmanagement-Forum empfiehlt insbesondere vier Merkmale:

- *Merkmale* werden in »Muß«- und »Kann«-Kategorien eingeteilt. Sie enthalten die erforderliche Semantik und Syntax für etwa 170 unterschiedliche Objekte.

- *Verhalten* beschreibt nur wenige Indikatoren für den Betriebszustand der jeweiligen Komponente. Der Betriebszustand wird durch Fault Management-Informationen aktualisiert.

- *Management-Operationen:*
  Sie identifizieren, welche Operationen für das Objekt und für die Objektklasse zulässig oder unzulässig sind. Beispielsweise können gewisse Befehle wie Set, Create, Delete, Get eingeschränkt werden.

- *Berichte:*
  Sie umfassen Meldungen, die vom Objekt generiert und zum Manager geschickt werden können. In den meisten Fällen werden Ereignismeldungen unaufgefordert an den Manager geschickt.

Außerdem versucht das Netzmanagement-Forum, eine gewisse Ordnung in die Spezifikationen zu bringen. Die Standards umfassen folgende Gruppen:

- *Architecture Standards:*
  Overview, Management Framework und OSI Security Architecture.

- *Communication Standards:*
  ACSE, ROSE, CMIP, CMIP/PICS, IS IS Intra Domain Routing Protocol, IS IS Inter Domain Routing Protocol und SNMP.

- *Modelling Standards:*
  Management Information Model, Definition of Management Information, Guidelines for the Definition of Managed Objects, Generic Management Information, Anforderungen und Richtlinien für Implementierung, Conformance Statement Proformas, SDH-Information-Modell, Generic-Network-Information-Modell, Management Information für OSI-Transportebenen, Structure and Identification of Management Information for TCP/IP-based Internets und Management Information Base for Network Management of TCP/IP-based Internets.

- *Management-Function-Standards:*
  Object Management Function, State Management Function, Attributes for Representing Relationships, Alarm Reporting Function, Event Report Management Function, Log Control Function, Security Alarm Reporting Function und Security Audit Trail Function.

Die Standards bilden die Basis der Interoperabilität zwischen realen Systemen und Netzen. Profile geben Hinweise dafür, wie und in welcher Kombination die Standards implementiert werden sollen. Dabei werden aber nicht alle mögliche Kombinationen, sondern nur die wichtigeren aufgelistet.

Die Profile werden wie folgt zusammengestellt:

- Management Communication Profiles (AOM1X):
    - AOM11: Basic Management Communications,
    - AOM12: Enhanced Management Communications.

- System Management Profiles (AOM2XX):
    - AOM211: General Management Capabilities,
    - AOM212: Alarm Reporting and State Management Capabilities,
    - AOM213: Alarm Reporting Capabilities,
    - AOM221: General Event Report Management,
    - AOM231: General Log Control.

Um Entwickler vom Netzmanagement-Systemen noch mehr zu unterstützen, werden Standards und Profile noch weiter gruppiert und in Form von Ensembles veröffentlicht. Sie sind mit konkreten Anwendungen vergleichbar. Sie lösen konkrete Management-Probleme. Das Netzmanagement-Forum hat gerade angefangen, Ensembles zu definieren. Die ersten beiden beschäftigen sich mit der Überwachung und Konfigurierung von Übertragungsstrecken. In diesem Zusammenhang sind sie auch für vernetzte Client/Server-Systeme wichtig.

3.5 Telecommunications Management Network (TMN)

TMN bedeutet die organisierte Architektur zur Verbindung von unterschiedlichen Telekommunikationsgeräten. TMN schließt physikalische Strukturen und funktionelle Informationsverbindungen ein.

TMN-Dienstleistungen unterscheiden sich von den bisher beschriebenen Diensten, die durch SNMP und CMIP unterstützt werden. Sie konzentrieren sich auf die Vermittlungsgeräte, auf die Administration von Tarifen und Gebühren, auf den Zugriff der Benutzer auf Informationen, auf das Management von Transportnetzen, auf die Verwaltung von physikalischen Übertragungswegen sowie auf den Einsatz von Bedienungspersonal.

TMN spielt eine große Rolle für die Anbieter von Telekommunikationsdiensten. Soweit solche Dienste für Client/Server-Systeme in Anspruch genommen werden, ist TMN auch beim Management von Client/Server-Systemen wichtig.

3.6 Standards für Desktop Management

Die Aktionsgruppe für Desktop Management (DMTF) hat die Management-Struktur verabschiedet. In diesem Zusammenhang gibt es drei Schichten:

- Schicht für Management-Anwendungen,
- Dienstschicht,
- Komponentenschicht.

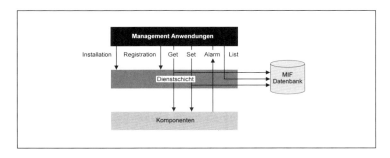

Bild 3.8
Zusammenwirken der DMI-Schichten

Die Schicht der Management-Anwendungen beinhaltet lokale und ferne Anwendungen zur Änderung, zur Abfrage, zur Überwachung und zur Bestandsführung von Desktop-Systemen. Die Management-Anwendung kann im Management Server ausgeführt werden oder in den Agenten, die verteilt implementiert werden, ablaufen.

Die Dienstschicht besteht aus mehreren Programmen, die für folgende Aufgaben verantwortlich sind:

- Erfassung und Vorverarbeitung von Daten aus unterschiedlichen Produkten,

- Verwaltung von MIF (Management Information Format),

- Weiterleitung der Informationen an Management-Anwendungen mit Hilfe der Management-Schnittstelle (Management Interface) und von/zu verwaltbaren Produkten mit Hilfe der Komponentenschnittstelle (Component Interface – CI).

Die MIF-Datenbank enthält die Informationen über die Produkte, die MIF-Dateien zur Verfügung stellen und pflegen. MIF-Dateien werden nach Annahme mit jedem verwaltbaren Produkt mitgeliefert.

Komponenten umfassen Hardware, Software und Peripherie, die Desktops konfigurieren. Im einzelnen werden folgende Komponenten detailliert unterschieden:

- Software-Anwendungen wie z. B. Textverarbeitungsprogramme, Tabulatorprogramme, speziell angepaßte Anwendungen,

- Betriebssysteme wie DOS, UNIX, OS/2, Windows, Netware, LAN Manager, die viele verwaltbare Parameter anbieten, die unter anderem Versionsnummer, Adressen, Namen, Performance-Statistiken und weitere Konfigurationseinzelheiten umfassen,

- Hardware, die unter anderem Einschubeinheiten, Karten, Schnittstellen, Speichereinheiten und Anzeigemodule umfassen; neue Technologie wie Multimedia, Videokonferenzen und Mobile-Kommunikation können auf ähnliche Weise verwaltet werden,

- Peripherie umfaßt alles, was den Desktop-Systemen angeschlossen wird; Merkmale umfassen serielle Nummer, Durchsatzraten, Portadressen und weitere Einzelangaben.

Nach der Installation kommunizieren die Komponenten mit der Dienstschicht über die Komponentenschnittstelle. Die Kommunikation läuft in beide Richtungen: Sie beantworten Anfragen der Dienstschicht und bieten auch von sich aus Hilfe an, wenn außergewöhnliche Zustände auftreten.

Die MIF-Datei spielt eine entscheidende Rolle, indem sie die wichtigsten Informationen über die Komponenten fortschreibt. Die MIF-Datei ist eine ASCII-Textdatei, die unterschiedlich – nach nüchternem Menschenverstand – gruppiert werden kann. Trotzdem gibt es viele Streitigkeiten zwischen den einzelnen Herstellern. Microsoft hat sich zum Beispiel von der Standardisierungsarbeit kürzlich zurückgezogen.

Die Wirkungsweise der drei Schichten wird im Bild 3.9 veranschaulicht. Get, Set und List sowie die Befehle für Installation und Registrierung werden durch die Management Interface (MI) unterstützt. Get unterstützt die Datenbereitstellung. Set erlaubt die Änderung von Parametern und List bietet das Lesen von Merkmalen in MIF-Dateien an. Get und Set können auch unmittelbar in Richtung der Komponenten gehen und so Informationen holen und Parameter setzen.

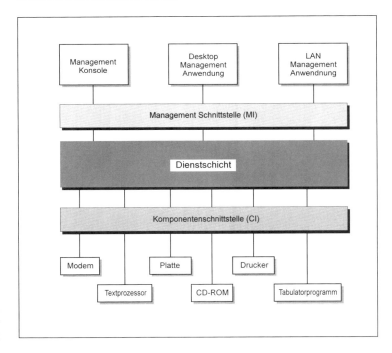

**Bild 3.9
Struktur der Schnittstellen mit der Dienstschicht**

3.7 Overhead infolge von Management-Protokollen

In Client/Server-Systemen spielt SNMP als Management-Protokoll eine entscheidende Rolle. Aus Effizienzgründen muß der Manager immer darüber informiert werden, wie SNMP funktioniert. Insbesondere sind Performance-, Accounting- und Security-Fragen wichtig.

Man kann Informationen auch unmittelbar über Fault Management erhalten. In diesem Fall muß nicht unbedingt etwas Außergewöhnliches mit dem Client/Server-System passiert sein. Es reicht aus, wenn einfach die SNMP-Agenten oder der Manager oder auch beide nicht richtig konfigurieren. Einige Objekte aus MIB II werden in Tabelle 3.4 (LEIN93) gezeigt:

Objekt	Informationsinhalt
snmpInASNParseErrs	Gesamtanzahl der eingehenden ASN-Fehler
snmpTooBigs	Gesamtanzahl der eingehenden »zu groß«-Fehler
snmpInNoSuchNames	Gesamtanzahl der eingehenden »keine solchen Namen«-Fehler
snmpInBadValues	Gesamtanzahl der eingehenden »falsche Werte«-Fehler
snmpReadOnlys	Gesamtanzahl der eingehenden »nur Lesen«-Fehler
snmpInGenErrs	Gesamtanzahl der eingehenden »GenErr«-Fehler
snmpOutTooBigs	Gesamtanzahl der ausgehenden »zu groß«-Fehler
snmpOutNoSuchNames	Gesamtanzahl der ausgehenden »keine solchen Namen«-Fehler
snmpOutBadValues	Gesamtanzahl der ausgehenden »falsche Werte«-Fehler
snmpOutGenErrs	Gesamtanzahl der ausgehenden »GenErr«-Fehler

Tabelle 3.4 Information für Fault Management

Overhead ist sehr kritisch beim SNMP. Um den Wert exakt zu ermitteln, sind die Objekte snmpInPkts und snmpOutPkts wichtig. Ist eine noch exaktere Verteilung nach Befehlstypen erforderlich, muß Tabelle 3.5 (LEIN93) benutzt werden.

Aus dieser Tabelle sind vier Objekte auch für das Accounting Management interessant. Es sind: sbmpInPkts, snmpOutPkts, snmpInTraps und snmpOutTraps.

Tabelle 3.5 Information für Performance Management

Objekt	Informationsinhalt
snmpInPkts	SNMP-Paketinputrate
snmpOutPkts	SNMP-Paketoutputrate
snmpInTotalReqVars	Rate der eingehenden Get/Get-Next-Requests
snmpInTotalSetVars	Rate der totalen eingehenden Set-Requests
snmpInGetRequests	Rate der eingehenden Get-Requests
snmpInGetNexts	Rate der eingehenden Get-Next-Requests
snmpInSetRequests	Rate der eingehenden Set-Requests
snmpInGetResponses	Rate der eingehenden Get-Responses
snmpOutGetRequests	Rate der eingehenden Traps
snmpOutGetNexts	Rate der ausgehenden Get-Next-Requests
snmpOutSetRequests	Rate der ausgehenden Set-Requests
snmpOutGetResponses	Rate der ausgehenden Get-Responses
snmpOutTraps	Rate der ausgehenden Traps

Diese Objekte können bei der Verarbeitung der Rechnungsstellung behilflich sein. Wenn die Kosten in voller Höhe weiterberechnet werden, werden auch diese Paketkosten eingeschlossen. Wenn nur anwendungsspezifisch abgerechnet wird, dann werden sie abgezogen. In beiden Fällen sind die exakten Angaben sehr wichtig.

Für das Security Management sind die Objekte snmpInBadCommunityNames und snmpInBadCommunityUser wichtig. Im ersten Fall werden die Pakete mit falschem Community String, im zweiten Fall mit formell richtigem, aber unerlaubten Community String ausgewiesen. Die Analyse dieser Angaben hilft, Security-Risiken einzuschätzen und die Security-Maßnahmen noch besser anzupassen. Im Extremfall kann für jeden Benutzer und für jeden SNMP-Befehl ein individuelles Community String benutzt werden.

3.8 Zusammenfassung

Management-Protokolle zeigen heute ein gemischtes Bild. Viele Erfahrungen wurden mit SNMPv1 gesammelt. SNMPv2 ist zwar dokumentiert und standardisiert, aber die Unterstützung durch Hersteller ist noch nicht zufriedenstellend. Die Hersteller wollen irgendwie vermeiden, daß sie gleichzeitig zwei SNMP-Versionen unterstützen sollen. Bei der Gleichzeitigkeit streiten sich die Hersteller, wo die Protokollumsetzung stattfinden soll; sie kann in den Agenten oder im Manager implementiert werden. Gerätehersteller kämpfen eigentlich gegen die Umsetzung in den Agenten, da dadurch die Gerätepreise steigen. Andere Management-Protokolle wie CMIP, CMOT und CMOL haben den eigentlichen Durchbruch noch nicht geschafft. TMN spielt nur eine marginale Rolle für Client/Server Management. Sehr viel hängt bei Client/Server-Systemen davon ab, wie schnell die Standards für Desktop Management ausgearbeitet, genehmigt und ratifiziert werden. Anschließend wird dann entschieden, welche Umsetzungen zwischen MIBs und MIFs erforderlich sind und wo sie realisiert werden.

4. Management-Funktionen für Client/Server-Systeme

In Anlehnung an die Netzmanagement-Richtlinien von internationalen Standardorganisationen und Benutzervereinen werden die Management-Funktionen für Client/Server-Systeme wie folgt unterteilt:

- *Bestands-Management* schließt Funktionen ein, die mit Bestandsführung, Archivierung, Backup, Änderungsdienst und Bestellwesen zu tun haben. Es werden dabei auch Tätigkeiten der Directory-Dienste angesprochen.

- *Konfigurations-Management* konzentriert sich auf die Konfigurierung von Client/Server-Systemen und auf die Pflege der Topologie einschließlich WAN-, MAN- und LAN-Komponenten.

- *Problem-Management* schließt Funktionen ein, die mit der Erkennung, Registrierung, Statusüberwachung, mit der Bestimmung, Diagnose und Behebung von Funktions- und Performance-Störungen von Client/Servern zu tun haben. Es werden dabei auch Tätigkeiten der Störzettelverwaltung, Disaster Recovery und der Tests angesprochen.

- *Performance Management* faßt all diejenigen Funktionen zusammen, die mit der Messung, Berichtsgenerierung, Meßdatenverarbeitung und Client/Server-Optimierung zu tun haben. Es werden dabei auch Tätigkeiten der Definition von Performance-Indikatoren, der Verkehrsanalyse, der Modellierung und von Baselining behandelt.

- *Security Management* schließt alle Funktionen ein, die mit der Risikoanalyse und Risikominderung in Client/Server-Systemen zu tun haben. Es werden dabei auch Detailfragen wie Security-Dienste, Security-Maßnahmen, Implementierung von Security-Maßnahmen und Schutz des Management-Systems angesprochen.

- *Accounting Management* faßt alle Funktionen zusammen, die mit der Inanspruchnahme von Client/Server-Ressourcen zu tun haben. Es werden auch Fragen der Überwachung von Software-Lizenzen und der Weiterverrechnung der registrierten Kosten behandelt.

- *Client/Server-Administration* umfaßt die Funktionen der Dokumentation, der Pflege der Benutzerprofile, der Softwareverteilung und der Softwarepflege. Die Softwarepflege schließt auch die Versionsüberwachung ein.

Tabelle 4.1 faßt noch einmal alle Gebiete mit den wichtigsten Funktionen zusammen.

Tabelle 4.1 Funktionen des Client/Server Management

Bestands-Management	Konfigurations-Management
Bestandsführung Backup Änderungs-Management Bestellwesen Directory-Dienst	Konfigurierung von Systemen und Netzen Topologiepflege
Problem-Management	**Performance Management**
Statusüberwachung Alarm-Management Problembestimmung, Problemdiagnose und Problembehebung Datensicherheit Messungen und Tests Störzettelverwaltung Disaster-Recovery	Definition von Performance-Parametern Durchführung von Performance-Messungen Meßdatenverarbeitung Optimierung der Performance Berichtsgenerierung Modellierung und Baselining
Security Management	**Accounting Management**
Risikoanalyse für Client/Server-Systeme Security-Dienste und Security-Maßnahmen Implementierung von Security-Maßnahmen Schutz des Management-Systems	Kostenerfassung Lizenzüberwachung Weiterverrechnung
	Administration
	Dokumentation Software-Verteilung Software-Pflege

Die richtige Ausführung aller Funktionen garantiert die hohe Stabilität der Client/Server-Systeme und sorgt dafür, daß alle Instanzen mit aktuellen Informationen versorgt werden. Die wichtigsten Aufgaben dieses Kapitels sind:

– Definition und Beschreibung der einzelnen Funktionen,

– Charakterisierung des derzeitigen Zustandes der Implementierung der jeweiligen Funktion,

– Identifizierung der Kriterien, die den Einsatz der Funktionen beeinflussen,

- Hinweis auf typische Instrumente, die die jeweiligen Funktionen unterstützen,

- Definition, welche Kenntnisse zur Ausübung der Funktionen erforderlich sind,

- Zusammenfassung der Vorteile, wenn die jeweilige Funktion implementiert wird.

Bei der Behandlung der einzelnen Funktionen werden Beispiele für Systeme, Netze, Datenbanken und auch für Anwendungen benutzt. Die Tiefe der Behandlung der einzelnen Funktionen ist unterschiedlich.

4.1 Bestands-Management

Das Herzstück vom Bestands-Management ist die Datenbank zur Abspeicherung von Client/Server-relevanten Daten. Es existieren noch keine Standards für die Datenbank, nur einige Empfehlungen von Standardausschüssen und Vereinen. Die bekanntesten sind:

- SMI (Structured Management Information) von OSI,
- MIB (Management Information Base) von IAB,
- MIF (Management Information Format) von DMTF.

Sonst sind die heute eingesetzten Datenbanken fragmentiert, wodurch die Integration, Korrelation und Synchronisierung große Schwierigkeiten bereiten.

4.1.1 Bestandsführung

Bei Client/Server-Systemen werden die folgenden »Managed Objects« unterschieden:

- Client Hardware,
- Client Software,
- Client-Datenbank,
- Client-Anwendungen,
- Server Hardware,
- Server Software,
- Server-Datenbank,
- Server-Anwendungen,
- Lokale Netze mit Leitungsführungen und Vernetzungskomponenten,
- Städtische Netze (MAN) mit Leitungsführungen und Vernetzungskomponenten,

– Fernbereichsnetze mit Leitungsführungen und Vernetzungskomponenten.

Die Bestandsführung bedeutet zwar etwas statisches, aber es werden immer häufiger auch dynamische Eigenschaften mit eingebunden. Über die erforderlichen Informationen existieren schon heute brauchbare Richtlinien. Es wird empfohlen, folgende Information im Rahmen der Bestandsführung zu pflegen:

– Merkmale der Objekte,
– Konnektivitätsangaben zwischen Objekten,
– Zugriffsberechtigungen und
– Performance-Kennziffern.

Eine Client/Server-Struktur besteht grundsätzlich aus Servern, Clients und Verbundnetzen. Die Verbindungen werden durch unterschiedliche Media realisiert. Die oben genannten physikalischen Objekte repräsentieren Elemente mit ausgeprägten herstellerspezifischen Eigenschaften. Sie werden – je nach Fortschritt des OSI-Referenzmodells – in logische Objekte konvertiert und als Vertreter einer gegebenen Ebene abgebildet.

Alle Objekte haben Merkmale (Attribute), die spezielle statische und dynamische Eigenschaften beschreiben. Je nach Einzelfall können sie unterschiedliche Eigenschaften beinhalten, z. B. Namen, Adressen, Telefon- und Faxnummer, Parameterwerte, Standort und elektrische Eigenschaften.

Transiente Eigenschaften zeigen die Strukturen der Objekte und werden deshalb auch als Topologie bezeichnet. Sie bilden den Übergang zu dynamischen Eigenschaften. Bei der Erstgenerierung wird auf die Verträglichkeit und Zugehörigkeit einer gegebenen Verbindung geachtet. Dies spielt eine sehr große Rolle bei Client/Server-Systemen, damit auch die Performance unter verschiedenen Lastsituationen garantiert wird. Dynamische Eigenschaften schließen ein:

– Zustand (aktiv, inaktiv, ungeklärt, Information ist nicht vorhanden),
– Servicegrad (Verfügbarkeit, Antwortzeit, Zuverlässigkeit),
– Auslastung (aktuell und im Vergleich zu Vorgaben) und
– Durchsatz (Anzahl der Pakete, Frames, Abfragen, Anrufversuche).

Heute findet man noch vielleicht isolierte Dateien für Eigenschaftsgruppen wie Herstellerdatei, Gerätedatei, Accounting-Datei, Standortdatei, anstelle einer voll integrierten Lösung. MIBs zeigen in Richtung der Integration. MIB I umfaßt derzeit auch unterschiedliche Funktionsgruppen und etwa 160 Objekte. Es wird erwartet, daß weitere Objekte dazukommen. In MIB II kamen zwei weitere Funktionsgruppen dazu, sowie die Erweiterung von RMON für Hubs, Router und für Prozessoren. Weitere MIBs werden bald folgen.

Bestandsführung ist insgesamt gesehen ein sehr komplexer Vorgang, weil unterschiedliche Daten aus unterschiedlichen Quellen mit unterschiedlichen Methoden verwaltet werden müssen. Bild 4.1 zeigt einige Zusammenhänge der Bestandsführung. Wie man diesem Bild entnehmen kann, werden Hersteller, Anbieter, Systeme, Standorte, Konfigurationen, Benutzer und Netzkomponenten gemeinsam verwaltet. Es ist recht unwahrscheinlich, daß man vom Beginn an mit einer homogenen Datenbank arbeiten kann. Deswegen kostet die Administration von Systemkomponenten oft mehr als der eigentliche Einkaufspreis der Komponente.

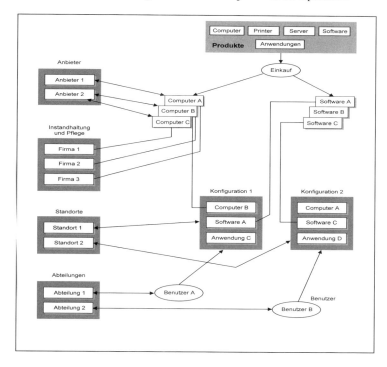

**Bild 4.1
Komplexe Zusammenhänge der Bestandsführung**

Von einer gut gepflegten Bestandsführung erwartet man Folgendes:

– schnelles Auffinden von Informationen, die durch verschiedene Funktionsträger geprägt werden,

– besseres Vertrauen zwischen Herstellern und Benutzern,

– Vermeidung von Redundanz bei der Pflege von Benutzerinformationen,

– Kostenreduzierung durch objektivere Planung.

Die erforderlichen Produkteigenschaften konzentrieren sich auf folgende Punkte:

- Möglichkeit der Online-Fortschreibung von Datenbanken,
- Ablaufprotokollierung der Änderungen,
- gute Schnittstellen zu benachbarten Funktionen wie Änderungs-Management, Störzettelverwaltung, Accounting,
- Unterstützung von grafischen Topologieänderungen,
- Unterstützung der dynamischen Objekteigenschaften als Übergang zum Problem-Management,
- Flexibilität bei der Berichtsgenerierung,
- gute Schnittstellen zu Dokumentationsprodukten,
- Integration der physikalischen, logischen und elektronischen Eigenschaften der Client/Server-Systeme.

Durch eine integrierte Bestandsführung der Objekte und deren Verbindungen können insbesondere die Funktionen des Problem-, Konfigurations- und Performance-Management unterstützt werden.

In vielen Fällen wird Kabel-Management im Rahmen dieser Funktion behandelt. Es ist zwar nicht grundsätzlich falsch, aber diese Publikation empfiehlt, Kabel-Management im Rahmen der Administration – Abschnitt 4.7 – zu behandeln.

4.1.2 Backup

Die einzelnen Komponenten von Client/Server-Systemen sind sehr zuverlässig. Aber als System gelten die Regeln der multiplikativen Zuverlässigkeit, wodurch der Administrator doch mit Ausfällen rechnen muß. Ausfälle können in komplexen Client/Server-Systemen die Produktivität der Benutzer ernsthaft gefährden, da unter Umständen mehrere Stunden Arbeit verloren gehen kann, von den gegeseitigen Behinderungen ganz zu schweigen. Um derartigen Fälle vorzubeugen, versucht man, unterschiedliche Maßnahmen zu treffen.

Redundante Komponenten – warme oder kalte Redundanz – helfen im laufenden Betrieb fehlerhafte Komponenten zu umgehen und den Betrieb reibungslos fortzusetzen. Dafür werden Beispiele im Abschnitt 4.3 gegeben. Als Vorbeugung auf größere Ausfälle werden wichtige Komponenten, z. B. File Server, mit Backup arbeiten. Backup kann – je nachdem, wieviele finanzielle Ressourcen verfügbar sind – kontinuierlich oder periodisch durchgeführt werden. Durch Backup-Maßnahmen reduziert man das Risiko des Arbeitsverlustes auf ein Minimum. Beispiele für Backup-Lösungen werden in diesem Abschnitt gegeben. Verwandt mit Backup ist die Archivierung von Datei- und Anwendungsbeständen. Das Ziel ist, auch mit Backup-Medien wirtschaftlich umzugehen. Das Produkt oder die Anwendung, das oder die für die Archivierung eingesetzt wird, pflegt eine gewisse Anzahl von Backup-Generationen. Ältere Generationen werden zunächst verdichtet und dann überschrieben. Gewöhnlicherweise bleiben die Archivierungsvorgänge vor dem Benutzer verdeckt und laufen heute schon automatisch ab. Wenn die Administration in Ordnung ist, kann man die erforderlichen Daten von Backup-Medien sehr schnell rückgewinnen.

Bei noch größeren Ausfällen kommen Möglichkeiten des Disaster/Recovery ins Spiel. In solchen Fällen schaltet man in ein anderes System um; das andere System kann vom Unternehmen selbst oder von einem Fremdunternehmen stammen.

Der derzeitige Status zeigt noch sehr viele Schwächen:

- fehlerhaftes, unregelmäßiges oder kein Backup,
- kein Backup-Administrator,
- unterschiedliche Backup-Strategie oder nur eine veraltete Strategie,
- unterschiedliche Backup-Lösungen für Hauptrechner, Server und Clients,
- keine Übersicht über Backup-Media,
- Duplizierung der Infrastruktur.

Beim Backup spielt die Administration eine sehr große Rolle. Das Berichtswesen gehört dazu. Die folgenden Berichte spielen dabei eine wichtige Rolle:

- *Backup-Übersicht:*
  Dieser Bericht listet alle Dateien und Datenbanken, die eine Backup-Version haben, auf. Der Bericht zählt auch diejenigen Dateien und Datenbanken auf, die noch keine Backup-Version haben. Diese zweite Liste soll periodisch begutachtet werden, ob dadurch keine unnötigen Risiken verursacht werden.

- *Medienbericht*:
  Eine Übersicht der Medien, die Backup unterstützen. Auch der Standort der Medien soll im Interesse der Recovery exakt angegeben werden.

- *History-Bericht:*
  Dieser Bericht registriert die Geschichte des Backup. Informationen über die Dateien, Zeitmarken, Gültigkeitszeiträume, Ablauftermine werden mit aufgenommen.

- *Abschlußbericht:*
  Dieser Bericht faßt die erfolgreich abgeschlossenen Backups für einen gegebenen Zeitrahmen zusammen.

- *Ausnahmebericht:*
  Dieser Bericht faßt diejenigen Fälle zusammen, wo der Backup-Prozeß aus irgendeinem Grund unterbrochen werden mußte.

Bild 4.2 zeigt ein Beispiel für das Backup Management, wo unterschiedliche LANs, Server und Clients konfiguriert sind. Bei dieser Lösung wird

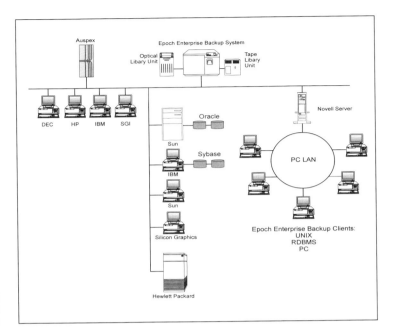

**Bild 4.2
Backup-Beispiel
von Epoch**

ein kontinuierliches Backup angestrebt. Die Backup-Daten benutzen fast in jedem Fall die Produktivkanäle, wodurch die verfügbare Bandbreite zwischen Produktion und Backup geteilt werden muß. Die Terminierung spielt eine entscheidende Rolle. Dadurch kann das Overhead für die Produktion in Grenzen gehalten werden.

Bei der Bewertung von Produkten spielen folgende Fragen eine wichtige Rolle:

– Wieviel Bandbreite ist erforderlich?

– Standort des Backup-Systems? Kann zentral, dezentral oder verteilt installiert werden?

– Nach welchen Prioritäten läuft das Backup ab?

– Wie oft wird ein vollständiges Backup gefahren?

– Wiederholung des Backup, wenn beim ersten Backup-Versuch Probleme auftreten?

– Ist die Fähigkeit des Produktes gegeben, Änderungen in Client/Server-Systemen zu beobachten?

– Gibt es Möglichkeiten, mehrere unterschiedliche Komponenten von mehreren Herstellern zu unterstützen?

- Management der Backup-Stände ohne manuelle Eingriffe des Client/
  Server-Administrators; die Parameter werden bei der Erstgenerierung
  des Produktes gesetzt.

- Existieren Verbindungsmöglichkeiten mit Bibliothek-Robotern?

Man sieht gewisse Verbindungen hier zum Hierarchical Storage Management (HSM). Dabei handelt es sich um die kontinuierliche Pflege der Plattenspeicher, in dem Dateien aus Online-Status erst in den aktiven Status und dann in den inaktiven Status gesetzt werden. Als Kriterien können Dateienalter und letzter Zugriff zur Datei dienen. Ansonsten gelten ähnliche Regeln und Kriterien wie beim Backup. Bild 4.3 zeigt ein symbolisches Beispiel für den Datei-Migrationsprozeß von Epoch.

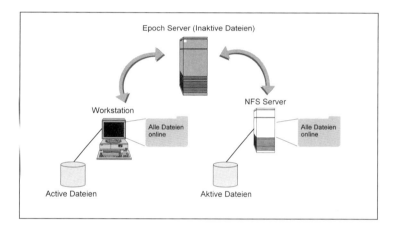

**Bild 4.3
Datei-Migrations-
beispiel von Epoch**

Bei der Findung von Lösungen überlegen die Benutzer in zwei Richtungen:

- Zentralisierung der Backup-Steuerung, damit Aufgabenträger und Instrumente wirtschaftlich ausgelastet werden können,

- Übergabe der Kontrolle an die Benutzer, damit sie die Intervalle, Backup-Type und Funktionen selbst wählen können.

4.1.3 Änderungs-Management

Bei der heutigen Komplexität der Client/Server-Systeme sind Änderungen an der Tagesordnung. Das Wichtigste ist dabei, wie man die Änderungsprozedur vorbereitet und durchführt. Bestandsmanagement ist die einzige Stelle innerhalb der Client/Server-Organisation, die für die Planung, Genehmigung, Ausführung und Dokumentation von Änderungen verantwortlich ist.

Zur Terminierung und Bewertung der Änderungen sind die folgenden Informationen erforderlich (TERP91):

Segment des Änderungskoordinators:

- Identifizierung der Änderung,
- Änderungsnummer,
- Datum der Antragstellung.

Segment des Antragstellers:

- Name und Organisationseinheit des Antragstellers,
- Standort,
- Beschreibung der Änderung,
- betroffene Client/Server-Komponenten,
- Beeinflußbare Client/Server-Komponenten:

  - minimaler Einfluß – Änderung erfordert keine Unterbrechung,
  - normaler Einfluß – Änderung kann eine Unterbrechung verursa–chen,
  - maximaler Einfluß – Änderung verursacht eine Unterbrechung.

- Wunschtermin,
- Priorität,
- Begründung der Änderung,
- Aufgabenträger, die die Änderung ausführen,
- Sicherheitsprozedur, wenn die Änderung mißlingt.

Genehmigungssegment:

- Datum der Genehmigung,
- elekronische Unterschrift.

Auswertungssegment:

- Ergebnis der Änderung,
- Ausfallzeit wegen der Änderung,
- Datum der Ausführung,
- Löschen oder Verschiebung der Änderung.

Gewöhnlich werden diese Informationen durch ein Dialogsystem abgefragt und in einer Datenbank oder Datei abgespeichert. Nach der Auswertung der Eingaben wird die Genehmigung erteilt, sofern keine Einwände von den Beteiligten oder Betroffenen vorliegen. Die Genehmigung enthält die exakten Termine und die Namen der Ausführenden. Da es sich bisweilen um Ketten von Änderungen handelt, sind die Änderungen mit computergestützten Verfahren wie CPM und PERT einzuplanen. Nach der erfolgreichen Ausführung dient die Abschlußdokumentation als Grundlage für die Fortschreibung der Bestandsdatenbasis.

Wenn es sich um dringende Änderungen im dynamischen Betrieb handelt, sind die Störberichte Grundlage für die Änderung und Fortschreibung der Bestandsdatenbasis. Die Datenbasis für das Änderungsmanagement – eigenständig oder integriert – hilft vor allem auf folgenden Gebieten:

- Statusinformationen über Änderungen,
- Übersichtsberichte je Änderungsereignis für Benutzergruppen, Client/Server-Komponenten, Datum, Prioritäten und Verantwortlichkeitsbereiche,
- Anzeige der betroffenen Komponenten,
- Anzeige der Konsequenzen der Änderungen.

Die Erfassung der Änderungsanträge muß soweit, wie möglich, automatisiert werden. Der Änderungsfortschritt dient dann automatisch als Dokumentation des Vorganges. In den meisten Fällen können auch Batch-Berichte generiert werden. Tabellen 4.2 und 4.3 zeigen Beispiele für die Antragsform. Es wird bei vielen Firmen angestrebt, ähnliche oder identische Belege mit der Störzettelverwaltung zu implementieren.

Tabelle 4.2 Antragsbeispiel für Änderungen

Segment des Änderungskoordinators:

- Identifizierung der Änderung: **Änderung der Routertabelle**
- Änderungsnummer: **Cis/07/1995**
- Datum der Antragstellung: **29.2.1995**

Segment des Antragstellers:

- Name und Organisationseinheit des Antragstellers: **F. Beckenbauer Telekommunikations-Dienste**
- Standort: **Nürnberg**
- Beschreibung der Änderung: **Durch die Zunahme von Geschäftsstellen in Nord-Bayern werden neue zusätzliche Router installiert; deswegen müssen die Routing-Tabellen der bereits installierten modifiziert werden**
- Betroffene Client/Server-Komponenten: **Alle, die an die neuen Router angeschlossen sind**
- Beeinflußbare Client/Server-Komponenten: **Sämtliche Benutzer**

Minimaler Einfluß - Änderung erfordert keine Unterbrechung
Normaler Einfluß - Änderung kann eine Unterbrechung verursachen
Maximaler Einfluß - Änderung verursacht eine Unterbrechung

- Wunschtermin: **31.3.1995**
- Priorität: **Hoch**
- Begründung der Änderung: **Erweiterung unserer Dienstleistungen in neue geografische Gebiete**
- Aufgabenträger, die die Änderung ausführen: **Systemgruppe**
- Sicherheitsprozedur, wenn die Änderung mißlingt: **Rückkehr zu existierenden Routing-Adressen**

**Tabelle 4.3
Antragsbeispiel
für Änderungen**

> Genehmigungssegment:
>
> - Datum der Genehmigung: **15.3.1995**
> - Elekronische Unterschrift: **G. Müller**
>
> Auswertungssegment:
>
> - Ergebnis der Änderung: **Anschluß von zusätzlichen Routern für neue Geschäfsstellen**
> - Ausfallzeit wegen der Änderung: **40 Minuten am Sonntag**
> - Datum der Ausführung: **40 Minuten**
> - Löschen oder Verschiebung der Änderung: **Nein**

Änderungs-Management beansprucht umfangreiche Beziehungen zwischen Funktionen, Produkten und Aufgabenträgern. Die wichtigsten sind:

– Analyse der Auswirkungen von Änderungen mit den Planern,

– Festlegung der Betriebsunterbrechungen mit den Bedienern,

– Bereitstellung der richtigen Version der Software mit den Systemadministratoren,

– Bereitstellung der Dokumentation für die Durchführung der Änderungen,

– Fortschreibung der Datenbanken und Dateien in Zusammenarbeit mit der Bestandsführung,

– Berichterstellung für die Analyse und für die Statistik in Zusammenarbeit mit Performance-Analytikern.

Die Komplexität des Prozesses wird im Bild 4.4 veranschaulicht.

Auch die Instrumentierung ist sehr wichtig. An die Instrumente werden die folgenden Anforderungen gestellt:

– elekronische Übertragung anstelle von Belegen,

– Möglichkeit der Ablaufdokumentierung,

– Zugriffsmöglichkeit für mehrere Benutzer,

– Ablauffähigkeit auf mehreren Plattformen wie MVS, UNIX, OS/400, OS/2, Windows und VM.

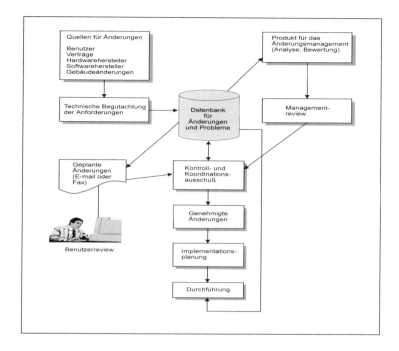

Bild 4.4
Komplexität des Änderungs-Management

4.1.4 Bestellwesen

Client/Server-Systeme unterliegen dynamischen Änderungen. Die Design- und Planungfunktion identifiziert den Bedarf an neuen Komponenten für Client/Server-Systeme. Der Bedarf wird auch aus finanzieller Sicht begutachtet, und wenn die technischen und finanziellen Verträglichkeitskriterien erfüllt werden, wird der Kauf genehmigt. Die Genehmigung löst dann die erforderlichen Schritte beim Einkauf aus.

Neuer Bedarf kann auch aufgrund des Ergebnisses der Optimierung angemeldet werden, indem die Lösungen für Performance-Engpässe gefunden worden sind. Der Genehmigungsvorgang ist dann identisch mit dem der Planung. In vielen Unternehmen versucht man mehrere Prozesse so zu vereinfachen, daß wenigstens die Belege eine einheitliche Form aufweisen. Erfolge sind z. B. dann zu verzeichnen, wenn man identische Belege für die Störzettelverwaltung, das Änderungs-Management und für das Bestellwesen benutzen kann. Einen Schritt ist man weiter, wenn eine Organisationseinheit alle »Bedarfswünsche« entgegennimmt. Bei einigen Unternehmen designiert man dafür den Benutzerservice.

Die Prozeßschritte des Einkaufs werden hier nicht behandelt; es wird angenommen, daß jedes Unternehmen die Einkaufsregeln ausgearbeitet und implementiert hat.

Nachdem die bestellten Komponenten geliefert werden, werden folgende Aktivitäten ausgeführt:

- Abnahme der Komponenten,
- Test der Komponenten auf Funktionstüchtigkeit und Performance,
- Installation der Komponenten und Durchführung von Produktionstests,
- Inbetriebnahme,
- Fortschreibung der Bestände in der Bestandsdatenbank,
- Integration der neu installierten Komponenten in die Überwachungs- und Pflegepläne.

Die Methode, wie diese Schritte durchgeführt werden, hängt von dem jeweiligen Unternehmen ab. Oft strebt man eine elektronische Verbindung (Bonding genannt) mit den Lieferanten an, wodurch die Bestell- und Liefervorgänge papierlos ablaufen können.

4.1.5 Directory-Dienst

Man kann nicht voraussetzen, daß integrierte Bestands-Managementlösungen innerhalb kürzester Zeit installiert werden. Der Benutzer muß trotzdem die Client/Server-Systeme administrieren können. Dabei muß man manuell oder halbautomatisch Verbindungen zwischen den existierenden Bestandssystemen bauen. Dadurch kann besser synchronisiert werden, um gelegentlich benötigte Informationen bereitzustellen.

Der Client/Server-Administrator wünscht sich eine Anwendungsebene, wo mit einer höheren Sprache die Aufträge formuliert werden. Die Ausführung bleibt dann weitgehend unsichtbar. Die Anwendung ist dann in der Lage, die abgespeicherten Datenelemente zu lokalisieren und den Lese-, Schreib-, oder Fortschreibungsauftrag auszuführen. Als ausführende Instanz können eigenständige, de-facto- oder offene Protokolle eingesetzt werden. Als Ziel betrachten viele Client/Server-Administratoren die CCITT X.500-Richtlinien zur Einführung von Directory-Diensten.

Auf diesem Gebiet überwiegen hausinterne Lösungen, die die unterschiedlichen Informationsträger verbinden. Bei fortgeschrittenen Lösungen realisiert man die Verbindungen auf SQL-Basis mit der Annahme, daß die Informationsträger SQL unterstützen.

4.1.6 Typische Instrumente zur Unterstützung des Bestands-Management

Typische Instrumente zur Unterstützung des Bestandsmanagement sind:

- relationale und objektorientierte Datenbanken,
- sämtliche mit SNMP-Agentensoftware ausgerüsteten Produkte,

- Scanner für die Erstgenerierung der Datenbank,
- Verarbeitungssoftware im Manager zur Fortschreibung der Merkmale, Konnektivitätsdaten, Statusdaten, Meßdaten und Performance-Kennziffern.

Bei den Aufgabenträgern werden nach den folgenden Kenntnissen und persönlichen Eigenschaften gefragt:

- präzise Dokumentationsarbeit,
- Kenntnisse von »Managed-Objects«,
- detaillierte Kenntnisse über die eingesetzten Instrumente.

4.2 Konfigurations-Management

Client/Server-Systeme unterliegen Änderungen. Daher reicht es nicht mehr aus, nur die statischen Daten zu pflegen. Konfigurationsmanagement im engeren Sinne umfaßt zwei Funktionen: Erstkonfigurierung der Client/Server-Komponenten und Pflege der Topologie. Dieser Funktionsbereich hat natürlich viele Verbindungen mit dem Änderungs-Management, da sowohl die Konfigurierung als auch die Topologie als Ergebnis des Änderungs-Management modifiziert werden kann. Mit heutigen Client/Server-Systemen ist es sehr schwierig, die Grenze zu ziehen: Was ist Änderungs-Management, was bedeutet ein Problem»fix« und was ist die dynamische Rekonfigurierung der Topologie? Der Bedarf für häufige Rekonfigurierungen wird z. B. in virtuellen LANs automatisch gegeben.

4.2.1 Konfigurierung von Systemen und Netzen

Diese Funktion startet, nachdem die Komponenten von Client/Server-Systemen bereits gewählt worden sind. Diese Funktion beinhaltet die folgenden Tätigkeiten:

- Einstellung der Parameterwerte in den System- und Netzwerkkomponenten wie Router-Tabellen, Hub-Verbindungen, Speichergrenzen;
- Festlegung der Schwellenwerte für die Status- und Performance-Überwachung, z. B.:
  - Ressourcenauslastung,
  - Transaktionsvolumina,
  - Warteschlangenlängen.
- Setzen von Filtern,
- Festlegung von Berechtigungen,
- Durchführung von Tests,

– Fortschreibung der Bestandsdatenbank mit den eingestellten Parameterwerten.

Bei dieser Funktion handelt es sich mehr oder weniger um die Erstgenerierung der Client/Server-Konfiguration. Modifikationen und Erweiterungen fallen dann in die Kategorie des Änderungs-Management.

Die automatische oder halbautomatische Durchführung dieser Funktionen kann durch SNMP unterstützt werden. Dazu braucht man den »Set«-Befehl. Dieser Befehl kann aber unter Umständen Security-Probleme verursachen. Mit SNMPv2 können die Sicherheitsprobleme ausgeräumt werden. Viele Hersteller benutzen immer noch einfach File Transfer zur Verteilung der Konfigurationsinformationen.

Bild 4.5
Konfigurierung von Cisco-Routern

Bild 4.5 zeigt den Konfigurierungsvorgang für Cisco Router.

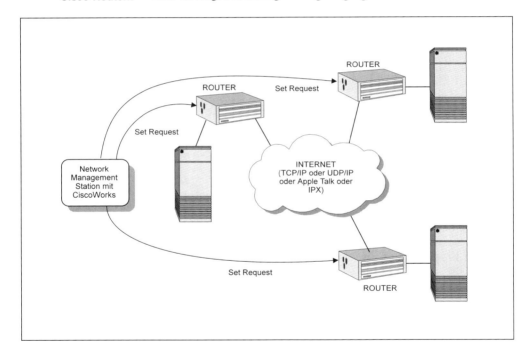

4.2.2 Topologiepflege

Diese Funktion beschäftigt sich mit der Dynamik von Client/Server-Systemen. Die Bestandführung hat die statischen Merkmale von verwalteten Objekten zusammengefaßt. Der Topologiedienst zeigt auch die Verbindungen zwischen Clients und Servern, wobei lokale und standortübergreifende Netze mit aufgeführt werden. Diese Funktion beinhaltet die folgenden Tätigkeiten:

- Visualisierung von Managed Objekten mit Angabe der Verbindungsports;

- Visualisierung der Verbindungen, wobei sowohl die logischen als auch die physikalischen Verbindungen angezeigt werden;

- Pflege verschiedener Konfigurationen, die gegebenenfalls als Backup dienen können;

- Erstellung und Pflege von alternativen Konfigurationen, die entweder in Fehlerfällen oder je nach Lastverhältnissen aktiviert werden müssen;

- Dynamisierung derjenigen Managed-Objekten, die mit ihren Agenten an der Status- und Performance-Überwachung teilnehmen.

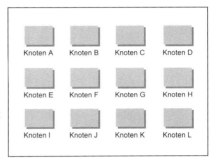

**Bild 4.6
Discovery von Client/Server-Komponenten**

Insbesondere die Benutzung von virtuellen Netzen erfordert die Dynamisierung von vielen Verbindungselementen wie Kabelstücke und Ports sowie Schnittstellenkarten. Der Topologiedienst muß den regen Konfigurationsänderungen in Echtzeit folgen können.

In SNMP-Umgebungen werden gewisse Schritte automatisch oder halbautomatisch durchgeführt. Die Discovery-Funktion besorgt die Identifizie-

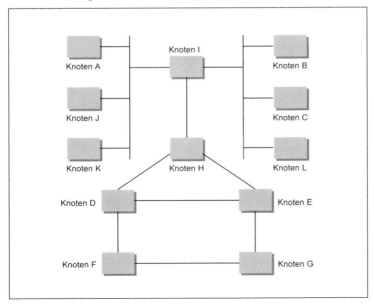

**Bild 4.7
Mapping von Client/Server-Komponenten**

rung über alle angeschlossenen Komponenten. Diese Funktion zeigt alle Komponenten zwar an, aber in einer ungeordneten Form. Wenn auch richtige Konfigurationsbilder gewünscht werden, muß auch die Mapping-Funktion implementiert werden. Bilder 4.6 und 4.7 zeigen beide Alternativen.

Die Tiefe der Visualisierung hängt von der Investition ab, die bei der Ersterfassung der Daten getätigt wird. Einige Instrumente wie Command 5000, MountainView, Konfig und der Kommunikationsmanager unterstützen diese detaillierte Dokumentationsfunktionen. Existierende Dokumentation jeder Art kann durch Scannen eingebracht werden.

4.2.3 Typische Instrumente für das Konfigurations-Management

Typische Instrumente zur Unterstützung des Konfigurations-Management sind:

– relationale und objektorientierte Datenbanken,

– Scanner für das Einlesen von existierenden Konfigurationen,

– auf SNMP basierende Werkzeuge zur Konfigurierung,

– Instrumente zur Visualisierung der Topologie,

– auf SNMP basierende Werkzeuge zur Identifizierung und zur Darstellung aller Komponenten mit IP-Adressen.

Bei den Aufgabenträgern werden nach folgenden Kenntnissen und persönlichen Eigenschaften gefragt:

– präzise Dokumentationsarbeit,

– SNMP-Kenntnisse,

– detaillierte Kenntnisse von Managed-Objekten,

– Kenntnisse über die eingesetzten Instrumente.

4.2.4 Wichtige SNMP-Informationen für das Konfigurations-Management

Bei vielen Instrumenten spielt SNMP eine wichtige Rolle. Konfigurations- und Bestands-Management können durch die unterschiedlichen Gruppen der MIB-II-Informationen unterstützt werden. An dieser Stelle werden nur die wichtigsten Objekte und deren Informationsinhalte aufgezäht (LEIN93):

Objekte	Informationsinhalt
System-Gruppe:	
sysDescr	Beschreibung des Systems
sysLocation	Standort
sysContact	verantwortliche Person
sysName	Name des Systems
Interface-Gruppe:	
ifDescr	Name der Schnittstelle
ifType	Typ der Schnittstelle
ifMtu	maximale Länge des Datagramms durch die Schnittstelle
ifSpeed	Bandbreite der Schnittstelle
ifAdminStatus	Status der Schnittstelle
IP-Gruppe:	
ipForwarding	Gerät ist vorbereitet zur Übertragung von IPs
ipAddrTable	IP-Adresse am Gerät
ipRouteTable	IP-Routing-Tabelle
TCP-Gruppe:	
tcpRtoAlgorithm	TCP-Retransmission-Algorithmus
tcpRtoMin	kürzestes TCP-Retransmission-Time-out
tcpRtoMax	längstes TCP-Retransmission-Time-out
tcpMaxConn	maximale Anzahl der erlaubten TCP-Verbindungen
tcpCurrEstab	Anzahl der gegenwärtigen TCP-Verbindungen
UDP-Gruppe:	
udpTable	gegenwärtig aktive UDP-Ports, die Datagramme empfangen

4.3 Problem-Management

Derzeit werden meistens unkoordinierte Maßnahmen erst dann ergriffen, wenn die Client/Server-Systeme bereits ausgefallen sind. Das bedeutet, daß die einzelnen Schritte der Problembestimmung und -behebung während der Ausfalldauer durchgeführt werden. Vorbeugende Maßnahmen sind nur sehr selten implementiert. Es gibt zahlreiche Instrumente, die Einzelfunktionen zwar gut unterstützen, aber sie unterstützen noch keinerlei Standards. Noch arbeitet der Client/Server-Administrator mit mehreren Instrumenten, die völlig unterschiedliche Benutzeroberflächen, Bedienersprachen, Symbole und Grafiken haben. Es fehlt die sogenannte Vorfeldarbeit, in denen Rahmen-Prozeduren für den Fehlerfall ausgearbeitet werden, die dann im Ernstfall aufgerufen und als Diagnosehilfe benutzt werden. Diese Prozeduren bilden die Basis für künftige Expertensysteme.

Die Voraussetzungen für ein erfolgreiches Problem-Management sind:

- Kenntnisse über Hardware und Software des Client/Server-Systems,
- Erstellung von leistungsfähigen Prozeduren zur Problembehebung,
- Einsatz der richtigen Instrumente,
- Aus- und Weiterbildung der Management-Gruppe.

Bild 4.8 zeigt das Flußdiagramm der Funktionen für den Betrieb von Client/Server-Systemen. In diesem Bild sind nur die wichtigsten Funktionen aufgezeigt. Die Funktionen werden in Echtzeit ausgeführt; jede Verzögerung bedeutet die Beeinträchtigung des Servicegrades des Endbenutzers. Dadurch werden auch die geschäftlichen Ziele des Unternehmens nachteilig getroffen.

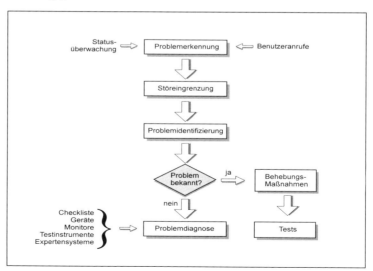

Bild 4.8
Prozeßkette der Funktionen für das Problem-Management

Informationen über Abweichungen von Betriebszielen erhält der Betrieb auf zwei unterschiedlichen Wegen:

- durch Datenerfassung in unterschiedlichen Client/Server-Komponenten mit Hilfe verschiedener Werkzeuge, die kontinuierlich oder diskontinuierlich Daten sammeln; die erfaßten Informationen werden nach entsprechender Filterung in die Stördatenbasis weitergeleitet (siehe Bild 4.9),

- individuelle Informationen von Benutzern, die unmittelbar zum Benutzerservice oder zur Störannahmestelle geleitet werden.

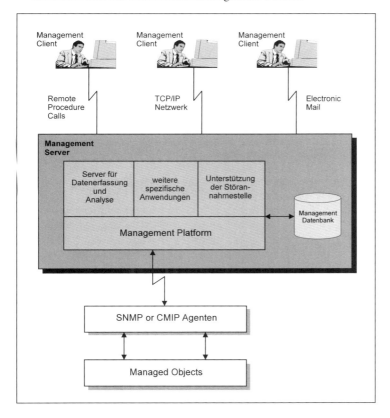

Bild 4.9
Erfassung und Verarbeitung von Problemdaten

Durch beide Informationsarten wird das Problem erkannt und weitere Maßnahmen ausgelöst. Zunächst wird mit Hilfe des Störberichtsystems die Frage beantwortet, ob sich das Problem in Bearbeitung befindet. Wenn nicht, wird versucht, die Problemfortpflanzung zu vermeiden und das Problem eindeutig zu identifizieren. Für den Fall, daß das Problem bereits bearbeitet wird, werden entsprechende Informationen den betroffenen Endbenutzern zugeleitet. Nach der eindeutigen Identifizierung des Problems wird in der aktuellen Stördatei gesucht, ob das Problem bekannt ist. Wenn ja, dann werden unmittelbar, wenn nein, dann werden nach der Problemdiagnose die Maßnahmen zur Wiederherstellung der uneingeschränkten Funktionstüchtigkeit ergriffen. Anschließend werden Statusinformationen an die betroffenen Endbenutzer verteilt, die Erfahrungsdatei fortgeschrieben und die Störberichte abgeschlossen. Im vorliegenden Abschnitt werden diese Funktionen einzeln behandelt.

Zur erfolgreichen Ausführung aller Funktionen sind folgende Informationen erforderlich:

- aktuelle Konfiguration mit allen aktiven und inaktiven Servern und Clients,
- Fehlermeldungen aus Servern, Clients und Übertragungseinrichtungen,
- Auslastungskennziffer,
- Service-Kennziffer.

4.3.1 Statusüberwachung

Es gibt grundsätzlich zwei Alternativen zur Datenerfassung für die Statusüberwachung:

- kontinuierliche Messungen,
- sporadische Messungen.

Um Probleme frühzeitig zu erkennen, wären kontinuierliche Messungen erforderlich. Die Ersterfassung von Fehlerinformationen ist aus folgenden Gründen sehr wichtig:

- Ein Fehler muß nicht unbedingt Folgeerscheinungen auslösen. Wenn diese jedoch sichtbar werden, sind Informationen über die eigentliche Ursache nicht mehr verfügbar.
- Der Betrieb darf nicht unterbrochen werden, um Dumps zu ziehen oder die Rekonstruktion der Fehlerbedingungen zu ermöglichen.

Auf der anderen Seite sprechen einige Fakten gegen die kontinuierliche Messung in Client/Server-Systemen. Die wichtigsten Argumente dagegen sind:

- eine große Daten- und Informationsmenge muß verwaltet werden,
- großer Ressourcenbedarf für die Verarbeitung und Übertragung,

- beträchtlicher Overhead für die Informationserfassung bei den meisten Software-Monitoren,

- Belastung der Bediener durch die intelligente Filterung der Informationen.

Messungen auf sporadischer Basis sind insbesondere bei der Untersuchung spezieller Probleme analytischer Art oder bei der Diagnose von Funktionsstörungen im Betrieb sehr wertvoll. Aber derartige Messungen dürfen für die Überwachung oder Planung des Netzes nicht als Grundlage dienen. Eine angemessene Kompromißlösung kann wie folgt aussehen: Kontinuierliche Erfassung von servicerelevanten Daten in Client/Server-Systemen, Verarbeitung des entsprechenden Segments in der Datenbasis, Anzeige des Zustandes und gleichzeitige Speicherung der komprimierten Meßdaten mit vorgegebener Auflösungsrate in der Datenbasis. Als Datenbasis kann eine MIB dienen. Es werden immer wieder unterschiedliche Signale und Ereignisse erfaßt und anschließend in Zustandsindikatoren umgesetzt. Der Gesamtzustand des Client/Server-Systems kann dann als eine Matrix dargestellt werden. Die einzelnen Zeilen repräsentieren Elementzustände (Bild 4.10).

Als Instrumente können SNMP-Agenten, verschiedene Monitore, Analysatoren und Oszilloskope in Frage kommen.

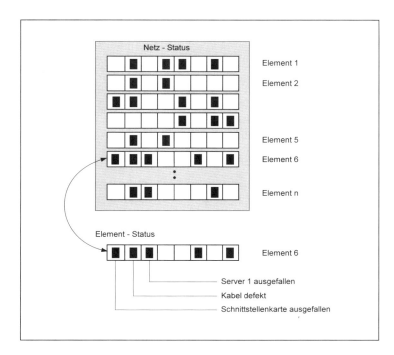

**Bild 4.10
Repräsentierung
des Client/Server-
Problemzustandes**

4.3.2 Alarm-Management

Der Bediener braucht aussagefähige Informationen anstelle von Massendaten oder von Routinemeldungen. Deswegen ist die Implementation von Filtern vor Ort sehr wichtig. Als Filtereigenschaften können gelten:

- Art der Meldung oder Nachricht,
- Zeitpunkt der Nachricht oder Meldung,
- Ressource-Code der Nachricht oder Meldung,
- Priorität und Dringlichkeit der Meldung oder Nachricht,
- Korrelation der Meldung oder Nachricht mit anderen Meldungen und Nachrichten.

Die ausgefilterten Nachrichten können noch einmal gruppiert und verifiziert werden. Fortgeschrittene Lösungen – vor allem diejenigen mit Kombination von Integratoren – bieten die Analyse der Alarmursachen und den empfohlenen Lösungsweg zusätzlich noch an. Bild 4.11 zeigt einen Filter mit drei Stufen. Tabelle 4.4 zeigt einen Ausschnitt einer Ereignisdatei, in der alle oder nur ausgefilterte Meldungen aufgeführt werden können.

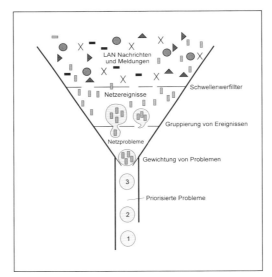

Bild 4.11 Filtern von Ereignissen, Meldungen und Nachrichten

Tabelle 4.4 Beispiel einer Ereignisliste

Datum	Zeitpunkt	Standort	Kode	Ereignis
02.01.1995	12:55	34	09908844221	Modem ausgefallen
03.01.1995	14:23	17	06655448821	Multiplexor ausgefallen
04.01.1995	23:00	09	09576824351	Softwareverteilung abgeschlossen
11.01.1995	11:11	14	07766554414	LAN Segmentierung getestet
15.01.1995	08:05	11	15171819213	Remote-Brücke ausgefallen
22.01.1995	10:52	10	23456789876	Router-Tabelle geändert

4.3.3 Problembestimmung, Problemdiagnose und Problembehebung

Tätigkeiten der Problembestimmung werden ausgelöst, wenn das Netz, die Server oder die Clients entweder Funktions- oder Performance-Störungen melden. Das Wort Problem bedeutet ein Ereignis, daß ein System nicht wie erwartet funktioniert. Das Hauptziel besteht in der Verhinderung der Problemfortpflanzung und der Reduzierung der Dauer bis zur erneuten uneingeschränkten Leistungsfähigkeit des Client/Server-Systems.

Die Problembestimmung besteht eigentlich aus vier Phasen (TERP91):

- Problemerkennung (wird in den Abschnitten 4.3.1 und 4.3.2 behandelt),
- Problembestimmung im engeren Sinn,
- Problemdiagnose,
- Behebung des Problems.

Bei der Problembestimmung werden üblicherweise vier Ebenen je nach Komplexität der Probleme unterschieden:

Ebene 1:
Einfache Probleme, die durch den Benutzerservice (auch Help Desk oder Störannahmestelle genannt) zentral oder dezentral gelöst werden können. Sie sind als nicht-technisch einzuordnen und werden meistens telefonisch geklärt. Wenn die Ausbildung beim Benutzerservice entsprechend gut ist, sind etwa 80% aller Probleme auf diese Weise zu klären. Die Stördatei kann interaktiv gefragt werden, ob dasselbe Problem von anderen Kunden gemeldet worden ist und ob die Lösung bereits bekannt ist. Die Problemdiagnose bei derartigen Problemen kann man vernachlässigen.

Ebene 2:
Probleme dieser Kategorie werden meistens durch Client/Server-Systembediener (auch Operatoren genannt) gelöst, denn sie sind technisch orientiert, und die Lösung würde den Benutzerservice überfordern. Etwa 10% aller Probleme fallen in diese Kategorie. Für gewöhnlich werden diese Probleme durch den Benutzerservice identifiziert und den Bedienern zugeordnet. Beispielsweise sind derartige Probleme durch Deaktivierung und erneute Aktivierung von Client/Server-Komponenten zu lösen. Problemdiagnose und Einsatz von speziellen Instrumenten sind zeit- und arbeitsintensiv.

Ebene 3:
Probleme dieser Kategorie werden von Spezialisten gelöst. Sie sind sehr komplex und technisch orientiert, und die Lösung würde sowohl den Benutzerservice als auch die Client/Server-Administration überfordern. Bisweilen müssen auch Hersteller bei der Lösung behilflich sein. Etwa 5%

aller Probleme fallen in diese Kategorie. Solche Probleme können entweder durch den Benutzerservice identifiziert und delegiert oder durch den Operator erkannt und weitergeleitet werden. Problemdiagnose und Instrumentation müßten sehr intensiv betrieben werden.

**Bild 4.12
Eröffnung für die
Problemerkennung
und -bestimmung**

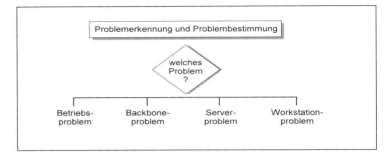

Ebene 4:

**Bild 4.13
Betriebsproblem**

Probleme dieser Kategorie können weder vom Benutzerservice noch von Client/Server-Administratoren oder von Client/Server-Spezialisten gelöst werden. Diese Probleme werden – meistens elektronisch – an die Hersteller von Client/Server Hardware oder Software weitergeleitet. Etwa 5 % aller Probleme fallen in diese Kategorie. Problemdiagnose und Instrumentation müssen sehr intensiv betrieben werden.

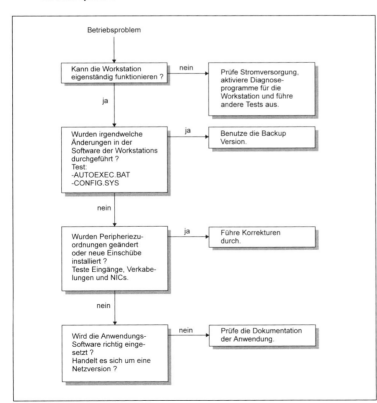

Um bei der Diagnose Zeit zu sparen, wird mit vorgefertigten Prozeduren, Entscheidungsmatrizen und Flußdiagrammen gearbeitet. Nach einem Einstiegmenü (Bild 4.12) werden individuelle Flußdiagramme aufgerufen, die die wesentlichen Arbeitsbereiche von Client/Server-Systemen umfassen.

Diese Bereiche sind:

- Betriebsprobleme (Bild 4.13),
- Backbone-Probleme (Bild 4.14),
- Server-Probleme (Bild 4.15, Seite 84),
- Probleme mit Workstations (Bild 4.16, Seite 85).

Wie aus den einzelnen Flußdiagrammen ersichtlich ist, sind sehr oft Messungen und Tests durchzuführen. Obwohl sehr viele Schritte der Problemdiagnose als allgemeingültig betrachtet werden, gibt es Besonderheiten je nach Servern, Clients, Topologie, Architektur oder Übertragungsmedien. Nach der erfolgreichen Diagnose sind Maßnahmen zur Wiederherstellung der uneingeschränkten Funktionstüchtigkeit von Client/Server-Systemen zu ergreifen. Die eigentliche Reparatur wird entweder durch die technische Gruppe oder durch die Hersteller vorgenommen. Recovery für Client/Server-Systeme wird sehr teuer, wenn keine Prozeduren im voraus vorbereitet wurden und wenn keine kontinuierlichen Backups vorgesehen sind. Durch Backup können dann Anlaufpunkte klar identifiziert werden, die beim Recovery gebraucht werden. Nach der Eliminierung von Problemursachen sind Funktionsprüfungen vorzunehmen. Wenn die Tests erfolgreich sind, können die reparierten oder ersetzten Komponenten wieder angeschaltet werden. Weiterhin sind Tätigkeiten auszuführen, die meistens übersehen werden:

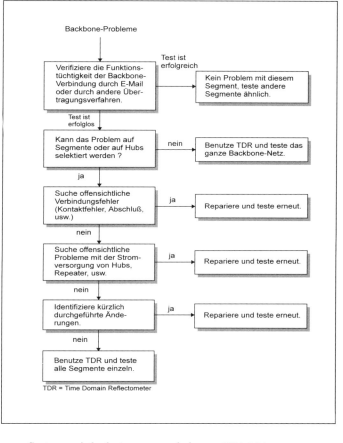

Bild 4.14
Backbone-Problem

- Abschluß des Störberichtes, nachdem die Störungsursachen eingetragen worden sind,

- Erweiterung und Fortschreibung der Erfahrungsdatei,

- Fortschreibung der Herstellerdatei oder des Herstellersegments in der Bestandsdatenbasis,

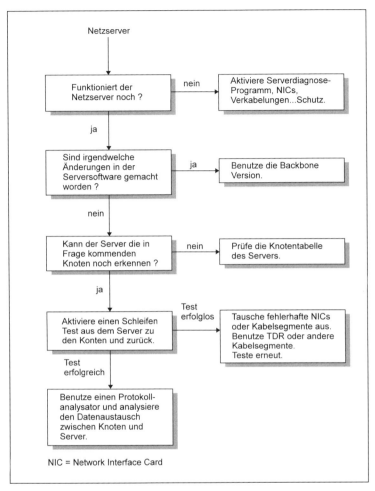

**Bild 4.15
Server-Problem**

- Ergänzungen in der Bestandsdatei durch Inanspruchnahme der Verfahren des Änderungs-Management,
- Informationsverteilung an die Benutzer.

4.3.4 Datensicherheit

Die Datensicherheit in Client/Server-Systemen hat eine zentrale Bedeutung. Das Auftreten von Fehlern, der Ausfall einzelner Komponenten bzw. der eines File Servers wirken sich auf das Gesamtsystem in unterschiedlicher Art und Weise aus. Hersteller bemühen sich um die Erhöhung der Verfügbarkeit ihrer Client/Server-Systeme. Die Möglichkeiten werden anhand von Netware von Novell erläutert.

System Fault Tolerant (SFT) I

Beim Einsatz von SFT I werden zwei Dateizuordnungstabellen FAT (File Allocation Tables) sowie Verzeichniseinträge erstellt. Diese werden auf verschiedenen Plattenzylindern bzw. Partitions gespeichert. Sollte ein Directory-Bereich ausfallen, so steht der zweite Bereich zur Verfügung. Weitere Funktionen von SFT I sind:

- Directory-Überprüfung und Korrektur beim Einschalten des Systems,
- Kontroll-Lesen,
- dynamische Zuordnung fehlerhafter Blöcke auf der Festplatte (Hot Fix).

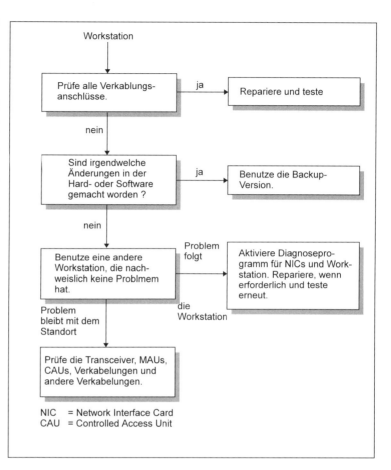

Bild 4.16 Workstations-Problem

Die Anordnung wird im Bild 4.17 gezeigt.

System Fault Tolerant (SFT) II

Diese Variante kann mit gespiegelten Laufwerken ein vollständiges Duplikat einer Festplatte auf einer zweiten Festplatte ablegen. Der File Server spiegelt Schreibvorgänge von der Originalplatte sofort auch auf das Duplikat. Beim Ausfall einer Festplatte

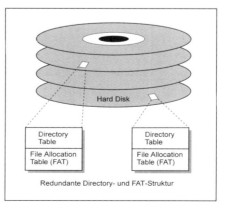

Bild 4.17 Duplizierung der File Allocation Tables

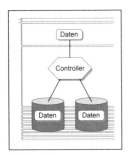

**Bild 4.18
Spiegelung der
Festplatten**

wird automatisch auf die redundante Festplatte umgeschaltet, ohne daß Daten verlorengehen.

Bild 4.18 zeigt die Spiegelung der Festplatten.

System Fault Tolerant (SFT) III

Diese Alternative beinhaltet außer den Leistungsmerkmalen von SFT I und SFT II auch die Server-Spiegelung.

Mit Netware Servern ist dann der Aufbau eines vollkommen redundanten Systems möglich, das auch bei Komplettausfall eines Servers nicht ausfällt. Ein Beispiel wird im Bild 4.19 gezeigt. Im Beispiel wird Netware SFT II Version 3.11 benutzt. Das Bild zeigt den prinzipiellen Aufbau der gespiegelten Server unter SFT III. Das Betriebssystem wird gespiegelt, aber nur ein Eingabe/Ausgabe-System ist jeweils aktiv. Zum Einsatz kommen leistungsfähige Server mit Microchannel Architecture (MCA) oder Extended ISA (EISA). Die Dimensionierung der UPS richtet sich nach dem Strombedarf der angeschlossenen Geräte und der zu überbrückenden Ausfallzeit. Das System rechnet sich vor allem bei Anwendungen, bei denen auch ein nur vorübergehender Ausfall des Netzes bzw. des Servers nicht toleriert werden kann. Diese Lösung muß stets mit Backup und Disaster/Recovery zusammen gesehen werden.

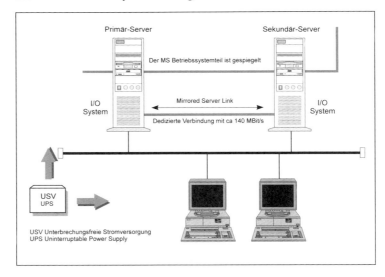

**Bild 4.19
Spiegelung von
Servern**

4.3.5 Messungen und Tests

In Client/Server-Systemen sind Tests erforderlich, um das fehlerfreie Funktionieren der Systeme verifizieren zu können oder um Probleme ganz exakt diagnostizieren zu können. Tests müssen sowohl für Server als auch für Workstations und für Übertragungswege ausgeführt werden.

Tests sind gewöhnlich im laufenden Betrieb, aber nach Möglichkeit ohne Störung des Betriebes auszuführen. Die überwiegende Mehrzahl der Adapter in LANs und WANs arbeitet auf Hardwarebasis, wodurch Overhead-Freiheit gewährleistet wird. Die Möglichkeiten mit den Betriebssystemen sind noch nicht vollends ausgenutzt. Bei Messungen und Tests der Funktionstüchtigkeit sind Schnittstellenkarten und Verdrahtungen außerordentlich wichtig. Die Schnittstellenkarten können bei falscher Installation die Performance herabsetzen und die Funktionen ernsthaft stören. Erfahrungen zeigen, daß die Abbruchwahrscheinlichkeit überraschend hoch ist.

SUMMARY	Delta T	DST	SRC			
1		Server	<-Dan Station	NCP	C	Verify DAN's password
2	0.0276	Dan Station	<-Server	NCP	R	Verification failed
3	2.8182	Server	<-Dan Station	NCP	C	Verify DAN's password
4	0.0044	Dan Station	<-Server	NCP	R	OK
5	0.0019	Server	<-Dan Station	NCP	C	End of task
6	0.0036	Dan Station	<-Server	NCP	R	OK
7	0.0022	Server	<-Dan Station	NCP	C	Logout
8	0.0134	Dan Station	<-Server	NCP	R	OK
9	0.0046	Server	<-Dan Station	NCP	C	Login DAN
10	0.0162	Dan Station	<-Server	NCP	R	OK
11	0.0019	Server	<-Dan Station	NCP	C	Get station number
12	0.0007	Dan Station	<-Server	NCP	R	OK Station is 04
13	0.0014	Server	<-Dan Station	NCP	C	Get connection info
14	0.0021	Dan Station	<-Server	NCP	R	OK
15	0.0020	Server	<-Dan Station	NCP	C	Check server version
16	0.0020	Dan Station	<-Server	NCP	R	OK
17	0.0020	Server	<-Dan Station	NCP	C	Create handle for
18	0.0051	Dan Station	<-Server	NCP	R	OK Handle=02
19	0.0378	Server	<-Dan Station	NCP	C	Check Server Version
20						

**Bild 4.20
Ebene 7:
Analyse für NetWare**

Kabelprobleme überwiegen laut Erhebungen in allen Client/Server-Systemen: Brüche, Beschädigungen an der Oberfläche, Isolierung, Störpegel und Abschlußimpedanz werden als die häufigste Probleme genannt. Nach (BOEL90) werden ca. 60 % aller Netzwerkprobleme in den beiden unteren Übertragungsschichten verursacht. Es gibt hier eine ganze Reihe von Instrumenten, die speziell zur Isolierung der oben genannten Probleme entwickelt worden sind. Sie schließen Geräte zur Widerstandsmessung, Messung der Stromversorgung, Oszilloskope, Messung des richtigen Abschlusses und Time Domain Reflectometer ein.

Andere Instrumente nehmen praktisch alles auf, was durch die Schnittstelle fließt, und analysieren nach unterschiedlichen Gesichtspunkten. Dazu

	SUMMARY_ Delta T_DST		SRC		
2	0.0276	Dan Station	<-Server	XNS NetWare	Reply N=74 C= 4 T=0
3	2.8182	Server	<-Dan Station	XNS NetWare	Request N=75 C=4 T=2
4	0.0044	Dan Station	<-Server	XNS NetWare	Reply N=75 C=4 T=0
5	0.0019	Server	<-Dan Station	XNS NetWare	Request N=76 C=4 T=0
6	0.0036	Dan Station	<-Server	XNS NetWare	Reply N=76 C=4 T=0
7	0.0022	Server	<-Dan Station	XNS NetWare	Request N=77 C=4 T=1
8	0.0134	Dan Station	<-Server	XNS NetWare	Reply N=77 C=4 T=0
9	0.0046	Server	<-Dan Station	XNS NetWare	Request N=78 C=4 T=1
10	0.0162	Dan Station	<-Server	XNS NetWare	Reply N=78 C=4 T=0
11	0.0019	Server	<-Dan Station	XNS NetWare	Request N=79 C=4 T=1
12	0.0007	Dan Station	<-Server	XNS NetWare	Reply N=79 C=4 T=0
13	0.0014	Server	<-Dan Station	XNS NetWare	Request N=80 C=4 T=1
14	0.0021	Dan Station	<-Server	XNS NetWare	Reply N=80 C=4 T=0
15	0.0020	Server	<-Dan Station	XNS NetWare	Request N=81 C=4 T=1
16	0.0020	Dan Station	<-Server	XNS NetWare	Reply N=81 C=4 T=0
17	0.0020	Server	<-Dan Station	XNS NetWare	Request N=82 C=4 T=1
18	0.0051	Dan Station	<-Server	XNS NetWare	Reply N=82 C=4 T=0
19	0.0378	Server	<-Dan Station	XNS Netware	Request N=83 C=4 T=1
20	0.0019	Dan Station	<-Server	XNS NetWare	Reply N=83 C=4 T=0

**Bild 4.21
Ebene 4: Analyse
für NetWare**

gehören auch Systemdumps von Servern und Clients. Dabei spielt es eine wichtige Rolle, wer die Logs und Berichte interpretieren will. Es gibt Ausgaben für die Benutzer, wo alle unnötigen Details unterdrückt werden (Bild 4.20) oder Ausgaben, wo auch technische Einzelheiten ersichtlich sind (Bild 4.21). Weitere Einzelheiten über Analysegeräte und Meßdatenverarbeitung werden im Kapitel 6 gegeben.

4.3.6 Störzettelverwaltung

Es ist wichtig, daß in Client/Server-Systemen anormale Vorkommnisse registriert werden. Es wird empfohlen, mit elektronischen Störzetteln zu arbeiten. Sie können gleichzeitig als Memo dienen und dadurch die Dokumentation unterstützen (Bild 4.22).

Die registrierten Störungen können dann die anderen Prozesse der Problembestimmung wie Diagnose, Test und Problembehebung von einer zentralen oder dezentralen Stelle aus steuern. Für dieses Verfahren können Produkte eingesetzt werden, die bereits in WANs und LANs erfolgreich getestet worden sind.

Die Client/Server-Störannahmestelle ist der zentrale Anlaufpunkt sämtlicher Störungsmeldungen aus den Client/Server-Systemen. Die Meldungen können automatisch, halbautomatisch oder manuell ausgelöst und behandelt werden. Die manuelle Alternative beruht auf Benutzerinformationen, die üblicherweise telefonisch mitgeteilt werden. Am häufigsten beziehen sich die Mitteilungen auf folgende Sachverhalte:

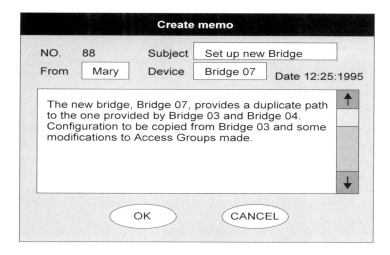

Bild 4.22
Störzettel als Dokumentationsgrundlage

- Client/Benutzerworkstation ist aus irgendwelchen Gründen außer Betrieb,
- Kommunikation ist abgebrochen,
- Server antwortet nicht,
- Probleme mit Datenbanken und Anwendungen,
- Probleme mit der Interpretation von Meldungen aus Betriebssystemen.

Je nach Organisationsstruktur kann die Störstelle die Anzahl der Anrufe minimieren. Unabhängig von der Natur des Problems muß die Störstelle alle Benutzerprobleme hinsichtlich Anwendungen, Workstations, Server, Kommunikation und Bedienung lösen oder weiterleiten können.

Alle Meldungen und Nachrichten werden als Störbericht (auch Störzettel oder auch Trouble Ticket genannt) registriert. Die Störberichte werden dann nach unterschiedlichen Gesichtspunkten verfolgt und verarbeitet. Die Störstelle öffnet den Störbericht, sorgt für die Zuordnung und Fortschrittskontrolle und schließt den Bericht.

Es gibt grundsätzlich zwei Alternativen für Störberichte:

- Nutzung einer elektronischen Stördatei, wobei keine Aufzeichnungen auf Papier unterstützt werden, oder
- Nutzung der Vordrucke, die dann periodisch in ein DV-unterstütztes System eingegeben werden.

Immer mehr Benutzer entscheiden sich für die erste Alternative. Die Störstelle kann zentral oder dezentral eingerichtet werden. Die Entscheidung hängt vor allem von folgenden Faktoren ab:

- Verfügbarkeit von Aufgabenträgern in der Nähe von Client/Server-Systemen,

- Verfügbarkeit von Instrumenten in der Nähe von Client/Server-Systemen,
- Einsatz von Werkzeugen mit Remote-Monitoring-Funktionen,
- Fähigkeit der Betriebssysteme, Remote-Diagnosen zu unterstützen,
- Vorhandensein von speziellen Konsolen zum Austausch von Management-Informationen und
- technische Kenntnisse des lokalen Administrators.

Die beste Lösung ergibt sich sicher durch eine Kombination der zentralen und lokalen Störannahmestellen. Die lokale Störstelle wirkt dann als »Filter« und löst die einfacheren Probleme eigenständig. Bei komplexeren Problemen berät und wirkt die zentrale Störstelle mit. Es können z. B. zentral gepflegte Prozeduren und Diagnosehilfen bei Bedarf zur lokalen Störstelle übertragen werden.

Um die Anzahl der Störmeldungen und Störberichte zu reduzieren, sind kleinere Verbesserungen der Benutzeroberfläche vorteilhaft. Dieser Sammelbegriff schließt folgende Möglichkeiten ein:

- Benutzermenüs zur Erleichterung der Navigation für unterschiedliche Anwendungen,

- Login-Dienst mit Benutzung von symbolischen Namen,

- Hilfe-Prozeduren,

- Weiterbildungs- und Schulungsfunktionen, wenn der Benutzer technische Einzelheiten über Client/Server-Systeme vertiefend kennenlernen möchte,

- Konsole-Emulation für die Störstelle.

Man darf jedoch nicht vergessen, daß die meisten dieser Funktionen und Dienste im krassen Widerspruch zu Security-Maßnahmen stehen.

4.3.7 Disaster/Recovery

Durch die Komplexität und Heterogenität sind Client/Server-Systeme sehr anfällig. Bei gewissen größeren Ausfällen reicht es nicht aus, wenn nur einzelne Server Redundanzen haben. Hier wird wesentlich mehr verlangt. Hier geht es darum, ganze Systeme von Servern, Clients und Netzverbindungen mit Notlösungen auszurüsten. Die Lösung für Notfälle kann innerhalb oder außerhalb der Firma gesucht und gefunden werden.

Disaster/Recovery-Planung ist aus folgenden Gründen sehr kompliziert:

- Client/Server-Systeme werden immer komplexer,

- Anwendungen werden vor Ort ausgeführt,

- Systeme sind heterogen von sehr vielen Lieferanten und Herstellern,
- Benutzer übernehmen die Systemverantwortung voll oder teilweise.

Vor der eigentlichen Festlegung der Maßnahmen der Disaster Recovery müssen die folgenden Fragen beantwortet werden:

- Was fällt unter den Sammelbegriff »*Recovery*«?
    - Welche Benutzeranwendungen fallen in die Recovery-Kategorie?
    - Welche Datenbanken und Dateien werden dazu notwendig sein?
    - Wo befinden sich die Anwendungen?
    - Welche Verarbeitungsressourcen sind erforderlich?
    - Wie lange dauert es, bis die Backup-Dateien beschaffen werden können?
    - Wo können die Backup-Dateien gefunden werden?
    - Wie ist die Backup-Prozedur ausgeführt?
    - Welche Netzressourcen sind dazu erforderlich?
    - Wie sehen die Datenabhängigkeiten aus?
- Welche Anwendungen können voneinander unabhängig rückgewonnen (recovered) werden?
- Wie ist die Recovery-Reihenfolge der Anwendungen?
- Was ist die geschätzte Dauer des Recovery-Prozesses?
- Wie kann der Status des Recovery-Prozesses kontinuierlich überwacht werden?

Es gibt einen engen Zusammenhang mit Backup-Verfahren (s. Abschnitt 4.1). Bild 4.23 zeigt ein schnelles Disaster/Recovery-Verfahren unter der Voraussetzung von Backups. Für das Bild gelten die folgenden Bemerkungen:

- Die stabilen Dateien benutzen das Baseline Backup.
- Eine Kopie, die identisch ist mit der Online-Version, befindet sich in der optischen Bibliothek.
- Im Falle einer Katastrophe wird die Baseline-Kopie zunächst bereitgestellt und dann die Änderungen, die getrennt von der optischen Bibliothek aufbewahrt werden können.
- Backup-Administration ist unbedingt erforderlich, damit man die beanspruchten Kopien schnell lokalisieren kann.

Der Erfolg hängt von folgenden Faktoren ab:

- einem Plan, der alle wesentlichen Ressourcen wie Systeme und Aufgabenträger klar definiert,

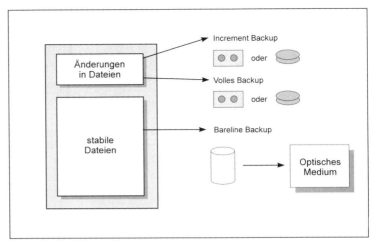

**Bild 4.23
Schnelles
Disaster Recovery**

- einem Standort, der die Disaster/Recovery-Dienstleistungen ausführt;
- der Informationsversorgung, damit die Geschäfte relativ reibungslos weitergeführt werden können;
- Einzelheiten der System- und Netzlandschaft müssen berücksichtigt werden;
- die Kosten müssen mit den Risiken im Einklang bleiben.

Die wirtschaftliche Begutachtung der Lösung spielt bei Disaster/Recovery-Entscheidungen eine Schlüsselrolle. Den hohen Investitions- und Bereitschaftskosten stehen den Verlusten gegenüber, die durch den Ausfall der Client/Server-Systeme verursacht werden. Es ist unbedingt erforderlich, die Verlustkosten, die durch Totalausfälle verursacht werden, zu quantifizieren. Diese Quantifizierung verlangt jedoch mühsame Kleinarbeit, wobei eine sehr hohe Genauigkeit wahrscheinlich doch nicht erreicht werden kann.

Die geänderte Umgebung und die geänderten Erwartungen sind den Anbietern bekannt. Das Problem ist, daß es nicht so viele Anbieter gibt.

4.3.8 Typische Instrumente für das Problem-Management

Das Problem-Management für Client/Server-Systeme kann durch unterschiedliche Instrumente unterstützt werden. Die wichtigsten sind:

- *LAN- und WAN-Monitore:*
  Es sind Werkzeuge, die den Zustand der maßgebenden LAN- und

WAN-Komponenten kontinuierlich überwachen. Es wird vorausgesetzt, daß sie sehr wenig oder gar kein Overhead verursachen. Es wird vorausgesetzt, daß sie sowohl Inband- als auch Outband Management unterstützen.

- *LAN- und WAN-Analysatoren:*
  Es handelt sich um Werkzeuge, die in der Lage sind, detaillierte Messungen auszuführen. Sie können sowohl als Monitore als auch als Lastgeneratoren benutzt werden.

- *Betriebssystemroutinen von Servern und Clients mit der Fähigkeit der Ereignis-, Nachrichten- und Meldungsgenerierung:*
  Die meisten Hersteller erweitern die Betriebssysteme mit Monitoren, die dann auf- und abgeschaltet werden können. Die Standardeigenschaften lehnen sich an SNMP-MIBs und DMTF-MIFs an.

- *Einfache Meßgeräte zur Messung von Kabeleigenschaften:*
  Sie sind herkömmliche Werkzeuge, die die elektrischen Eigenschaften der Verkabelungen vermessen können. Es handelt sich hier vor allem um Strom-, Spannungs- und Widerstandsmessungen.

- *Time Domain Reflectometer:*
  Um Kabelprobleme schnell entdecken zu können, wird die Laufzeit von reflektierten Signalen gemessen. Das Verfahren kann auch für Lichtwellenleiter eingesetzt werden, allerdings sind die Geräte anspruchsvoller und dadurch teuer.

- *Störzettelverwaltungssysteme:*
  Sie sind allgemeingültige, herstellerunabhängige Produkte, die teilweise zusammen mit Konfigurations-Management-Produkten angeboten werden. Manchmal können die Störzettel automatisch in das System übernommen werden.

- *Hilfsinstrumente:*
  Der Name steht für alle Instrumente, die die Benutzeroberfläche vereinheitlichen und verbessern.

- *Automatische Anrufverteiler:*
  Instrumente, die die eingehenden Anrufe auf Bedienerstellen verteilen und dabei auch Statistiken über die Auslastung bereitstellen. Dies setzt entsprechende TK-Anlagenausrüstung voraus.

- *Interaktive Sprachwiedergabe:*
  Instrument zur Vordiagnose durch den Benutzer mit Hilfe der vorprogrammierten Tasten eines Telefonapparates.

- *Hypertext:*
  Werkzeug zur Abspeicherung und zur dynamischen Verknüpfung von störstellenbezogenen Datenblöcken, z. B. Flußdiagramme, Checklisten, Testschritte, usw.

- *Konsolemulationsgeräte:*
  Hier handelt es sich um eine leistungsfähige Workstation, die mit mehreren Monitoren, Analysatoren und Elementmanagement-Systemen physikalisch und logisch verbunden ist. Durch eigenständige Fenster werden die einzelnen Instrumente repräsentiert und bedient.

Es wird in jedem Fall angestrebt, daß sämtliche Instrumente durch ein Bedienzentrum koordiniert werden.
Bei den Aufgabenträgern wird nach folgenden Kenntnissen und persönlichen Eigenschaften gefragt:

- SNMP-Kenntnisse,
- detaillierte Kenntnisse von Managed-Objekten,
- Kreativität und Kombinationsfähigkeit,
- detaillierte Kenntnisse über die eingesetzten Instrumente.

4.3.9 Wichtige SNMP-Informationen für das Problem-Management

Bei vielen Instrumenten spielt SNMP eine wichtige Rolle. Problem-Management kann durch die unterschiedlichen Gruppen der MIB-II-Informationen unterstützt werden. An dieser Stelle werden nur die wich-

System-Gruppe	Informationsinhalt
sysObjectID	Hersteller
sysServices	Welche Protokollebenen werden unterstützt?
sysUptime	Seit wann ist das System im Betrieb?
Interface-Gruppe	**Informationsinhalt**
ifAdminStatus	administrativer Zustand
ifOperStatus	Betriebszustand
ifLastChange	Wann hat die Schnittstelle den Betriebszustand geändert?
IP-Gruppe	**Informationsinhalt**
ipRouteTable	IP-Routing-Tabelle
ipNetToMediaTable	IP-Adressenübersetzungstabelle
EGP-Gruppe	**Informationsinhalt**
egpNeighState	Zustand von EGP-Nachbarn
egpNeighStateUps	Wann ändert der EGP-Nachbar den Zustand in »aktiv«?
egpNeighStateDowns	Wann ändert der EGP-Nachbar den Zustand in »inaktiv«?

tigsten Objekte und deren Informationsinhalte aufgezählt (LEIN93). Die einzelnen Objekte müssen in den meisten Fällen noch gründlich interpretiert werden, und gegebenenfalls müssen noch Berechnungen ausgeführt werden.

4.4 Performance-Management

Derzeit werden nur sporadische Maßnahmen bei Client/Server-Systemen ergriffen, wenn durch Benutzerbeschwerden Performance-Engpässe identifiziert werden. In solchen Fällen handelt es sich um Sofortmaßnahmen, z. B. Trennung von lokalen Netzen mit Brücken, Änderung der Server-Zuordnung, Änderung der Prioritäten, Reduzierung der Kabellängen, Änderung der MIPS-Rate von Server und Clients. Sehr selten werden planerische Aufgaben unternommen, wodurch auch z. B. Simulationspakete zum Einsatz kommen könnten. Man arbeitet auf diesem Gebiet noch sehr viel nach Intuitionen. Hinsichtlich der Instrumentation gibt es genügend Alternativen; je nach Budget kann der Benutzer die beste Kombination auswählen.

4.4.1 Definition von Performance-Parametern

Performance-Indikatoren können in drei Gruppen unterteilt werden: fixe, variable und performance-orientierte Metrics im engeren Sinne.

Fixe Metrics beinhalten:

- Übertragungskapazität drückt die obere Grenze der Bandbreite des Netzes aus. Die Bandbreite kann je nach Bedarf auch in kleinere Einheiten unterteilt werden. Je nach Topologie, Zugriffsverfahren und Media kann die praktische Grenze weit unter der oberen Grenze liegen. Sättigungserscheinungen treten bei CSMA/CD-Ethernet z. B. bereits bei 30 – 40 %iger Auslastung auf.

- Laufzeitverzögerung drückt die Zeit aus, die die Signale bis zur Senke als Laufzeit brauchen. Man schätzt etwa 5 Mikrosekunden je Kilometer. Daher ist die Wahl des Mediums der bestimmende Faktor. Auch das gewählte Signalisierungsverfahren (Basisband oder Breitband) hat einen Einfluß auf diese Verzögerung.

- Frame- oder Paketgröße ist das Ergebnis einer Optimierung für die jeweilige Topologie und das Zugriffsverfahren. Wenn die Nachrichten größer sind, müssen sie zerhackt werden. CSMA/CD-Ethernet benutzt z. B. Frame-Größen von minimal 64 Bytes bis maximal 1.518 Bytes. ATM benutzt 53 Bytes als Cell-Größe.

- MIPS-Rate drückt aus, wieviel Instruktionen je Sekunde durch die Server und Clients ausgeführt werden können. Vergleichende Benchmarks sind aussagefähiger, da sie auch die Anwendungen mit einbeziehen.

Variable Metrics schließen ein:

- Das Zugriffsverfahren ist vielleicht der empfindlichste Indikator der Performance. Auf Token basierende Verfahren garantieren bessere Kontrolle und stabilere Performance. Zugriffe auf Zufallsbasis garantieren zwar keine derartige Stabilität, aber die Performance ist besser, wenn die Belastung niedrig ist. Insbesondere bei Industrieanwendungen ist dies wichtig. Es darf dabei nicht vergessen werden, daß die physikalischen Strukturen durch die Hub-Verdrahtungen immer sternförmig sind.

- Lastprofil des Client/Server-Benutzers legt die Belastung der Ressourcen als Zeitfunktion fest. Ankunftsdaten von Nachrichten, Verteilung von Nachrichtengrößen, Nachrichtentyp und Bestimmungsorte sowie die Simultanität der Netzbenutzung bestimmen die momentane Last und dadurch auch die Service-Eigenschaften.

- Die Puffergröße der Clients und der Server können die Verarbeitung beschleunigen oder verlangsamen. Die Puffergrößen werden den erwarteten Lastprofilen und dem Durchsatzvermögen der Netze angepaßt. Die Zugriffszeit auf File Server ist heute fast überall ein Engpaß.

- Kollision- und Retransmissionrate sind vor allem für lokale Netze wichtig, die ohne Kontrolle den Zugriff ermöglichen. Die Erhöhung der Raten deutet darauf hin, daß das lokale Netz sich in der Sättigungsnähe befindet.

- Behinderungen geben Auskunft darüber, wie die internen Ressourcen von Clients und Servern simultan arbeiten können. Wenn die gegenseitige Behinderungen hoch sind, muß das System zunächst getunt oder nur im zweiten Schritt erweitert werden.

Performance-Indikatoren im engeren Sinne schließen ein:

- Ressourcen-Auslastung drückt aus, inwieweit die Ressourcen noch in der Lage sind, zusätzliche Last zu bewältigen. Die Auslastung muß stets zusammen mit den Service-Eigenschaften wie Antwortzeit und Übertragungszeit gesehen werden.

- Verarbeitungs- und Antwortzeiten drücken aus, wieviel Zeit die Server und Übertragungseinrichtungen benötigen, um Aufträge zu bearbeiten.

- Nachrichtenübertragungszeit ist der Indikator für den Servicegrad des Client/Server-Systems. Sie ist eine wichtige Komponente der Antwortzeit.

- Durchsatz kann als dynamischer Indikator eingeführt werden. Dieser Indikator drückt aus, wieviele Nachrichten, Pakete oder Frames innerhalb von vorgegebenen Zeitintervallen zu übertragen sind. Ob die Overhead-Zeichen mitgezählt werden oder nicht, hängt von der Definition ab. Oft werden nur die übertragenen Bytes gezählt; in diesem Fall werden sämtliche Zeichen mitgezählt.

- Verfügbarkeit drückt aus, daß die Benutzer das Client/Server-System zu beliebigen Zeitpunkten benutzen können. Die Verfügbarkeit hängt von der Zuverlässigkeit der einzelnen System- und Netzkomponenten ab. Lange Verzögerungszeiten deutet der Benutzer als praktische Nichtverfügbarkeit. Die Messung und das Berichten können unter Umständen zusätzliche Geräte erfordern. Falls nicht kontinuierlich gemessen wird, müssen die Meßintervalle so ausgewählt werden, daß die Perioden repräsentativ sind. Insbesondere sind Aussagen über das Verhältnis der Spitzenlast zur Durchschnittslast, für Performance-Analyse und für Client/Server-Planung sehr wertvoll.

4.4.2 Durchführung von Performance-Messungen

Um die Indikatoren mit Zahlenwerten zu belegen, müssen unterschiedliche Messungen durchgeführt werden. Performance Management wird in dieser Hinsicht durch Monitore und Analysatoren bestens unterstützt. Zur Erläuterung der Meß- und Analysemöglichkeiten werden einige Ergebnisse gezeigt. Bild 4.24 (TERP91) zeigt das Ergebnis einer Kurzzeitangabe, wobei die Anzahl der übertragenen Frames – als Maßstab für die Auslastung des lokalen Netzes – und die Anzahl der aktiven Clients ausgewie-

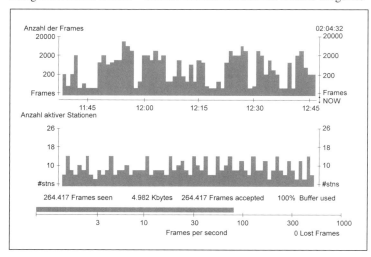

Bild 4.24 Auslastungsbeobachtung mit Sniffer

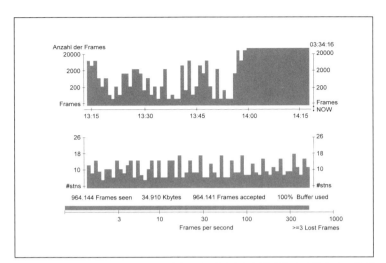

Bild 4.25
Auslastungsbeobachtung mit Schwellenwert von Sniffer

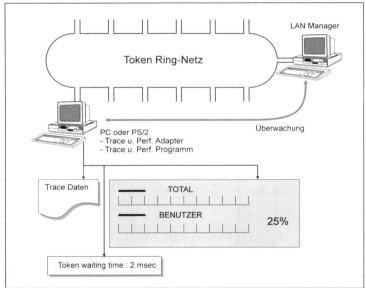

Bild 4.26
Auslastungsmessung für Token Ring

sen werden. Dieselben Monitore sind auch als Auslöser von Alarmmeldungen programmierbar. Wenn eine Lastgrenze (z. B. Anzahl der übertragenen Frames) erreicht wird und eine Zeitlang bestehen bleibt, wird ein Performance-Alarm aktiviert (Bild 4.25) (TERP91).

In Token-Ring-Netzen wird oft das Trace- und Performance-Werkzeug von IBM zur Vermessung der Last eingesetzt. Bild 4.26 zeigt ein typisches Ergebnis mit hoher Nutzlast (23 %) und niedrigem Overhead (2 %).

Die Bedeutung der Vermessung von Brücken und Routern steigt ständig. Performance-Engpässe in diesen Komponenten wirken sehr negativ auf die Performance der Client/Server-Systeme aus, da dadurch der Informationsaustausch im Verbundnetz verlangsamt wird. Performance-Messungen werden auch in Servern und in Clients durchgeführt. Gewöhnlicherweise werden die Indikatoren der Ressourcenbelastung wie CPU, Platten sowie Warteschlangen vor System- und Anwendungskomponenten gemessen. Viele Hersteller bieten heute schon Produkte für UNIX-Messungen an. Bild 4.27 und 4.28 zeigen typische Ergebnisse für Server-Messungen.

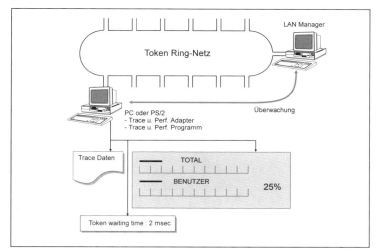

**Bild 4.27
Auslastung eines UNIX-CPU (Beispiel von Candle)**

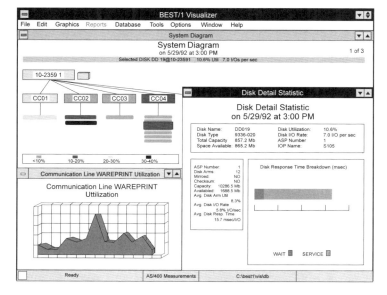

**Bild 4.28
Plattenanalyse für UNIX (Beispiel von BGS)**

Alle LAN- und WAN-Analysatoren, die für das Problem-Management einsetzbar sind, können auch hier benutzt werden. Im Interesse der einfacheren Vermessung von Client/Server-Systemen kombinieren immer mehr Hersteller WAN- und LAN-Performance-Werkzeuge. Die Idee ist, daß man aus einer Meßplattform mehrere LAN-Segmente oder/und WAN-Netzteile vermessen kann. Ein gutes Beispiel ist RC-100 WL von Datakom.

4.4.3 Meßdatenverarbeitung

Die heutige Technologie ermöglicht die Erfassung von Meßdaten in Systemen und Netzen. Das Problem stellt sich mehr für die Bewältigung von großen Datenmengen. Alle Erfahrungen mit hostorientierten Performance-Datenbanken müssen erfrischt, aktualisiert und angepaßt werden. Bild 4.29 zeigt eine geordnete Struktur der Erfassung und Verarbeitung von Performance-Daten.

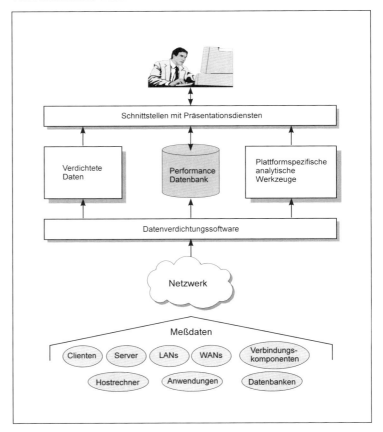

Bild 4.29 Erfassung und Verarbeitung von Performance-Daten

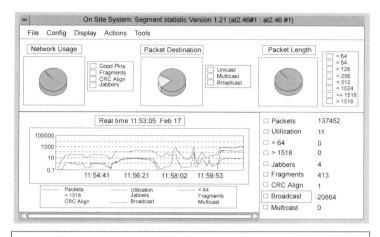

**Bild 4.30
Segmentstatistik von
OnSite (Armon)**

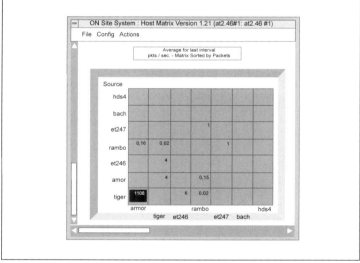

**Bild 4.31
Kommunigramm mit
OnSite (Armon)**

Praktische Lösungen sind noch nicht genügend ausgewogen. Die Standardisierung hilft bei der Vereinfachung der Meßdatenverarbeitung in lokalen Netzen. Ähnliches wird für Server und Clients bald erwartet. Durch die Möglichkeiten von RMON (Remote Monitoring) können gewählte Indikatoren einheitlich überall in Client/Server-Systemen unterstützt werden. Durch RMON kann man heute schon viel für Client/Server-Systeme tun. Neben Segment-Statistiken für Ethernet und Token Ring kann man Host-Auswertungen für Server und Clients fahren.

Bild 4.30 zeigt Beispiele für Segmente; Bild 4.31 veranschaulicht ein Kommunigramm zwischen kommunizierenden Client/Server-Komponenten.

4.4.4 Optimierung der Performance

Bild 4.32 zeigt das Flußdiagramm der Funktionen für die Optimierung von Client/Server-Systemen. In diesem Bild werden nur die wichtigsten Funktionen ausgeführt. Die Anforderungen für Analyse- und Tuning-Tätigkeiten müssen mit der Zielfestlegung und dem Setzen des Zeitrahmens definiert werden. Wenn das Problem bereits bekannt ist, kann unverzüglich die Verträglichkeit der bekannten Lösungen geprüft werden. Wenn nicht, wird zunächst die Lösungshypothese aufgestellt und dann erst die Verträglichkeit geprüft. Wenn die Lösung technisch oder wirtschaftlich nicht verträglich ist, wird versucht, eine neue Hypothese aufzustellen. Die Schleife wird nach einer vorgegebenen Anzahl von Versuchen endgültig verlassen. Wenn die Lösung verträglich ist, wird implementiert und die Leistungsverbesserung ausgewiesen. Wenn die Leistungsverbesserung meßtechnisch nachweisbar ist, wird endgültig implementiert. Wenn nicht, dann wird wiederum versucht, eine neue Lösungshypothese aufzustellen. Nach einer gewissen Anzahl von Versuchen wird die Tätigkeit abgebrochen und dem Auftraggeber gemeldet, daß die Ressourcen nicht mehr »getunt« werden können. Die weiteren Aktivitäten, wo und welche Meßverfahren eingesetzt werden, wie auf Datenelemente oder -segmente zugegriffen wird, wie die Datenbasis gepflegt wird, welche Hilfsmittel für die Aufstellung von Hypothesen bereitstehen und wie Prozeduren entwickelt werden, erscheinen im Bild 4.32 nicht explizit.

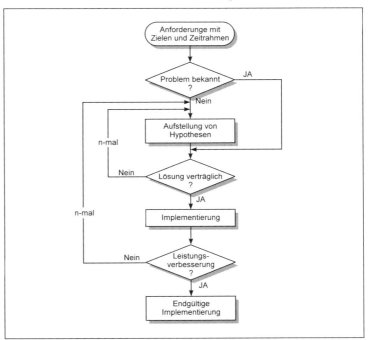

**Bild 4.32
Optimierung der
Performance**

Bezüglich Tuning sind alle Komponenten potentielle Performance-Engpässe; nur die konkrete Umgebung bestimmt die Gewichtung und die Reihenfolge der Untersuchungen. Tuning-Berichten zufolge müssen folgende Komponenten sehr genau analysiert werden:

- die Betriebssysteme von Servern und Clients,
- Netzbetriebssysteme,
- WANs und LANs,
- Anwendungen,
- Drivers, Schnittstellenkarten und
- Peripheriegeräte.

4.4.5 Berichtsgenerierung

Viele der angebotenen Analysatoren und Monitore können die Darstellungswünsche der Benutzer nicht befriedigen. Deswegen stellen die Hersteller oder unabhängige Firmen nachgelagerte Verfahren bereit, die die Rohdaten der Monitore und Analysatoren in eine gut lesbare Form bringen. Auch mit unkomplizierten Mitteln kann die Lesbarkeit entscheidend verbessert werden. Dazu gibt es viele Beispiele mit Spreadsheets. Dieselben Basisdaten können dann auch grafisch präsentiert werden.

Es stellt sich immer wieder die Frage nach den besten Instrumenten. Insbesondere stellt man sich die Frage, ob RMON oder traditionelle Monitore die besseren Daten und die besseren Berichte bereitstellen. Am besten kombiniert man die beiden. Tabelle 4.5 zeigt den Funktionsumfang von beiden; es ist zu bemerken, daß nicht jedes Produkt alle RMON-Funktionen unterstützt.

Tabelle 4.5 Vergleich von RMON-Produkten und LAN-Analysatoren

Merkmal	RMON-Produkt	LAN Analyzer
Protokollunabhängigkeit		x
Dekodierung von allen 7-Ebenen von bekannten Protokollen	x	x
Farbkodierung bei der Dekodierung	x	x
Übertragung der dekodierten Informationen im Netz	x	
Grafische Darstellung von Indikatoren	x	x
Suche nach beliebigen Zeichenfolgen	x	
Vermessung der Protokollverteilung	x	
Erkennen von Verkehrstrends	x	x
Messung von Zeitdifferenzen zwischen Paketen	x	x
Messung der Zeitdifferenz zwischen Sessions	x	
Overheadfreies Monitoring	x	x
Generierung von Paketen	x	x
Automatisches Editieren von generierten Paketen	x	x
Messung der Antwortzeit	x	
Unterstützung der detaillierten Problemanalyse	x	x

4.4.6 Modellierung und Baselining

Um Performance-Engpässe im laufenden Betrieb zu vermeiden, sind Modelle zur Vorhersage der Performance sehr nützlich. Für Client/Server-Systeme muß mit einer Kombination von Modellen gerechnet werden, da die Komplexität und Heterogenität nur sehr schwer in einem Modell berücksichtigt werden kann. Modelle sind sehr hilfreich für die folgenden Zwecke:

- Prüfung der Auswirkungen von neuen Anwendungen,
- Prüfung der Performanceverbesserungen durch andere oder zusätzliche System- und Netzressourcen,
- Quantifizierung der Auswirkungen von Konfigurationsänderungen.

Der große Vorteil ist, daß man mit einem Modell und nicht mit dem produktiven System experimentiert. Die Benutzeroberfläche ist so gut, daß die Handhabung der Modelle überhaupt keine Schwierigkeiten mehr macht. Bei Client/Server-Systemen rechnet man damit, daß drei unterschiedliche Modelle eingesetzt werden:

- analytische Server- und Clients-Modelle auf der Grundlage der angewandten Warteschlangentheorie,
- simulative LAN-Modelle und
- analytische WAN-Modelle auf der Grundlage der angewandten Warteschlangentheorie.

Der Analytiker hat die Aufgabe, die Modelle miteinander zu verknüpfen, die Ergebnisse zu interpretieren und für den Informationsaustausch zwischen den Modellen zu sorgen.

Die Anbieter von heutigen Modellen fangen jetzt damit an, ihre Modelle mit Meßinstrumenten zu verknüpfen und zunächst die gewonnenen Meßdaten zu visualisieren und zu interpretieren. Damit hat man eine Grundlage des verifizierten Istzustandes.

Ein weiterer Vorteil besteht darin, daß man weder die Konfigurations- noch die Lastdaten manuell eingeben muß. Derartige Kooperationen existieren zwischen Make Systems, BGS, Hewlett Packard und Network General, um nur die Bekanntesten zu erwähnen.

Baselining ist verwandt mit der Modellierung. Hier geht es darum, die Schwellenwerte für die Performance-Überwachung anwender- und lastspezifisch festzulegen und zu überwachen. Insbesondere wird die Komponentenauslastung von Client/Server-Systemen auf diese Weise – meistens mit Hilfe von RMON – überwacht.

4.4.7 Typische Instrumente für Performance Management

Das Performance Management für Client/Server-Systeme kann durch unterschiedliche Instrumente unterstützt werden. Die wichtigsten sind:

- *LAN- und WAN-Monitore*:
  Es sind Werkzeuge, die die maßgebenden Performance-Indikatoren kontinuierlich oder diskontinuierlich vermessen können. Einfaches Berichtswesen wird vorausgesetzt.

- *LAN- und WAN-Analysatoren*:
  Sie sind der Struktur nach identisch mit den Instrumenten für das Problem-Management. Insbesondere sind aber hier die Funktionen der Lastgenerierung sehr wichtig.

- *Spezielle Monitore*:
  Sie bilden eine Instrumentengruppe für Server und Clients. Sie haben eine eigenständige Architektur und werden meistens nur für spezielle Server und Clients benutzt.

- *Software-Werkzeuge*, die in Anlehnung an die Betriebssysteme arbeiten. Es handelt sich hier um zusätzliche Module, die wahlweise ein- und ausgeschaltet werden können. Sehr viele Beispiele sieht man mit Netware-Loadable-Modulen.

- *Modellierungswerkzeuge*, die helfen, die künftige Performance bei Last- und Konfigurationsänderungen vorauszusagen.

Zusammenfassend läßt sich feststellen, daß der Client/Server-Analytiker die Qual der Wahl hat, welche Instrumente in welcher Kombination zu installieren sind.

Bei den Aufgabenträgern werden nach folgenden Kenntnissen und persönlichen Eigenschaften gefragt:

- detaillierte Kenntnisse über alle in Frage kommenden Instrumente,

- detaillierte Kenntnisse der Client/Server-Komponenten,

- Fähigkeit, Performance-Indikatoren zu definieren,

- Kreativität bei der Optimierung,

- gewisse SNMP-Kenntnisse,

- RMON-Kenntnisse,

- Modellierungserfahrungen und -kenntnisse.

4.4.8 Wichtige SNMP-Informationen für das Performance Management

Performance-Management ist das Gebiet, wo SNMP vielleicht die detailliertesten Informationen liefern kann. In jedem Fall muß man davon ausgehen, daß zusätzliche Berechnungen ausgeführt werden müssen. Die wichtigsten Objekte und deren Informationsinhalte werden aufgezählt (LEIN93):

Interface-Gruppe	Informationsinhalt
ifInDiscards	Rate der eingehenden unberücksichtigten Pakete
ifOutDiscards	Rate der ausgehenden unberücksichtigten Pakete
ifInErrors	Rate der Inputfehler
ifOutErrors	Rate der Outputfehler
ifInOctets	Rate der empfangenen Bytes
ifOutOctets	Rate der gesendeten Bytes
ifInUcastPkts	Rate der empfangenen Unicast-Pakete
ifOutUcastPkts	Rate der gesendeten Unicast-Pakete
ifInNUcastPkts	Rate der empfangenen Nicht-Unicast-Pakete
ifOutNUcastPkts	Rate der gesendeten Nicht-Unicast–Pakete
ifInUnknownProtos	Rate der unbekannten Protokollpakete
ifOutQLen	Anzahl der Pakete in der ausgehenden Warteschlange

An dieser Stelle wird empfohlen, folgende Berechnungen durchzuführen:

a.) $\text{Prozent Eingabefehler} = \dfrac{\text{ifInError}}{(\text{ifInUcastPkts} + \text{ifInNUcastPkts})}$

b.) $\text{Prozent Ausgabefehler} = \dfrac{\text{ifOutErrors}}{(\text{ifOutUcastPkts} + \text{ifOutNucstPkts})}$

c.) totale Anzahl von Bytes in einem Polling-Intervall =
(ifInOctets<y> – ifInOctets>x>) + (ifOutOctets<y> – ifOutOctets<x>).

d.) totale Anzahl von Bytes je Sekunde = totale Anzahl von Bytes / (y- x).

e.) Auslastung der Leitung = (totale Anzahl der Bytes je Sekunde x 8)/ifSpeed.

Dabei bedeuten y und x Polling-Zeitpunkte.

IP-Gruppe	Informationsinhalt
ipInReceives	Rate der empfangenen Datagramme
ipInHdrErrors	Rate der Kopffehler
ipInAddrErrors	Rate der Adressenfehler
ipForwDatagrams	Rate der weitergeleiteten Datagramme
ipUnknownProtos	Rate der empfangenen Datagramme von unbekannten Protokollen
ipInDiscards	Rate der empfangenen unberücksichtigten Datagramme
ipInDelivers	Rate der empfangenen Datagramme
ipOutRequests	Rate der gesendeten Datagramme
ipOutDiscards	Rate der gesendeten unberücksichtigten Datagramme
ipOutNoRoutes	Rate der unberücksichtigten Datagramme wegen Routing-Information
ipRoutingDiscards	Rate der empfangenen unberücksichtigten Routing-Eingängen
ipReasmReqds	Rate der empfangenen Datagramme, die erneut zusammengestellt werden müssen
ipReasmOKs	Rate der erfolgreich zusammengestellten Datagramme
ipFragCreates	Rate der generierten Fragmente

Auch in diesem Fall können mehrere Berechnungen ausgeführt werden.
Für detailliertere Analysen werden die folgenden Indikatoren empfohlen:

a.) $\text{Prozent IP-Eingabefehler} = \dfrac{(ipInDiscards + ipInHdrErrors + ipInAddrErrors)}{ipInReceives}$

b.) $\text{Prozent IP-Ausgabefehler} = \dfrac{(ipOutDiscards + ipOutHdrErrors + ipOutAddrErrors)}{ipOutRequests}$

c.) $\text{IP-Paketweiterleitungsrate} = \dfrac{(ipForwDatagrams{<}y{>} - ipForwDatagrams{<}x{>})}{y - x}$

d.) $\text{IP-Paketempfangsrate} = \dfrac{(ipInReceives{<}y{>} - ipInReceives{<}x{>})}{y - x}$

Dabei bedeuten y und x wiederum Polling-Zeitpunkte.

TCP-Gruppe	Informationsinhalt
tcpAttempFails	Anzahl der erfolglosen Verbindungsversuche
tcpEstabResets	Anzahl Resets
tcpRetransSegs	Anzahl von wiederholt übertragenen Segmenten
tcpInErrs	Anzahl der fehlerhaften empfangenen Pakete
tcpOutRsts	Anzahl der Reset-Versuche durch TCP
tcpInSegs	Anzahl der empfangenen TCP-Segmente
tcpOutSegs	Anzahl der gesendeten TCP-Segmente

UDP-Gruppe	Informationsinhalt
udpInDatagrams	Anzahl der empfangenen Datagramme
udpOutDatagrams	Anzahl der gesendeten Datagramme
udpNoPorts	Anzahl der Datagramme, die falsch adressiert waren
udpInErrors	Anzahl der empfangenen, fehlerhaften UDP-Datagramme

EGP-Gruppe	Informationsinhalt
egpInMsgs	Rate der empfangenen Nachrichten
egpInErrorsw	Rate der empfangenen Fehler
egpOutMsgs	Rate der gesendeten Nachrichten
egpOutErrors	Rate der gesendeten Fehler
egpNeighInMsgs	Rate der nicht gesendeten Nachrichten wegen Fehler
egpNeighInErrs	Rate der Fehler, die von einem speziellen Nachbar empfangen werden
egpNeighOutMsgs	Rate der Nachrichten, die zu einem Nachbarn gesendet werden
egpNeighOutErrs	Rate der wegen Fehler nicht gesendeten Nachrichten zu dem Nachbarn
egpNeighInErrMsgs	Rate der EGP-Fehler, die von einem bestimmten Nachbarn empfangen worden sind
egpNeighOutErrMsgs	Rate der EGP-Fehler, die zu einem bestimmten Nachbarn gesendet worden sind

Es gibt mehrere Objekte hier, die der proaktiven Performance-Analyse helfen können. Weitere Berechnungen sind in vielen Fällen erforderlich.

4.5 Security Management

Derzeit werden bei Client/Server-Systemen nur sporadische Maßnahmen ergriffen, wenn ernsthafte Security-Probleme auftreten. Die meisten Probleme werden überhaupt nicht veröffentlicht, da der Benutzer die Befürchtung hat, daß die eigenen Kunden das Vertrauen verlieren könnten. Es gibt unterschiedliche Meinungen, wie und wo man investieren sollte. Es stehen ja die Server, Clients und die Verbindungen zur Wahl. Allerdings ist es sehr schwierig, die richtigen Proportionen der Investition festzulegen. Viele Firmen beschäftigen sich mit dem Security Management nur sporadisch, nicht kontinuierlich. Eine kontinuierliche Risikoanalyse ist aber Voraussetzung für das erfolgreiche Management. Viele Instrumente wie z. B. Monitore und Analysatoren könnten auch hier eingesetzt werden. Manchmal treten Sicherheitsbedenken gerade beim Einsatz dieser Instrumente auf. Da diese Geräte sehr intelligent sind und alle möglichen Daten analysieren können, wird befürchtet, daß sie auch sensitive Informationen lesen und sicherheitswidrig weitergeben könnten. Ein noch wenig beachtetes Gebiet ist die Frage, wie man Schutzmaßnahmen für das Management-System definieren und einführen kann.

Je nach Security Budget können die Unternehmen mehr oder weniger in das Security Management investieren. Bild 4.33 zeigt eine typische Kurve, an der sich der Zusammenhang zwischen Risiken und Kosten ablesen läßt. Minimale Security bedeutet, daß der Client/Server-Bereich sehr demokratisch organisiert wird. Jeder darf mit jedem kommunizieren, es gibt keine hierarchischen Sicherheitsmechanismen, es gibt keine Directory-Dienste, die den Zugriff irgendwie prüfen und filtern könnten; alle Server können praktisch von allen Clients benutzt werden. Andere Benutzer – wahrscheinlich in anderen Branchen – investieren wesentlich mehr in die Client/Server Security. Beispiele schließen ein:

– Einsatz von dedizierten Servern,
– Workstations ohne Platte und Diskette,
– Zugriffskontrollen auf der Datei- und Anwendungsebenen,
– automatisches Logout,
– kein Login aus dezentralen Stellen,
– Einführung von gestuften Berechtigungen,
– Wahl von fehlertoleranten Systemkomponenten,
– Verschlüsselung gewisser Informationsinhalte,
– regelmäßige Virusprotektion.

4.5.1 Risikoanalyse für Client/Server-Systeme

Um Security-Maßnahmen richtig planen und einführen zu können, müssen die Gefährdungspotentiale genau analysiert werden. Auf das Senden einer Nachricht reagiert ein Empfänger (Client, Server usw.) letztendlich immer

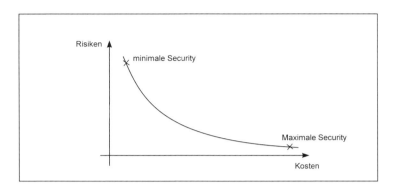

**Bild 4.33
Kosten-Risiken-
Zusammenhang
bei Security-
Maßnahmen**

mit einem bestimmten Verhalten. Wird nun eine Systemverbindung von einem Angreifer abgehört, kann er/sie das Verhalten des Empfängers und des Senders interpretieren. Hat er/sie die Möglichkeit, die Nachricht zu verändern, zu löschen oder eine Nachricht einzufügen, so ist er/sie in der Lage, die Reaktionen des Empfängers zielgerichtet zu beeinflussen. Diese Gefahren werden daher unterteilt in passive und aktive Angriffe (RULA93):

Passive Angriffe

Sie sind ohne Änderungen der übertragenen Nachrichten oder des Betriebes des Kommunikationssystems möglich. Solche Angriffe können z. B. mit Klemmen oder Induktionsschleifen an der Leitung zwischen Clients und Servern durchgeführt werden. Sie schließen ein:

- *Identifizierung der Teilnehmer:*
  Der Lauscher erfährt, welche Teilnehmer untereinander eine Verbindung aufbauen und Informationen austauschen. Allein aus der Kenntnis, wer mit wem zu welchem Zeitpunkt Nachrichten ausgetauscht hat, sind oft Rückschlüsse auf den Inhalt der Nachricht oder das Verhalten der Teilnehmer möglich.

- *Abhören von Informationen:*
  Der Abhörer gelangt unmittelbar in den Besitz der Nachrichten und kann sie zu seinem Zweck verwerten. Ein Angreifer kann z. B. bei einer Verbindung zwischen einem Server und Client während der Login-Prozedur das Passwort eines Teilnehmers abhören und später mit diesem Passwort unerlaubt Zutritt zum Server erlangen. In lokalen Netzen kann auch die Abstrahlung von LAN-Kabeln und auch von Endgeräten dazu benutzt werden, daß Informationsinhalte ausgelesen werden.

- *Verkehrsflußanalyse:*
  Liegt eine geeignete Datenverschlüsselung vor, so ist es dem Abhörer möglich, durch eine Verkehrsflußanalyse zwischen Clients und Ser-

vern gewisse Informationen wie z. B. Größenordnungen, Zeitpunkte, Häufigkeit, Richtung der Übertragungen zu erhalten. Diese Informationen können bei bestimmten, speziellen Anwendungen interessant sein (z. B. Börsentransaktionen, Banküberweisungen, militärische Operationen).

Aktive Angriffe

Es gibt neben der Gefahr des passiven Abhörens auch Möglichkeiten des aktiven Angriffes, der den Nachrichtenstrom oder den Betrieb der Kommunikation verfälscht. Sie schließen ein:

- *Wiederholung oder Verzögerung einer Information:*
  Hierdurch kann der Empfänger irritiert oder zu einer falschen Aktion veranlaßt werden, z. B. zur mehrfachen Überweisung eines Geldbetrages.

- *Einfügen und Löschen bestimmter Daten:*
  Um ein Client/Server-System zu manipulieren, fügt ein Angreifer bestimmte Informationen oder Nachrichten oder Daten innerhalb der Sendung ein oder löscht sie. Ein Empfänger kann durch Unterdrückung oder zusätzlichen Empfang entscheidender Informationen zu einem falschen Verhalten beeinflußt werden.

- *Anzapfung von Verbindungskabeln:*
  Unabhängig von Verbindungsmedien können Kabel angeschlossen und unberechtigterweise Informationen gelesen werden. Auch die Injizierung von unberechtigten Daten ist möglich. Die Anschlüsse sind bei Kupferkabeln zwar einfacher anzubringen als bei Lichtwellenleitern, aber durch sorgfältiges Entfernen der Schutzschichten kommt man an die Anschlußstelle doch relativ leicht heran.

- *Boykott des Kommunikationssystems:*
  Wenn der Umfang von eingefügten oder unterdrückten Daten zu groß wird oder echtzeitorientierte Daten zu lange verzögert werden, kann das gesamte Kommunikationssystem boykottiert werden.

Modifikation der Daten

Durch Ändern der Daten während der Datenübertragung zwischen Clients und Servern ist es dem Angreifer möglich, falsche Aktionen zu veranlassen.

- *Vortäuschung einer falschen Identität:*
  Wenn sich ein Teilnehmer eine falsche Identität verschafft, kann er/sie sich Informationen erschleichern, die für einen anderen Teilnehmer bestimmt sind oder er/sie kann Aktionen auslösen, die nur ein bestimmter Teilnehmer veranlassen darf.

- *Leugnen einer Kommunikationsbeziehung:*
 Da auch vertraulich relevante Vorgänge durch Einsatz der Kommunikation abgewickelt werden, ist es erforderlich, daß der Sender einer Nachricht, z. B. eine Bestellung, eindeutig identifizierbar ist und auch der Empfänger den Erhalt einer Nachricht, z. B. eine Kündigung, nicht abstreiten kann.

Aktive Angriffe können praktisch nicht verhindert werden. Es ist das Ziel, ein System zur Verfügung zu stellen, das passive Angriffe verhindert und aktive Angriffe rechtzeitig erkennt.

Neben den Gefahren, die durch absichtliche passive und aktive Angriffe auf das Client/Server-System drohen, gibt es auch unbeabsichtigte Verfälschungsmöglichkeiten. Hierzu gehören neben Übertragungsfehlern das Fehl-Routing von Informationen und die Fehlbedienung.

- *Fehl-Routing von Informationen:*
 Es ist möglich, daß in den Knoten eines Verbundnetzes Informationen auf einen falschen Weg geraten und an einen fremden Teilnehmer ausgeliefert werden. Möglicherweise kann ein solches Fehl-Routing bereits beim Verbindungsaufbau erfolgen. Diese Fälle können bei Brücken und Routern auftreten, wo Informationen zwischen Servern und Clients über lokale und standortübergreifende Netze ausgetauscht werden.

- *Fehlbedienung:*
 Durch Löschen von Dateien, die noch nicht versendet wurden, oder Ausdrucken von vertraulichen Informationen können ebenfalls die Sicherheitsbedürfnisse stark verletzt werden.

4.5.2 Security-Dienste und Security-Maßnahmen

Security-Dienste sind immer Kombinationen von mehreren Maßnahmen: dem physikalischen Zugriff, dem logischen Zugriff und den administrativen Überwachungsregeln.

Wie die bestehenden Gefahren gezeigt haben, muß von einem sicheren Kommunikationssystem erwartet werden, daß es Dienste bereitstellt, die eine vertrauliche Kommunikation ermöglichen. Je nachdem, welcher Gefährdung begegnet werden soll, ist der Aufwand für die Sicherheitsleistung sehr unterschiedlich. Es empfiehlt sich daher nicht, von einem sicheren Kommunikationssystem alles oder nichts zu fordern. Wichtig ist das Angebot modularer Dienste, die je nach Bedarf einzeln oder kombiniert in Anspruch genommen werden können, um auf verschiedene Gefährdungen entsprechend reagieren zu können. Diese Dienste werden im folgenden ausgeführt. Wie sie erbracht werden können, hängt vom Client/Server-System ab und wird dann anschließend beschrieben.

– *Vertraulichkeit von Daten:*
   Dieser Dienst schützt die Daten davor, daß sie von einem unbefugten Dritten im Klartext gelesen werden können. Die Vertraulichkeit kann sich auf eine Verbindung einzelner Dateneinheiten oder ausgewählte Felder von Dateneinheiten beziehen. Als Maßnahmen stehen die verschiedenen Verschlüsselungsverfahren zur Verfügung. Zu erwähnen sind (RULA93):

   - private Schlüssel- oder symmetrische Verfahren mit geheimen Schlüsseln und
   - öffentliche Schlüssel- oder asymmetrische Verfahren.

– *Authentizitätsüberprüfung des Kommunikationspartners:*
   Hiermit wird sichergestellt, daß der Teilnehmer, zu dem jemand eine Kommunikationsbeziehung aufbaut, auch tatsächlich derjenige ist, für den er/sie sich ausgibt. Man spricht von einseitiger oder zweiseitiger Authentizität, je nachdem, ob sich nur einer von der wahren Identität des anderen überzeugt oder ob dies beide gegenseitig tun. Die Authentizitätsprüfung kann auch während der Datentransferphase aus Sicherheitsgründen wiederholt werden.

– *Authentizitätsüberprüfung des Absenders:*
   Bei verbindungslosen Kommunikationsbeziehungen muß sichergestellt werden, daß die Daten, die empfangen werden, tatsächlich vom authorisierten Teilnehmer stammen. Dieser Dienst schützt nicht vor der Vervielfältigung von Daten. Die Authentizitätsüberprüfung des Absenders bei verbindungsorientierten Kommunikationsbeziehungen ist kein separater Dienst. Sie wird durch Prüfung der Kommunikationspartner mit der Datenunversehrtheit einer Verbindung erreicht. Als Maßnahmen kommen die folgenden Alternativen in Frage:

   - Passwort-Methode,
   - kryptografische Methode,
   - biometrische Verfahren (Augen, Sprache, Fingerabdrücke, Unterschriften- und Tastaturdynamik).

– *Zugangskontrolle:*
   Im offenen Kommunikationssystemen ist es erforderlich, bestimmte Betriebsmittel (Programme, Daten, Dateien, Datenbanken, Betriebssysteme, Peripheriegeräte) nur Benutzergruppen oder einzelnen Benutzern zur Verfügung zu stellen. Es muß verhindert werden, daß jeder Netzteilnehmer diese Ressourcen nutzen darf.

- *Verhinderung einer Verkehrsflußanalyse:*
  Mit diesem Dienst soll verhindert werden, daß ein Lauscher aufgrund einer Verkehrsflußsanalyse Informationen erhält. Dieser Dienst benutzt Filter zur Glättung des fluktuierenden Verkehrsflusses.

4.5.3 Implementierung von Security-Maßnahmen

Die einzelnen Maßnahmen müssen nahtlos in die Ablauforganisation integriert werden. Je nach Ernsthaftigkeit der Security-Gefährdungen werden verschiedene Maßnahmen aktiviert. Nach Annahme werden sämtliche Funktionen, die aus Security-Sicht wichtig sind, kontinuierlich überwacht. Als Maßnahmen kommen Lösungen in Echtzeit für schwerwiegende Fälle und andere Lösungen für Fälle in Frage, die nicht unbedingt in Echtzeit gelöst werden müssen. Die Implementierung schließt Entscheidungen über die Schwellenwerte ein, die zur Echtzeitüberwachung dienen, z. B. Anzahl der Login-Versuche, Änderungsfrequenz der Paßwörter, Toleranzgrenze für Routing-Fehler usw.

Immer häufiger werden Security Server eingesetzt. Der Einsatz mag die Bequemlichkeit der Benutzung von Programmen und Dateien beeinträchtigen oder mindestens Vorgänge verlangsamen, aber die Nützlichkeit ist unumstritten. Bild 4.34 zeigt das Dreieck vom Security Administrator, Benutzer und Security Server.

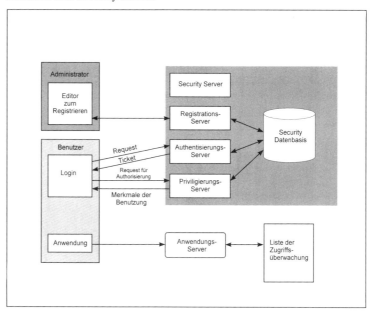

Bild 4.34 Architektur des Security Servers

Bei jedem Request vom Benutzer wird die Berechtigung und die Authentizität des Benutzers geprüft. Dementsprechend besteht der Security-Server eigentlich aus drei Servern:

- Registrierungs-Server als Arbeitswerkzeug des Administrators,
- Authentizierungs-Server und
- Privilegisierungs-Server.

Die Liste der Zugriffsüberwachung registriert die Abläufe und kann jederzeit zur Analyse der Zugriffe und deren Berechtigungen verwendet werden.

4.5.4 Schutz des Management-Systems

Wie bereits betont, müssen die Management-Instrumente zusätzlich noch geschützt werden. Unauthorisierte Zugriffe zu Management-Funktionen können unter Umständen katastrophale Folgen haben: Umadressierung der Brücken und Router, Löschen von Konfigurationsdaten, Deaktivierung von Servern, Änderung der Zugriffsrechte auf Anwendungen und Systemteile, um nur die wichtigsten zu nennen. Am besten begrenzt man den Kreis derjenigen, die überhaupt Zugriff auf die wichtigsten Client/Server-Management-Funktionen haben.

4.5.5 Typische Instrumente für das Security Management

Das Security Management für Client/Server kann durch unterschiedliche Instrumente unterstützt werden. Die wichtigsten sind:

- Analysatoren und Monitore sind der Struktur nach identisch mit den Instrumenten für Problem- und Performance Management. Insbesondere sind jedoch die Funktionen für die Analyse von unregelmäßigen Abläufen von Security-Verletzungen wichtig.

- Instrumente zur Überwachung der Zugriffe:
  Sie sind verantwortlich für die Ablaufprotokollierung der Vorgänge des Informationsaustausches in Client/Server-Systemen. Es können dabei gegebene Anwendungen und/oder Server und/oder Clients gewählt werden.

- Backup-Hilfsprogramme, die im Backup-Fall wirksam werden:
  Der Backup-Fall kann nach Annahme infolge von Security-Verletzungen und nicht wegen technischer Probleme eintreten.

- Werkzeuge zur Bearbeitung der Log-Einträge:
  Diese Familie von Instrumenten ist für die analytische und statistische Bearbeitung der Log-Einträge (Ablaufprotokollierung) verantwortlich. Meistens handelt es sich um relativ einfache Anwendungsprogramme.

- Quarantäne sind spezielle Workstations zum Abfangen von Viren, die durch die Basissoftware oder Anwendungen eingebracht werden können.

Zusammengefaßt läßt sich feststellen, daß das Security Management von Client/Server-Systemen noch ungenügend mit Instrumenten unterstützt wird. Der Schwerpunkt muß auf präventive Maßnahmen im organisatorischen, konzeptionellen und technischen Bereich gelegt werden.

Bei den Aufgabenträgern werden nach folgenden Kenntnissen und persönlichen Eigenschaften gefragt:

- detaillierte Kenntnisse über Security-Gefährdungen,
- Fähigkeit zu einer konsequenten Überwachungsarbeit,
- detaillierte Kenntnisse über Security-Werkzeuge,
- Kenntnisse über die eingesetzten Management-Instrumente und deren Security-Risiken.

4.5.6 Wichtige SNMP-Informationen für das Security Management

Security Management wird durch die einzelnen Gruppen nicht genügend unterstützt. Nur zwei Gruppen bieten überhaupt etwas. Die TCP-Gruppe hilft, die Anwender und Geräte zu identifizieren, die andere Anwender und Geräte mit TCP/IP erreichen oder erreichen wollen. Anschließend folgt eine manuelle Analyse zur Überprüfung der Berechtigungen. Sehr ähnlich kann man manuelle Prüfungen anhand der Informationen aus der UDP-Gruppe initialisieren.

4.6 Accounting Management

Derzeit werden die bekannten Funktionen des Accounting Management gar nicht oder nur sehr selten in Client/Server-Systemen wahrgenommen. Die Ausgaben für Client/Server-Systeme werden meistens noch als »allgemeine Infrastruktur der Firma« betrachtet. Diese Situation wird sich unter dem Budgetdruck sehr bald ändern. Viele kritische Anwendungen werden dezentral laufen, und damit werden sämtliche Ausgaben »lokal« verursacht. Das Verfahren des Umschlagens geschieht dann ähnlich den in Hostrechnern und in WANs bekannten Verfahren. Bezüglich der Instrumente können viele eingesetzt werden, die auch für das Problem-, Performance- und Security Management von Interesse sind.

4.6.1 Kostenerfassung

Die Client/Server-Administration muß unbedingt wissen, wo das Geld für Client/Server-Systeme ausgegeben wird. Eine Kostenanalyse bedeutet deshalb die detaillierte Aufschlüsselung der relevanten Kosten, die sich aus folgenden Komponenten zusammensetzen:

- Fixkosten:
  - Abschreibungen,
  - kalkulatorische Zinsen,
  - Raumkosten,
  - Wartung und Pflege von Servern, Clients und Übertragungseinrichtungen.
- Variable Kosten:
  - volumenabhängige Gebühren für vernetzte Client/Server-Systeme,
  - zeitabhängige Gebühren für vernetzte Client/Server-Systeme,
  - Nutzungsmieten (Systeme, Geräte, Dienstleistungen).

Eine Kostenanalyse macht die System- und Kommunikationsausgaben sichtbar und ist jedem Unternehmen unbedingt anzuraten.

4.6.2 Lizenzüberwachung

Im Einzelfall besteht die einzige Aufgabe des Accounting in der Überwachung der Inanspruchnahme von Anwendungspaketen oder Komponenten des Betriebssystems. Viele Hersteller bieten Pakete an, die mit dem Büchereiprinzip arbeiten. Das Paket reflektiert die Anzahl der Leihgaben von Anwendungs- oder Softwarekomponenten. Bei der Implementierung gibt es meistens eine enge Zusammenarbeit zwischen den Software-Herstellern und dem Client/Server-Administrator. Wenn keine exakten Abrechnungsverfahren existieren, dient die Lizenzüberwachung als grobe Orientierung für das Umschlagen von Kosten.

Diese Funktion kann sehr erfolgreich mit der elektronischen Softwareverteilung kombiniert werden. Der Käufer hat juristische und geschäftliche Verpflichtungen gegenüber dem Verkäufer oder Hersteller, die erworbene Software nur im vereinbarten Umfang einzusetzen und zu benutzen. Die unüberwachte Benutzung kann außerdem zu unerwarteten Lastspitzen in Client/Server-Strukturen führen. Außerdem kann die Information, die als Nebenprodukt der Lizenzüberwachung gewonnen wird, zur Weiterverrechnung mit Kommunikations- und Systemdiensten benutzt werden. Zusammengefaßt sind die Einsatzgebiete die folgenden:

- Überwachung des Einsatzes der lizenzierten Software,
- Schätzung der System- und Netzlast durch Anwendungen,
- Lieferung der Basisinformation für die Weiterverrechnung mit der Anwendungsbenutzung.

Die Wirkungsweise wird im Bild 4.35 veranschaulicht. Der Prozeß ist ähnlich dem einer Bibliothek, in der man Bücher ausleiht. Es wird die Berechtigung geprüft, Zähler hochgesetzt und das Interesse für eine gewisse Anwendung registriert.

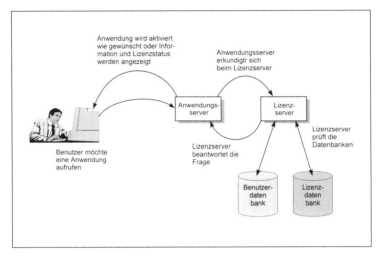

Bild 4.35 Lizenzüberwachung

Produkte werden vor allem von den Firmen erwartet, die auch Lösungen für die Softwareverteilung anbieten. Zusätzlich gibt es spezielle Produkte von Brightwork, Elan Computer Group, Frye Computer Systems, IBM, Integrity Software, Legent Corporation, Saber Software und Symantec.

4.6.3 Weiterverrechnung

Die Weiterverrechnung bedeutet die Zuteilung der erfaßten Kosten nach unternehmensspezifischen Kriterien:

- Verursachungsgerechte Zuteilung bedeutet, daß die Benutzer nach dem aktuell abgewickelten Verkehrsvolumen zahlen müssen. Als Indikatoren können Pakete, Nachrichten, Frames oder die anteilmäßige Ressourcen-Nutzung dienen. Das Verfahren beansprucht sehr viele Abrechnungsressourcen.

- Proportionale Zuteilung entsprechend der Anzahl der benutzten oder betriebenen Client/Server-Komponenten wie Server, Clients und Übertragungsmedien. Dieses Verfahren ist ungenau, aber viel einfacher zu implementieren.

Wenn sämtliche Client/Server-Komponenten einer organisatorischen Einheit gehören, werden die Fragen des Umschlagens stark vereinfacht und pauschalisiert.

Ein leistungsfähiges Accounting-System soll folgende Kriterien erfüllen:

- *Einfachheit:*
  Die Abrechnung soll für alle Beteiligten leicht verständlich und transparent sein. Die Forderung bezieht sich sowohl auf die Erfassung der Accounting-Informationen als auch auf die Accounting-Gleichung.

- *Genauigkeit:*
  Das Accounting-System soll genaue Ergebnisse liefern. Bei der Festlegung der erforderlichen Genauigkeit sollten stets wirtschaftliche Gesichtspunkte berücksichtigt werden. Denn der Aufwand darf nicht in die Größenordnung des erzielbaren Effektes kommen. Der Aufwand wächst mit der Erfassungstiefe.

- *Leistungsgerechtigkeit:*
  Die Kostenzuteilung soll leistungsgerecht erfolgen. Bei der Erfassung der leistungsproportionalen Kostenanteile kann die Forderung – von technischen Problemen zunächst abgesehen – erfüllt werden. Die weiteren Kostenanteile wie Grundkosten und Bereitstellungskosten könnten leistungsproportional abgerechnet werden. Auch eine einfache proportionale Zuteilung wäre möglich, obwohl sie derzeit noch umstritten ist.

- *Wiederholbarkeit:*
  Der Benutzer soll für dieselbe Leistung zu unterschiedlichen Zeitpunkten immer den vergleichbar selben Betrag zahlen. Daher muß die Abrechnungsstrategie zeitpunktunabhängig sein. Unter Umständen sind Durchschnittswerte zu bilden.

- *Planbarkeit:*
  Die für den Benutzer erbrachte Leistung muß aus der Abrechnung auch ablesbar sein. Dadurch wird gewährleistet, daß die Abrechnungsinformationen auch für die Zwecke der Planung und der Investitionsbeurteilung angewandt werden können.

- *Datensicherung:*
  Es werden Fragen wie Informationsverlust, Speicherungsmedien, Fortschreibungsberechtigung nach Kriterien der Datensicherung behandelt und gelöst. Korrektur und Ergänzung der Datenbasis sollen möglich sein.

– *Kombination und Integration:*
Die Client/Server-relevanten Leistungen sollen zusammen mit den hostrelevanten Leistungen abgerechnet werden. Das bedeutet, daß sowohl sogenannte Prozessor- als auch Transportsätze erfaßt und gespeichert werden.

– *Auswertung:*
Die Accounting-Datei soll unterschiedlich auswertbar sein. Dazu stehen Standardverfahren und/oder Programme in einer höheren Programmiersprache zur Verfügung. Die Möglichkeit der Auswertung auf einem PC soll unbedingt vorgesehen werden.

4.6.4 Typische Instrumente für das Accounting Management

Es gibt einige wenige Instrumente, die für das Accounting Management eingesetzt werden können. Sie schließen ein:

– *Softwaremeter*:
Zur Überwachung der ordnungsgemäßen Nutzung von Client/Server-Systemen registrieren die Softwaremeter sowohl die Benutzung als auch die Häufigkeit der Benutzung. Diese Werkzeuge können auch zur Unterstützung des Security Management eingesetzt werden. Beim Einsatz dieser Instrumente besteht ein Virusrisiko, eingepflanzt vom Hersteller.

– *LAN- und WAN-Monitore*:
Zur Erfassung von Verkehrsströmen können diese Monitore mit Erfolg eingesetzt werden. Durch RMON rechnet man mit sehr vielen standardisierten Paketen.

– *Werkzeuge zur Bearbeitung der Log-Einträge* für die abrechnungstechnische Verarbeitung der Ablaufprotokolle und Logeinträge verantwortlich.

– *Accounting-Pakete*:
Anwendungssoftware zur Unterstützung des Umschlagens von Kosten an Client/Server-Benutzer.

– *Werkzeuge zur Rechnungsprüfung* unterstützt die Durchführung von Revisionen und Verifizierung von Herstellerrechnungen.

Zusammengefaßt läßt sich feststellen, daß Accounting Management für Client/Server-Systeme noch ungenügend mit Instrumenten unterstützt wird.

Bei den Aufgabenträgern werden nach folgenden Kenntnissen und persönlichen Eigenschaften gefragt:

- Kenntnisse über die Accounting-Struktur des Unternehmens,
- Fähigkeit für konsequente Routinearbeit,
- detaillierte Kenntnisse über Accounting-Werkzeuge.

4.6.5 Wichtige SNMP-Informationen für das Accounting Management

Bei vielen Instrumenten spielt SNMP eine wichtige Rolle. Die Unterstützung von Accounting Management durch SNMP ist erfolgversprechend. An dieser Stelle werden nur die wichtigsten Objekte und deren Informationsinhalte aufgezählt (LEIN93). Weitere anpassende Kalkulationen sind fast in jedem Fall erforderlich.

Interface-Gruppe	Informationsinhalt
ifInOctets	Anzahl der empfangenen Bytes
ifOutOctets	Anzahl der gesendeten Bytes
ifInUcastPkts	Anzahl der empfangenen Unicast-Paketen
ifOutUcastPkts	Anzahl der gesendeten Unicast-Paketen
ifInNUcastPkts	Anzahl der empfangenen Nicht–Unicast-Paketen
ifOutNUcastPkts	Anzahl der gesendeten Nicht-Unicast-Paketen
IP-Gruppe	**Informationsinhalt**
ipOutRequest	Anzahl der gesendeten IP-Pakete
ipInDelivers	Anzahl der empfangenen IP-Pakete
TCP-Gruppe	**Informationsinhalt**
tcpActiveOpens	Anzahl der Verbindungsöffnungen
tcpPassiveOpens	Anzahl der Anforderungen, eine Verbindung zu öffnen
tcpInSegs	Anzahl der empfangenen TCP-Segmente
tcpOutSegs	Anzahl der gesendeten TCP-Segmente
tcpConnTable	gegenwärtige TCP-Verbindungen
UDP-Gruppe	**Informationsinhalt**
udpInDatagrams	Anzahl der empfangenen UDP–Datagramme
udpOutDatagrams	Anzahl der gesendeten UDP-Datagramme
udpTable	Anzahl der UDP-Ports, die gegenwärtig Datagramme empfangen können

4.7 Administration

4.7.1 Dokumentation

Diese Funktion ist sehr stark verwandt mit den bereits diskutierten Funktionen der Bestandsführung, der Konfigurierung und der Topologiepflege. Dokumentation von Client/Server-Systemen ist keinesfalls leicht, da einfach zu viele Komponenten zu dokumentieren sind. Die meisten Produkte sind nicht skalierbar, wodurch viele Insellösungen im Laufe der Zeit entstehen. Es liegt in der menschlichen Natur etwas, das funktioniert, nicht leicht ersetzen zu wollen. Wenn man heutige Lösungen analysiert, gibt es getrennte Dokumentationsverfahren für

- Server,
- Clients,
- WANs (Komponente und Netze),
- MANs (Komponente und Netze) und
- LANs (Komponente und Netze).

Die Formate sind unterschiedlich und der Informationsaustausch ist praktisch unmöglich. Der erste Versuch, einen gemeinsamen Nenner zu finden, ist eine Managementplattform, die wenigstens unter den unterschiedlichen Dokumentationsquellen eine Kommunikationsbeziehung aufbaut. Die Plattform selbst speichert nur eine Untermenge der erforderlichen Informationen.

Die endgültige Lösung kann wahrscheinlich von sogenannten Kabelmanagement-Produkten kommen, die praktisch jede beliebige Information aufnehmen und pflegen können. Kabelmanagement-Produkte arbeiten mit relationalen Datenbanken, mit Management-Plattformen und bringen CAD/CAM-Erfahrungen in die Dokumentation. Führende Produkte stellen eine große Anzahl von vorgefertigten Icons zur Verfügung, wodurch die Visualisierung von Client/Server-Systemen entscheidend erleichtert wird. Diese Lösungen sind nicht billig, und die Erstgenerierung des Systems ist sehr zeitaufwendig. Dementsprechend erfordert der Einsatz eine gewisse Betriebsgröße aus Kostengründen.

Die Lösungen sonst zeigen eine große Funktionsbreite und können etwa wie folgt eingeordnet werden:

- Dokumentationshilfen auf PC-Basis mit Standardprodukten; eine Art Kombination eines Spreadsheets mit grafischen Hilfsmitteln, z. B. Excel und PowerPoint;

- Dokumentationshilfen auf PC-Basis mit individuellen Produkten, z. B. GrafBASE;

- Kabelmanagement-Produkte, z. B. Command 5000, MountainView, Konfig- und Kommunikations-Manager;

- Data Repositories, wo größere Datenmengen abgespeichert und mit grafischen Mitteln angezeigt werden können, z. B. Data Repository und Graphic Monitor Facility von IBM.

Hier handelt es sich um einen extrem dynamischen Bereich, der sehr oft neue Lösungen und neue Produkte verlangt.

4.7.2 Softwareverteilung

Bei der heutigen großen Anzahl der Clients und Server wäre die manuelle Verteilung der Software weder möglich noch wirtschaftlich vertretbar. Die manuelle Verteilung, Installation und Pflege würde z. B. nach SNI (SNI93) das folgende Ergebnis zeigen:

Konfiguration:	30 Sinix-Systeme verteilt in Deutschland
Aufwand:	
Software-Testinstallation in der Zentrale (1 System)	3 Stunden
Anreise zu den dezentralen Systemen je 2 Stunden für 29 Systeme	58 Stunden
Installation am dezentralen System je 3 Stunden für 29 Systeme	87 Stunden
(darin enthalten; Fehler bei der Installation, Vorbereitung der Installation, Wartezeiten, weil die Systeme anderweitig belegt sind)	
Zeitaufwand für eine Software-Änderung Stundenlohn: DM 160,00	148 Stunden
Gesamtaufwand:	23.680,00 DM

Trotz optimistischer Rechnung kommt man auf solche hohen Kosten bei jeder Änderung.

Elektronische Softwareverteilung bedeutet, daß der Administrator das existierende Netzwerk zur Verteilung, zur Installierung und zur Pflege benutzt. Es gibt sowohl zentralisierte als auch dezentrale Verteilungsmodelle. Elektronische Softwareverteilung setzt voraus, daß die Software verteilbar gemacht werden kann. Diese Voraussetzung muß bereits beim Softwaredesign berücksichtigt werden.

Grundsätzlich erwartet man von den gewählten Lösungen die folgende Funktionsbreite:

- Verteilung von Software und von Dateien,
- Verteilung zu einzelnen Clients und Servern,
- Verteilung zu einer Gruppe von Clients und Servern,
- Prüfung der Zielmaschine hinsichtlich verfügbarer Speicherplätze vor der eigentlichen Installation,
- Übernahme der Steuerung der Zielmaschine während der Installation,
- Unterstützung der automatisierten Installation ohne manuelle Eingriffe,
- Backup der laufenden Software auf der Zielmaschine,
- Editierung und Konfigurierung der Software und Dateien auf der Zielmaschine,
- Restauration der abgelösten Software oder Dateien, wenn die Installation der neuen Software oder Dateien aus irgendwelchen Gründen abgebrochen werden muß,
- Fortschreibung der Bestandssätze in den Bestandsdateien nach der erfolgreichen Installation.

Es gibt zwei Alternativen zur Verteilung der Software und Daten:

- Pull-Verfahren und
- Push-Verfahren.

Bild 4.36 zeigt beide Alternativen.

Das Pull-Modell setzt voraus, daß die Zielmaschine die Verteilung initialisiert, wenn dafür die Voraussetzungen geschaffen worden sind. Beim Push-Modell geht die Initiative vom Verteiler aus. Beide Modelle haben viele Vor- und Nachteile. Die Entscheidung hängt von der Client/Server-Landschaft der Benutzer ab. Das Push-Modell setzt sich bei größeren Installationen durch, weil die Verteilung besser terminiert werden kann. Bei kleineren Installationen oder bei komplexeren Zielmaschienen bietet das Pull-Modell mehr Vorteile.

Der Verteilungsprozeß selbst kann in Basismodule aufgegliedert werden. Diese Module beinhalten die Erstellung des Verteilungspaketes, Planung der Verteilung, die Verteilung und die Installation:

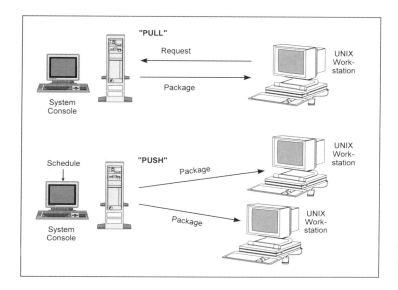

Bild 4.36
Pull- und Push-Verfahren bei der elektronischen Softwareverteilung

- *Erstellung des Verteilungspaketes:*
  Dieser Prozeß beinhaltet die Zusammenstellung der Softwareteile und Datenteile in einem Paket. Auch Installations- und Backup-Vorschriften werden mit eingepackt. Diese Pakete werden bis zum Installationszeitpunkt nicht geöffnet.

- *Planung der Verteilung:*
  Die Pakete werden an die Zielmaschinen geschickt. Adressen und Zeitpunkte der Verteilung werden exakt festgelegt. Da die Verteilung unter Umständen größere Übertragungsbandbreiten und längere Übertragungsdauer beansprucht, müssen die Zeitrahmen mit Kenntnis der anderen Lastarten und deren Prioritäten festgelegt werden.

- *Verteilung:*
  Sie wird – wie bereits erwähnt – durch das »PULL«- oder »PUSH«-Modell realisiert. Je nach Topologie des Netzes muß der Administrator auf die Wirtschaftlichkeit achten. Bei der Gruppenverteilung werden zusätzliche Depots an wichtigen, dezentralen Standorten gebildet, die dann die Pakete duplizieren und an die Zielmaschine weiterverteilen. In dieser Hinsicht unterscheiden sich die verfügbaren Produkte.

- *Installation:*
  Nach der Ankunft an der Zielmaschine werden die Pakete aufgemacht und entsprechend den mitgelieferten Richtlinien installiert. Nach der erfolgreichen Installation wird die Fertigmeldung beim Verteiler erwartet.

Die Voraussetzung der fehler- und abbruchsfreien Verteilung ist die exakte Bestandsführung der laufenden Software und Hardware. Ohne diese Kenntnisse können die Pakete bei der Verteilung nicht ordnungsgemäß vorbereitet werden. »Backouts« sind aber in jedem Fall erforderlich. Insbesondere beim »PUSH«-Modell rechnet der Administrator damit, daß der Prozeß abgebrochen werden muß, da die Voraussetzungen an der Zielmaschine nicht erfüllt worden sind. Dann wird der Verteiler automatisch alarmiert und die letzte Version wird rückinstalliert und die Verteilung wird neu terminiert.

Es gibt mehrere Verteilungsalternativen (siehe Bild 4.37):

– Host zu Server (Hauptdepot ist im Host-Rechner; die Server verteilen dann weiter an die Clients);

– Server zu Clients (Depot ist am Server; Software und Dateien werden unmittelbar an die Clients weiterverteilt);

– Server zu Server (Depot ist am Server, Software und Dateien werden erst anderen Servern und dann an die Clienten weiterverteilt).

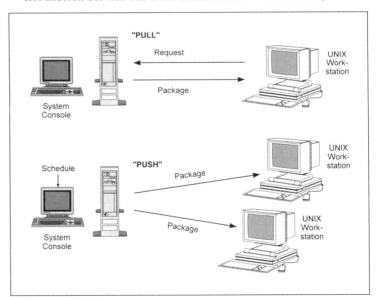

Bild 4.37 Verteilungsalternativen

Auch eine Kombination von diesen Alternativen kann überlegt werden. Bild 4.38 zeigt eine mögliche Kombination für den Verteilungsprozeß.

Elektronische Softwareverteilung kann grundsätzlich durch einzelne Verteiler unterstützt werden. Was viele Anbieter versuchen, ist die Integration der Verteilungsanwendung mit einem oder mit mehreren Plattformprodukten, die unter UNIX, OS/2, Windows NT oder unter MVS oder VM laufen. Die Zukunft bringt sicherlich Änderungen durch die MIF-Spezifikation vom Desktop Management Task Force. MIFs werden für Systemkompo-

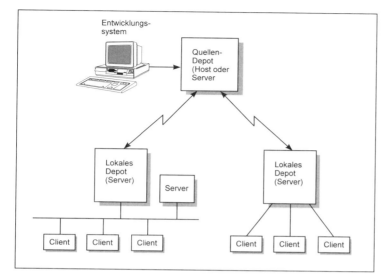

**Bild 4.38
Kombinationslösung
für die
Softwareverteilung**

nenten, Betriebssysteme, Anwendungen, Datenbanken, Funktionsmodule usw. entwickelt und implementiert. Dadurch wird die Qualität der Status-Informationen über Server und Clients entschieden verbessert.

Wichtige Anbieter schließen aus heutiger Sicht ein: Microsoft, Novell, IBM, Siemens Nixdorf, AT&T, Hewlett Packard, Frye Computer Systems, Saber Software Corporation, ViaTech, Symantec Corporation und Xcelle-Net.

Produkte von einigen Anbietern werden im Kapitel 7 beschrieben.

Neben Kostenersparnissen bietet die elektronische Softwareverteilung die folgenden Vorteile:

- Möglichkeit der Kopplung mit der Lizenzüberwachung,
- Reduzierung des Zeitbedarfs der Installation,
- weniger Fehler und dadurch weniger Wiederholungen,
- Synchronisierung von vielen Änderungen,
- Unterbindung der Verbreitung von unerlaubten Kopien,
- Vereinfachung des Prozesses durch Automatisierbarkeit.

4.7.3 Softwarepflege

Softwarepflege – auch Versionsüberwachung genannt – ist die Tätigkeit der kontinuierlichen Registrierung von Änderungen in Softwaresystemen. Es handelt sich hier vor allem um eine Untermenge des Änderungsmanagement. Diese Funktion hat eine enge Verbindung auch zur Archivierung. Archive besitzen typischerweise die laufende Kopie einer Datei und aller Änderungen, die seit der Freigabe der Originalversion durchgeführt worden sind. Diese Änderungen beinhalten:

– Dateiänderungen,
– Beschreibung der Änderungen,
– Datum und Zeitmarke aller Änderungen.

Der Lebenszyklus von Software umfaßt bei Client/Server-Systemen vier Phasen:

– Entwicklung der Software,
– Qualitätskontrolle,
– Abnahmetests und
– Inbetriebnahme mit anschließender Benutzung der Software.

Wichtig ist bei der Produktwahl, daß die erforderlichen Informationen für eine laufende oder vergangene Version sehr schnell bereitgestellt werden können. Das ist sowohl beim Recovery als auch in Katastrophenfällen sehr wichtig.

4.7.4 Typische Instrumente für die Administration

Es gibt sehr viele Einzelinstrumente, die die Administration von Client/Server-Systemen mit Erfolg unterstützen können. Es bleibt aber die Aufgabe des Administrators, diese Systeme sinnvoll miteinander zu verknüpfen. Die wichtigsten Instrumente sind:

– Produkte, die die elektronische Softwareverteilung unterstützen. Hier unterscheidet man hostbasierende, unixbasierende und PC-basierende Lösungen.

– Einfache Dokumentationsinstrumente, die in der Lage sind, die wichtigsten Merkmale von verwalteten Objekten abzuspeichern und zu pflegen. Auch einfache grafische Darstellungsmöglichkeiten werden hier mit eingeschlossen.

– Fortgeschrittene Dokumentationsinstrumente, die in der Lage sind, praktisch alle Merkmale von verwalteten Objekten abzuspeichern und zu pflegen. Hier können beliebig viele Komponenten mit SNMP dynamisiert und dadurch farbkodiert angezeigt werden.

Bei den Aufgabenträgern werden nach folgenden Kenntnissen und persönlichen Eigenschaften gefragt:

– Kenntnisse über Objekte,
– Fähigkeit, Produkte anzupassen,
– detaillierte Kenntnisse über Werkzeuge.

4.8 Zusammenfassung

Nach der Behandlung der wichtigsten Management-Funktionen besteht die nächste Aufgabe in der Zuteilung von Prioritäten für die einzelnen Funktionsgruppen und Funktionen. Diese Prioritäten bestimmen dann die Implementationsreihenfolge der Funktionen. Es wird empfohlen, zunächst eine Inventur zu machen, wo erhoben wird, welche Funktionen heute schon vollständig oder teilweise unterstützt werden. Bei Client/Server-Systemen wird das Ergebnis wahrscheinlich nicht sehr positiv ausfallen, insbesondere nicht für die Systemteile.

Tabelle 4.6 faßt noch einmal die Zuordnung von typischen Instrumenten zu den einzelnen Funktionsgruppen zusammen. Detailliertere Angaben über Plattformprodukte werden im Kapitel 5, über geräteabhängige Anwendungen im Kapitel 6 und über geräteunabhängigen Anwendungen im Kapitel 7 gemacht.

Tabelle 4.6 Zuordnung von Instrumenten zu Management-Funktionen

Funktionen	Integrator Plattform DB	Element Manager WAN, LAN, MAN	Analyzator Monitor	Modell	Hilfsprogr. MIB, DB, Berichtswesen
Bestands-Management					
Bestandsführung	x				x
Backup					x
Änderungs-Management	x				x
Bestellwesen	x				x
Directory-Dienst					
Konfigurations-Management					
Konfigurierung von Systemen und Netzen	x			x	x
Topologiepflege	x			x	x
Problem-Management					
Statusüberwachung	x	x	x		x
Alarm-Management	x	x	x		
Problembestimmung, Problemdiagnose und Problembehebung	x	x	x		
Datensicherheit					x
Messungen und Tests			x		
Störzettelverwaltung	x				x
Disaster Recovery					x

Funktionen	Integrator Plattform DB	Element Manager WAN, LAN, MAN	Analyzator Modell Monitor	Hilfsprogr. MIB, DB, Berichtswesen
Performance Management				
Definition von Performance-Parametern				x
Durchführung von Performance-Messungen			x	
Meßdatenverarbeitung		x	x	x
Optimierung der Performance			x	
Berichtsgenerierung				x
Modellierung und Baselining			x	x
Security Management				
Risikoanalyse für Client/Server-Systeme				
Security-Dienste und Security-Maßnahmen		x	x	x
Implementierung von Security-Maßnahmen				
Schutz des Managementsystems	x	x		
Accounting Management				
Kostenerfassung			x	x
Lizenzüberwachung			x	
Weiterverrechnung				x
Administration				
Dokumentation				x
Software-Verteilung				x
Software-Pflege				x

Tabelle 4.6
Zuordnung von Instrumenten zu Management-Funktionen

5. Plattformprodukte

Beim Management von Client/Server-Systemen spielen Plattformprodukte eine immer bedeutendere Rolle. Es handelt sich hier um eine komplexe Software, die die Grundlage sämtlicher Management-Anwendungen bildet. Plattformprodukte weisen eine Reihe von gemeinsamen Eigenschaften und Merkmalen auf, die alle gewissermaßen in Richtung Standardisierung zeigen. SNMP-Unterstützung ist überall gegeben; man rechnet aber damit, daß noch andere Standards wie CMIP, XMP, RPC, DMFT und CORBA unterstützt werden. Die Plattformprodukte müssen modular aufgebaut werden, damit neue Protokolle und Standards ohne Gefährdung der existierenden Anwendungen nahtlos integriert werden können.

5.1 Management-Konzepte

Plattformprodukte stellen nicht die einzige Alternative dar. Es gibt eine große Anzahl von bereits installierten Produkten, die nach anderen Prinzipien aufgebaut und instrumentiert worden sind. Grundsätzlich gibt es drei Möglichkeiten: zentraler Manager, Manager von Managern und offene Plattformprodukte.

5.1.1 Zentraler Manager

Bei kleineren Client/Server-Systemen ist es möglich, alle Komponenten unmittelbar durch einen Manager verwalten zu lassen. Der Manager benutzt üblicherweise ein eigenständiges Protokoll für den Dialog mit den Agenten. Dadurch kann die Performance zwar optimiert werden, aber auf Kosten der Offenheit. Andere Produkte, die nicht vom Hersteller stammen, müssen Protokollumsetzer benutzen, damit sie mitverwaltet werden können. Bild 5.1 zeigt diese Struktur. Als konkretes Beispiel kann das hostbasierende Produkt von IBM, genannt NetView/390, dienen.

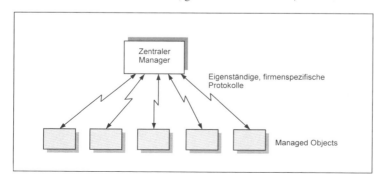

Bild 5.1
Zentraler Manager

5.1.2 Manager von Managern

Mit der wachsenden Komplexität der Client/Server-Systeme neigt man dazu, für die jeweiligen Systemkomponenten die besten Management-Produkte zu implementieren. Dadurch werden wahrscheinlich mehrere Element-Manager für WANs, LANs und für die Systeme implementiert. Um eine gewisse Ordnung zu schaffen, braucht man einen Manager, der mit allen Element-Managern kommunizieren kann. Der Manager übernimmt aber die Aufgaben der Elementen-Manager nicht, sondern bietet Mehrwertdienste, z. B. in Form von Alarmkorrelation und Anwendungsintegration, an. Die Elementen-Manager verwalten immer eine homogene Familie von Komponenten wie Hubs, Router, Modems, Clients, Server, wobei die Management-Protokolle eigenständig, de-facto oder offen sein können. Langsam erobert SNMP praktisch alle neuen Element-Manager.

Die Konfigurationsdatenbanken bleiben unverändert, der Manager von Managern kann jedoch bei Bedarf Informationen abholen. Das Protokoll zwischen den Elementen-Managern und dem Manager von Managern wird vom Hersteller des Managers zur Verfügung gestellt. Bild 5.2 zeigt ein Beispiel für diese Anordnung. Praktische Beispiele sind NetExpert von Objective Systems Integrators, MAXM von MAXM, Inc., NetView/390 von IBM und Solve:Automation von Sterling Software. Bei dieser Alternative kennt man die Funktionalität und den Preis von vornherein. Bei höheren Einstiegspreisen arbeitet man mit weniger Risiken. In bezug auf Erweiterbarkeit und Flexibilität hat diese Alternative aber viele Einschränkungen.

Bild 5.2 Manager von Managern

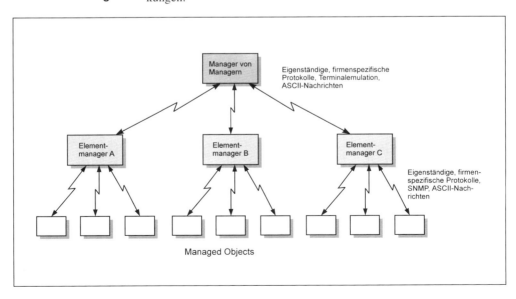

5.1.3 Offene Plattformprodukte

Das Plattformmodell wird im Bild 5.3 gezeigt. Elementen-Manager gibt es immer noch, aber sie werden in einer neuen Form als gerätespezifische Anwendungen in die Plattformsoftware integriert. Plattformen sind zwar SNMP-orientiert, aber einige Produkte unterstützen auch offene Standards wie z. B. CMIP. Die Einstiegspreise sind zwar niedrig, aber es bestehen Risiken, wie schnell Anwendungen gefunden und integriert werden können. Das Plattformmodell ist sehr beliebt, da es große Flexibilität, Erweiterbarkeit und Standardisierung garantiert. Auch die Anzahl der erforderlichen Bedienstationen kann entscheidend reduziert werden. Dieses Modell kann wegen der großen Anzahl der verfügbaren Anwendungen unbedingt als zukunftsorientiert bezeichnet werden. Die Frage ist jedoch noch offen, wie »tief« die Anwendungen in das Plattformprodukt integriert werden. Die meisten Anwendungen werden noch oberflächlich integriert, z. B. auf der Ebene von Menüs und Ikonen. Anwendung-zu-Anwendung-Kommunikation ist noch selten sichtbar. Die Popularität ist teilweise dem Erfolg von SNMP zu verdanken, da dadurch eine unkomplizierte Kommunikation zwischen Managern und Agenten ermöglicht wird.

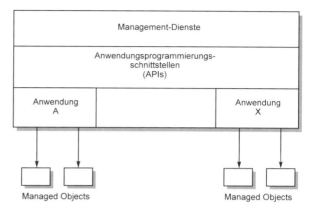

Bild 5.3 Plattformmodell vereinfacht

5.2 Eigenschaften von Plattformprodukten

Man fragt mit Recht nach einer geeigneten Definition und nach Klassifizierungsmerkmalen. Zwei Hauptgruppen kristallieren sich heraus (siehe Tabelle 5.1):

Tabelle 5.1 Basis- und fortgeschrittene Dienste

Basisdienste	Fortgeschrittene Dienste
Discovery und Mapping von Objekten	Netz und Systemmodellierung
Alarmempfang und Alarmkorrelation	Domain Management
Unterstützung von Management-Protokollen	Manager-zu-Manager-Verbindungen
Grafische Benutzerschnittstelle	Verteilte Architekturen
SQL-Datenbankverbindungen	
Anwendungsschnittstelle und Entwicklungshilfen	

Die Dienste der beiden Gruppen werden von Anwendungsherstellern als gegeben vorausgesetzt. Die einzelnen Dienste werden jetzt kurz erläutert.

5.2.1 Basisdienste

Basisdienste umfassen alle diejenigen Merkmale, die das Plattformprodukt unbedingt zeigen muß. Ohne diese Basisdienste können die meisten Anwendungen nicht ohne weiteres implementiert und integriert werden.

Discovery und Mapping von Objekten

Diese Fähigkeit garantiert, daß das Management-System in der Lage ist, die Identität und den Typ von sämtlichen Geräten automatisch zu erkennen. Es wird mindestens gefordert, daß alle Objekte mit IP-Adressen anhand der Router-Tabellen und der Adressentabellen der Protokolle identifiziert werden können. Um auch Brückennetze zu unterstützen, müssen zusätzliche Merkmale wie z. B. PING-Nachrichtengenerierung implementiert werden.

Derzeit ist die Discovery-Eigenschaft auf TCP/IP-Netze beschränkt. Spezielle Anwendungen helfen aber, auch Komponenten von anderen Netzen wie SNA, DECnet, DCA, DSA und Transdata zu identifizieren.

Es ist wünschenswert, den Discovery-Prozeß zu dynamisieren, damit Änderungen und Security-Verletzungen entdeckt werden können. Dieser Prozeß kann aber nicht kontinuierlich– vor allem nicht in großen Netzen– ablaufen, da dadurch zu viel Overhead verursacht wird. Deshalb müssen verkehrsarme Zeiten für den Ablauf gewählt werden.

Ein weiterer Hinweis bezieht sich auf die Beschränkung des Discovery-Prozesses auf die eigenen Netzsegmente. Sonst würde das Plattformprodukt den Prozeß für das globale Internet ausführen. Es wäre keine Seltenheit mit großen globalen Unternehmensnetzen, daß das Produkt versucht, zu viele Objekte zu entdecken. Das würde dann sehr viel Zeit in Anspruch nehmen.

Einige Produkte unterstützen auch die Mapping-Funktion. Diese Funktion ordnet die entdeckten Geräte in eine topologische Anzeige, die bei kleineren Netzen gut brauchbar ist. Bei größeren Netzen verliert man leicht die Übersicht wegen der großen Anzahl von Komponenten. Die Segmentierung und die Gruppierung von Objekten kann dieses Mengenproblem lösen.

Alarmempfang und Alarmkorrelation

Plattformen sind meistens die zentrale Anlaufstelle von Ereignissen, Nachrichten und Alarmmeldungen von unterschiedlichen Geräten und

Anwendungen. Die Form ist ziemlich unterschiedlich: Sie können SNMP-Traps, Ereignismeldungen, spezielle Alerts von Schwellenwertüberschreitungen und Polling-Ergebnisse sein.

Um die Informationsmenge zu reduzieren, sind Schwellenwerte sehr wichtig. Sie können Fehlerzustände, Gerätegruppen und Performance-Werte repräsentieren. Schwellenwertüberschreitungen haben meistens unterschiedliche Auswirkungen, wonach sie klassifiziert werden können, z. B. Informierung, Warnung oder Alarmierung.

Auch kompliziertere Alarme werden unterstützt. Sie können mit Bedingungen verknüpft werden, z. B. »Wenn die Anzahl der Fehler vom Gerät B innerhalb von 20 Minuten dreimal größer ist als X, dann ...«. Es wird erwartet, daß als Ergebnis der Auswertung der Bedingungen Scripts automatisch generiert werden.

Unterstützung von Management-Protokollen

Die meisten Produkte unterstützen SNMPv1. Einige Firmen, z. B. Netlabs, Objective Systems Integrators und Hewlett-Packard unterstützen auch CMIP. Fast alle Hersteller haben vor, SNMPv2 zu unterstützen.

Die SNMP-Unterstützung geschieht auf unterschiedliche Weise. Es wird die Polling-Fähigkeit und der Empfang von SNMP-Traps auf alle Fälle unterstützt.

Die Voraussetzung ist, daß man die Variablen in MIBs der zu unterstützenden Geräte genau kennt. MIB-Browsers übernehmen die Aufgabe der Anzeige von definierten MIB-Variablen mit kurzer Erklärung. Viele Hersteller bieten Anwendungen zur besseren Lesbarkeit der MIB-Variablen an.

MIB Compiler erlauben die Integration von privaten MIBs von externen Herstellern durch die Registrierung mit dem Plattformprodukt. Fast in jedem Fall ist es erforderlich, die klaren Trennlinien zwischen dem privaten und öffentlichen Bereich zu definieren. Dadurch wäre auch die Pflegefrage eindeutig geklärt.

Grafische Benutzerschnittstelle

Alle Plattformprodukte unterstützen benutzerfreundliche Schnittstellen. Die meisten benutzen Motif, einige unterstützen OpenLook oder OpenWindows. Die Grafik benutzt Farben zur Charakterisierung der Zustände. Anwendungen können aus hierarchisch angeordneten Menüs gewählt werden. »Point-and-Click«-Anwendungen und Hilfe-Funktionen werden standardmäßig unterstützt. Einige erlauben die Kombination von Ikonen sowie deren Anpassung an Kundenanforderungen.

SQL-Datenbankverbindungen

Die Mehrzahl der Plattformprodukte stellt Ereignisse in ASCII-Format den nachgelagerten Verfahren zur Verfügung. Dieses Format begrenzt jedoch die Möglichkeit, die Daten zu suchen und zu verarbeiten. Um die Flexibilität erhöhen zu können, sucht man nach Verbindungen zu den bekannten relationellen Datenbanken wie Informix, Sybase, Oracle, Ingres oder Access.

Diese Produkte erlauben den Zugriff auf Daten in einem einheitlichen Format, genannt SQL (Structured Query Language). SQL hilft, Daten problemlos bereitzustellen; Berichte zu schreiben und zu generieren gehört zum Aufgabenbereich des Benutzers.

Anwendungsschnittstelle und Entwicklungshilfen

Plattform-Anbieter ermutigen Softwarehersteller, Anwendungen zu schreiben. APIs schließen Routinen ein, die ohne weiteres in die Anwendungen eingebunden werden können. Dadurch werden Entwickler von den internen Strukturen und Lösungen weitgehend abgeschirmt. Die Standards sind aber noch nicht so weit, daß Anwendungen ohne jegliche Modifikationen auf mehreren Plattformen ablauffähig wären. Dadurch ist das automatische Portieren zunächst noch nicht möglich. Die Entwickler haben die Wahl, oberflächlich oder tief zu integrieren. Da ihre Ressourcen limitiert sind, können sie nicht alle Plattformprodukte mit der tiefstmöglichen Integration unterstützen. Die meisten Entwickler entscheiden sich für die oberflächliche Integration mit mehreren Plattformen.

5.2.2 Fortgeschrittene Dienste

Fortgeschrittene Dienste umfassen alle diejenigen Merkmale, die das Plattformprodukt noch zusätzlich zeigen kann. Diese Merkmale dienen in vielen Fällen als Indikatoren der Leistungsfähigkeit des Produktes; meistens findet man sie bei den anspruchsvolleren Produkten.

Netz- und Systemmodellierung

Diese Eigenschaft unterstützt die Funktionen der Fehlerisolierung, der Fehlerdiagnose und Performance- und Konfigurationsmanagement. Die Modellierung hilft, den Zustand der einzelnen Objekte miteinander und mit den Vorgaben zu vergleichen.

Modelle können auch zur Performance-Voraussage der einzelnen Objekte bezüglich Auslastung, Durchsatz und Servicegüte benutzt werden. Derzeit gibt es noch wenige Produkte mit Modellierungseigenschaften.

Domain Management

Insbesondere bei komplexeren Unternehmen muß das Management-Produkt die existierenden Organisationsstrukturen unterstützen. Oft ist es erforderlich, mehrere Kopien des Produktes in einer vorgegebenen Hierarchie zu implementieren. Eine Kopie übernimmt die Gesamtüberwachung; die anderen haben regionale Verantwortlichkeiten. Sie sind miteinander vernetzt, so daß Ereignisse und Alarmmeldungen nach vorgegebenen Regeln verteilt werden können. Auch Backup kann auf diese Weise vorteilhaft unterstützt werden.

Manager-zu-Manager-Verbindungen

Streng hierarchische Strukturen haben ihre Grenzen. Mit einem SNMP-Manager kann man maximal einige Tausend Objekte verwalten. Aber viele Netze sind einfach größer. Das Ergebnis ist, daß mehrere SNMP-Manager mit eigenständigen Regionen und Datenbanken implementiert werden. Informationsaustausch wird meistens nur durch X-Anzeigen unterstützt. X-Terminals beanspruchen aber eine sehr große Bandbreite, da alles bitweise abgetastet und übertragen wird. Kommunikationsverbindungen auf der Managerebene können den Informationsaustausch entscheidend vereinfachen. Derzeit gibt es mehrere Alternativen:

- eigenständige Protokolle,
- SNMPv2,
- SNMP Multiplexor (SMUX) und
- CMIP.

Die Möglichkeiten mit Plattformprodukten sind in dieser Hinsicht recht unterschiedlich. CMIP ist unterstützt durch DiMONS (Netlabs), OneVision (AT&T) und AgentWorks (Legent). SunSoft unterstützt die Kommunikation mit Hilfe von Cooperative Consoles; SMUX wird nur vom Wollongong Management-Stationen eingesetzt. OpenView (Hewlett Packard) und NetView for AIX (IBM) unterstützen derzeit keine Manager-zu-Manager-Kommunikation. Das wird sich aber durch Tornado (Hewlett Packard) und Karat (IBM) ändern.

Verteilte Architekturen

Eine wirklich verteilte Architektur muß Domain Management, Manager-zu-Manager-Kommunikation, Client/Server-Strukturen und verteilte Datenbanken gleichzeitig unterstützen. Die besten Ansätze findet man derzeit mit DiMONS (Netlabs) und mit den Produkten, die auf dieser Basis arbeiten. Dazu gehören OneVision (AT&T), Encompass (SunSoft), OpenView (Hewlett Packard) und TransView (Siemens).

Insbesondere zeigt die Client/Server-Aufgabenstellung gute Fortschritte bei vielen Anbietern. Als positives Beispiel kann man Spectrum (Cabletron), NetExpert (Objective Systems Integrator) und die Management-Station (Wollongong) erwähnen.

5.3 Auswahlkriterien für Plattformprodukte

Jede Firma hat eigene Bewertungsbögen, die immer wieder den auszuwählenden Produkten angepaßt werden. Im Fall der Plattformprodukte entsteht ein derartiger Bewertungsbogen aus folgenden Auswahlkriterien:

- *Gruppe 1:*
  Basisdienste, die von den meisten Plattformprodukten unterstützt werden. Sie schließen all diejenigen ein, die bereits im Abschnitt 5.2.1 behandelt worden sind. Dies sind:

  - Discovery und Mapping von Objekten,
  - Alarmempfang und Alarmkorrelation,
  - Unterstützung von Managementprotokollen,
  - Grafische Benutzerschnittstelle,
  - SQL-Datenbankverbindungen,
  - Anwendungsschnittstelle und Entwicklungshilfen.

- *Gruppe 2:*
  Fortgeschrittene Dienste, die von einigen Plattformprodukten unterstützt werden. Sie schließen alle diejenigen ein, die bereits im Abschnitt 5.2.2 behandelt worden sind. Dies sind:

  - Netz- und Systemmodellierung,
  - Domain Management,
  - Manager-zu-Manager-Verbindungen,
  - Verteilte Architekturen.

- *Gruppe 3:*
  Performance-Kriterien, die die Betriebseigenschaften des Plattformproduktes charakterisieren. Dazu gehören u.a.:

  - Antwortzeit für typische Vorgänge (Datenbankabfragen, Fortschreibung),
  - Durchsatzraten für Management-Aufträge,
  - Möglichkeit von Massenfortschreibungen,
  - Verfügbarkeit des Produktes.

- *Gruppe 4:*
  Allgemeine Kaufbedingungen, die das Umfeld des Einkaufs beschreiben. Dazu gehören:

  - Preis des Produktes,
  - Möglichkeit von Prototyping,
  - Pflege,
  - Schulung,

- Ruf des Herstellers,
- Anzahl der Installationen,
- Zukunft des Produktes,
- Referenzkunden mit Bereitschaft zum Informationsaustausch.

Die folgenden Ausführungen beschränken sich auf die ersten beiden Schwerpunkte. Es werden nur diejenigen Produkte behandelt, die mit großer Wahrscheinlichkeit von sehr vielen Benutzern zum Client/Server Management eingesetzt werden. Die im folgenden Abschnitt behandelten Produkte sind in der Lage, die Integrationsrolle für das Management von Client/Server-Systemen zu übernehmen.

5.4 Führende Plattformprodukte

Es gibt einige wenige Plattformprodukte, die von den meisten Herstellern unterstützt und von sehr vielen Benutzern eingesetzt werden. Die Entscheidung ist typischerweise mittelfristig. Man erwartet, daß das Produkt auf 3 bis 5 Jahre das Management von Client/Server-Systemen übernehmen kann. Viele Hersteller versuchen heutzutage, die wichtigsten gerätespezifischen Anwendungen für mehrere Plattformen zu entwickeln. Dadurch ist die Portierbarkeit ohne Probleme lösbar.

Es gibt immer noch einen erbitterten Kampf um das Betriebssystem des Plattformproduktes. Typische Betriebssysteme sind UNIX, DOS, OS/2 und Windows NT. Aus heutiger Sicht bietet UNIX die leistungsfähigsten Eigenschaften und wird deswegen als Plattformbetriebssystem sehr gerne bevorzugt gewählt. Der vorliegende Teil behandelt Produkte, die mit unterschiedlichen Betriebssystemen arbeiten.

Aus Platzgründen werden nicht alle Plattformprodukte behandelt. Das Buch behandelt die am meisten verbreiteten Produkte. In Einzelfällen können auch andere Produkte wie Spectrum von Cabletron, OneVision von AT&T, NMC von Network Managers, Integrated Systems Manager von Bull mit großem Erfolg eingesetzt werden.

5.4.1 SunNet Manager von SunSoft

SunNet Manager ist das klassische Beispiel für ein Plattformprodukt. Dieses auf Unix basierende Produkt führt bezüglich der Anzahl der installierten Systeme. Der Preis für das Basisprodukt ist niedrig, wodurch auch kleinere Unternehmen sich das Produkt leisten können. Auch die meisten gerätespezifischen und geräteunabhängigen Anwendungen wurden für dieses Produkt geschrieben und implementiert. Bild 5.4 zeigt die Struktur des Produktes.

Das Produkt ist sehr einfach und bietet nur SNMP-basierende Fähigkeiten. Auch bei diesen Fähigkeiten ist eine Protokollumsetzung erforderlich, da ONC (Open Network Computing) von Sun eingesetzt wird. Diese Eigenschaft fördert die Flexibilität und Dezentralisierung von Management-Funktionen wie Alarmverarbeitung und Anschluß von X.25-Geräten und Hostrechnern. In künftigen Versionen werden verstärkt intelligentere Agenten eingesetzt.

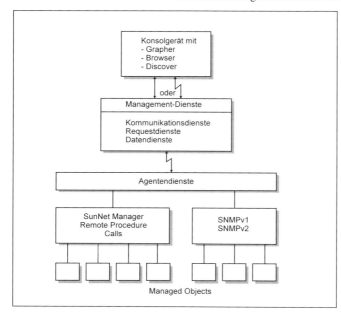

**Bild 5.4
SunNet Manager**

Basisdienste

Discovery und Mapping von Objekten:
Das Discovery-Werkzeug unterstützt die Identifizierung von Komponenten mit IP- und SNMP-Adressen. Segmentierung ist möglich durch die Mapping-Funktion. Mögliche Zuordnungen schließen ein: Domänen, Subnetze und lokale Segmente.

– *Alarmempfang und Alarmkorrelation:*
Polling wird unterstützt. Anhand der empfangenen MIB-Daten werden einfache Berechnungen durchgeführt. Auch Schwellenwerte werden definiert. Wenn die Schwellenwerte unter- oder überschritten werden, können spezielle Anwendungen aufgerufen werden. Proxy-Agenten werden in mehreren Komponenten unterstützt. Alarmkorrelation wird nur mit externen Anwendungen unterstützt.

– *Unterstützung von Managementprotokollen:*
SNMP steht an der ersten Stelle. Das »mib2schema«-Dienstprogramm übersetzt private MIBs in das SunNet-Format. Private MIBs werden nicht automatisch mitgeliefert, können aber durch einen Sun Mail Server vom Hersteller bereitgestellt werden. CMIP wird derzeit noch nicht unterstützt.

– *Grafische Benutzerschnittstelle*:
Es stehen die Standardfunktionen von SunOS zur Verfügung.

– *SQL-Datenbankverbindungen:*
Performance-Daten werden in einer sequentiellen Indexdatei zur Verfügung gestellt.

- *Anwendungsschnittstelle und Entwicklungshilfen:*
  Es gibt APIs, die von Herstellern und Benutzern eingesetzt werden können. Sie schließen ein:

  - Management-Dienste, die insbesondere Kommunikationsdienste definieren,
  - Agentendienste, die insbesondere sogenannte Proxy-Anwendungen ermöglichen,
  - Datenbank/Topologiedienste, die vor allem Datenbank- und Topologieänderungen ermöglichen.

Fortgeschrittene Dienste

- *Netz- und Systemmodellierung:*
  wird noch nicht unterstützt.

- *Domain Management:*
  wird noch nicht unterstützt.

- *Manager-zu-Manager-Verbindungen:*
  Grundsätzlich werden sie nicht unterstützt. Pseudoanwendungen existieren jedoch, wenn mehrere SunNet Manager dieselben MIBs benutzen.

- *Verteilte Architekturen:*
  Die Datenbank wird nicht verteilt. Verteilung beschränkt sich derzeit auf die Implementation von Polling vor Ort, damit das SNMP-Übertragungs-Overhead reduziert wird.

5.4.2 OpenView von Hewlett Packard

OpenView repräsentiert einen Sammelbegriff für mehrere Produkte unter DOS, Windows und UNIX. Die UNIX-Version schließt das Network Node Manager, die SNMP-Plattform und den Distributed Manager ein. Die Anwendungsschnittstellen sind für diese Produkte unterschiedlich. Im Kern steht die SNMP-Plattform (Bild 5.5) mit Basisdiensten und Anwendungsschnittstellen. In diesem Bild ist erkennbar, welche Funktionen unmittelbar und welche mittelbar über Management-Anwendungen unterstützt werden.

Die verteilte Version, genannt Distributed Manager (DM), bietet mehr, da auch CMIP-Unterstützung angeboten wird. OpenView DM wird sehr oft für die Telekommunikationsindustrie angeboten und implementiert. Diese Struktur wird im Bild 5.6 gezeigt:

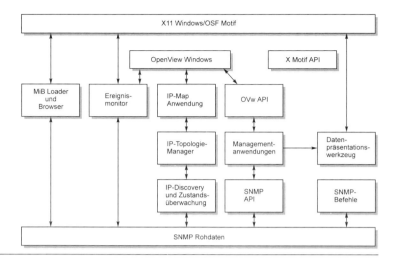

**Bild 5.5
Open View SNMP Plattform**

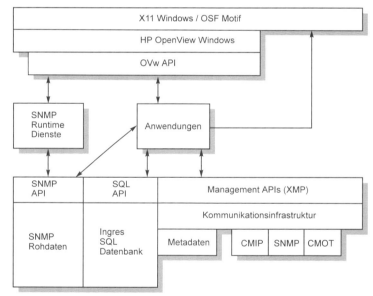

**Bild 5.6
Open View Distributed Manager Plattform**

Das Produkt Network Node Manager besitzt eine sehr große Popularität mit einer rasch wachsenden Zahl der Installationen. Benutzer fühlen sich mit dieser Entscheidung sehr sicher, da viele andere Hersteller das Produkt unterstützen und mit Hewlett Packard eine enge Zusammenarbeit anstreben.

Die Anzahl der Anwendungen steigt, und die Anpassungsfähigkeiten an unterschiedliche Netz- und Systemlandschaften werden ständig erweitert.

Das Produkt ist aber immer noch erweiterungsfähig, insbesondere in Richtung Alarmkorrelation, Manager-zu-Manager-Kommunikation und erweiterte Polling-Möglichkeiten.

Basisdienste

- *Discovery und Mapping von Objekten:*
  Das Recovery-Werkzeug unterstützt die Identifizierung und das Mapping von IP- und SNMP-Adressen. Automatische Gruppierung wird aber nicht unterstützt. Zur Entdeckung von Topologieänderungen wird die Polling-Häufigkeit nach der Erstdiscovery automatisch reduziert.

- *Alarmempfang und Alarmkorrelation:*
  Der Data Collector kann Einzelalarme sammeln und verarbeiten. Mit dem Event Sieve Manager können einfache Algorithmen zum Filtern und zur Prioritätenbestimmung eingesetzt werden. Alarmkorrelation kann auch benutzerdefinierte Kriterien und Prioritäten berücksichtigen.

- *Unterstützung von Management-Protokollen:*
  SNMP wird uneingeschränkt unterstützt. In dieser Hinsicht werden MIB I und MIB II und auch RMON unterstützt. CMIP und CMOT werden durch den Distributed Manager unterstützt.

- *Grafische Benutzerschnittstelle:*
  Standardisiert nach offenen Standards; in dieser Hinsicht gibt es keine Merkmalunterschiede zu anderen auf UNIX basierenden Plattformprodukten. Die Schnittstelle basiert auf Motif-X11.

- *SQL-Datenbankverbindungen:*
  Das Produkt benutzt eine »flache« Datenbasis mit einer optionalen Verbindung zu Ingres. Ingres wird zur Abspeicherung von Topologiedaten und zur Pflege von Ereignissen, Meldungen und Alarmen benutzt.

- *Anwendungsschnittstelle und Entwicklungshilfen:*
  Das Plattformprodukt ist sehr reich an Anwendungsschnittstellen. Es werden insbesondere folgende APIs angeboten:

    - Windows API,
    - SNMP API und
    - XMP API.

Hewlett Packard ist sehr darauf bedacht, Benutzer und Hersteller bei der Entwicklung und Implementation von Anwendungen zu unterstützen. Es gibt zusätzlich noch mehrere Schnittstellen, Anwendungen mit OpenView zu integrieren.

Fortgeschrittene Dienste

- *Netz- und Systemmodellierung:*
  derzeit noch nicht unterstützt.

- *Domain Management:*
  Nach einigen Adaptierungsschritten kann man eine Domäne bilden, die dann z. B. Netz- und Systemsegmente eigenständig darstellen und verwalten.

- *Manager-zu-Manager-Verbindungen:*
  Die SNMP-Plattform unterstützt diese Art Kommunikation noch nicht. Fortschritte sind aber mit OpenView DM erzielt worden. Tornado erweitert diese Möglichkeiten.

- *Verteilte Architekturen:*
  Volle Unterstützung mit OpenView DM; es gibt jedoch keine Unterstützung durch das SNMP-Produkt.

5.4.3 NetView für AIX von IBM

IBM benutzt OpenView als Kernprodukt, als die Basis des eigenen Produktes. Dieses Produkt ist ein SNMP Management-System für TCP/IP-Netze. Außerdem kann das Produkt noch zusätzliche Aufgaben in einem umfassenden Unternehmens-Management-System lösen. Gewöhnlicherweise spielt dann NetView for AIX die Rolle des Service Points bei der Kommunikation mit NetView/390.

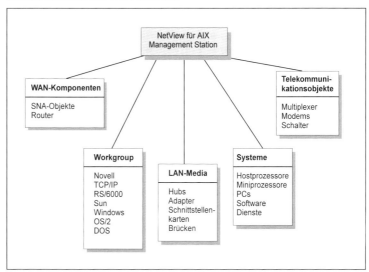

Bild 5.7
Net View for AIX-Struktur

Auf der anderen Seite ist dieses Produkt die Grundlage für das Management von DEC-Management-Anwendungen, nachdem der Polycenter Manager auf diese Plattform portiert worden ist. Bild 5.7 zeigt die typische Struktur des Produktes.

IBM hat das Basisprodukt von Hewlett Packard in viele Richtungen stark erweitert. Insbesondere kann man die Funktionen von Ereignis- und Alarm-Management erwähnen. IBM positioniert dieses Produkt als die Anlaufstelle aller Management-Informationen, einschließlich Hostrechner und SNA-Netze. Dafür wurden spezielle NetView-Anwendungen auf dem AIX-Rechner und im Host entwickelt. Bezüglich Anwendungen ist die Lage vergleichbar mit OpenView; in vielen Fällen laufen die Management-Anwendungen auf beiden Plattformen ab. Aber Tornado (Hewlett Pacakard) und Karat (IBM) repräsentieren getrennte Entwicklungsrichtungen.

Basisdienste

– *Discovery und Mapping von Objekten:*
  IP-adressierbare Knoten werden automatisch identifiziert und die Topologie in einer gut lesbaren Form dargestellt. In einer typischen Konfiguration können etwa 100 Knoten in 20 Minuten identifiziert und dargestellt werden. Änderungen werden automatisch und in Echtzeit fortgeschrieben. Topologiebilder können abgespeichert und mit künftigen Versionen verglichen werden. Anhand der Vergleiche kann man unidentifizierte Stationen feststellen.

– *Alarmempfang und Alarmkorrelation:*
  Komponenten werden kontinuierlich überwacht. Bei Schwellenwertüberschreitungen werden Alarme ausgelöst und weitergeleitet. Auf diesem Gebiet beobachtet man eine enge Zusammenarbeit mit NetView/390. Der Informationsaustausch läuft in beide Richtungen; d.h. NetView/390 kann die Ausführung von gewissen Scripts auf NetView for AIX veranlassen. Um das Overhead zu reduzieren, kann das Polling mit Hilfe des System-Monitors auf dem AIX-Rechner lokalisiert werden. Alarmkorrelation erfordert spezielle Anwendungen, die in REXX geschrieben werden.

– *Unterstützung von Management-Protokollen:*
  SNMP ist die Basis. Sowohl MIB I als auch MIB II und RMON werden unterstützt. Hinzu kommt noch die Unterstützung von CMOL und die Integration von privaten MIBs, z. B.: vom IBM 6611-Router. Außerdem wird die Umsetzung auf und von NMVTs unterstützt.

– *Grafische Benutzerschnittstelle:*
  In dieser Hinsicht hat IBM viel investiert und viele Erweiterungen im Vergleich zu OpenView implementiert. Die Schnittstelle basiert auf

Motif. Die Menüfunktionen wurden in Richtung der Integration von vielen Anwendungen erweitert.

– *SQL-Datenbankverbindungen:*
Das Produkt arbeitet zwar mit »flachen« Dateien, bietet aber Schnittstellen zu relationalen Datenbanken.

– *Anwendungsschnittstelle und Entwicklungshilfen:*
Die Schnittstellen unterstützen vor allem Anwendungen für den Service Point. Auch OSF/DME wird unterstützt. SMIT (AIX System Management Interface Tool) hilft bei der Integration von Anwendungen mit Hilfe der Befehlszeile.

Fortgeschrittene Dienste

– *Netz- und Systemmodellierung:*
wird derzeit nicht unterstützt.

– *Domain Management:*
Die Security-Management-Funktionen unterstützen eine Pseudo-Gruppierung von Knoten und von Teilnehmern.

– *Manager-zu-Manager-Verbindungen:*
Die Möglichkeit ist gegeben, aber der Aufwand darf nicht unterschätzt werden. Diese Art der Kommunikation ist außerordentlich wichtig, wenn mehrere IBM-Management-Produkte miteinander verbunden werden. Für konkrete Fälle gibt es praktische Beispiele, insbesondere mit GMF (Graphic Monitor Facility) und RODM (Resource Object Data Manager).

– *Verteilte Architekturen:*
Das Produkt kann verteilt werden. Die verteilten Manager arbeiten eigenständig, können aber Informationen für NetView/390 bereitstellen. Mehrere Benutzer können mit X-Displays gleichzeitig unterstützt werden.

5.4.4 DiMons von Netlabs

Die Firma und das Produkt sind in der Plattformindustrie sehr wichtig. Viele andere Hersteller kaufen oder mieten das Basisprodukt und bauen ihre systemnahen Lösungen um dieses Kernprodukt. Beispiele sind AT&T mit OneVision, Siemens mit TransView/SNMP, SunSoft mit Encompass und Hewlett Packard mit OpenView. Dadurch ist Netlabs der Hauptlieferant der Basistechnologie für System- und Netzwerk-Management. Das Basisprodukt und einige systemnahe Module, z. B. NerveCenter, werden

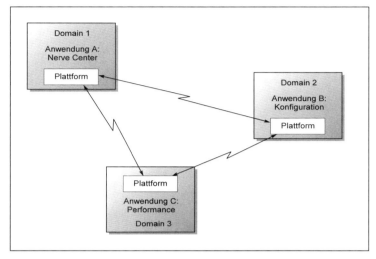

**Bild 5.8
Architektur von
DiMONS von Netlabs**

beim Management von Client/Server-Systemen eine Schlüsselrolle spielen. NerveCenter kann das bekannte Mengenproblem– Verwaltung von Zehntausenden von Knoten– durch innovative Datenreduzierungsverfahren lösen. Die Architektur wird im Bild 5.8 gezeigt.

Die Stärken des Produktes liegen bei der flexiblen Gestaltung des Polling. Bei NerveCenter wird mit einer leistungsfähigen Alarmkorrelation gearbeitet, wodurch Meldungen, Nachrichten und Alarme in Echtzeit interpretiert und kombiniert werden. Bei sehr großen Netzen können mehrere DiMONS-Server miteinander verbunden werden.

Als Nachteil ist die Firmengröße zu nennen. Dadurch– als eine Folgeerscheinung– gibt es sehr wenig Management-Anwendungen for DiMONS.

Basisdienste

– *Discovery und Mapping von Objekten:*
  Volle Unterstützung mit zwei Optionen. Die komplette Discovery bietet die Identifizierung von sämtlichen Knoten und Übertragungswegen. Auch Mapping wird unterstützt; Icons werden placiert und auch die Beziehungen werden angezeigt. Die schnelle Discovery identifiziert nur die Änderungen im Netz seit dem letzten Discovery-Prozeß.

– *Alarmempfang und Alarmkorrelation:*
  Eine der Stärken des Produkts. Sowohl Polling als auch Alarmkorrelation werden unterstützt. SNMP Polling, SNMP Traps und CMOT-M-Event-Report-Nachrichten für Problemerkennung werden im einzelnen angeboten. Benutzer können Schwellenwerte setzen. Um die Nachrichtenmenge zu reduzieren, können zusammenhängende Nachrichten

miteinander kombiniert werden. Dynamisches Polling erlaubt die Anpassung der Polling-Zyklen für Objektgruppen als Funktion der Statusänderungen innerhalb der Objektgruppe. Auch Folgeaktionen wie Aktivierung von Beepern, E-Mail zu Managern und zu Herstellern oder Senden von SNMP-Set-Befehlen können programmiert werden.

– *Unterstützung von Management-Protokollen:*
Eine Reihe von Protokollen werden unterstützt. SNMP MIB I und MIB II sind Standardlösungen. Dazu kommen CMOT, CMOL und SMUX (SNMP-Multiplexer) und RMON. Auch CMIP wird unterstützt.

– *Grafische Benutzerschnittstelle*:
Standardlösungen auf der Basis von Motif werden bevorzugt. Assist unterstützt unterschiedliche grafische Anzeigen von Performance-Daten, insbesondere Verkehrsdaten und Auslastungsdaten.

– *SQL-Datenbankverbindungen:*
Nur eine »flache« Datenbasis wird mit dem Produkt zur Verfügung gestellt. Verbindungen existieren jedoch zu Informix und zum Informix-Wingz-Spreadsheet. Mit der neuen Version ist die Verteilung der Datenbasis möglich.

– *Anwendungsschnittstelle und Entwicklungshilfen:*
Netlabs unterstützt neun Anwendungsschnittstellen. Es gibt außerdem ein Anwendungs-Austausch-Programm für externe Entwickler. Es gibt wenig externe Anwendungen, aber die verfügbaren sind tiefer als der Durchschnitt mit dem Basisprodukt integriert.

Fortgeschrittene Dienste

– *Netz- und Systemmodellierung:*
wird derzeit nicht unterstützt.

– *Domain Management:*
Es gibt die Möglichkeit, Domäne zu definieren. Dadurch können z. B. Alarme lokalisiert und korreliert werden. Das Ergebnis ist, daß der Inter-Domain-Kommunikationsverkehr reduziert werden kann.

– *Manager-zu-Manager-Verbindungen:*
Eine der Stärken des Produktes. Server können für Management-Anwendungen dediziert werden, wodurch Engpässe sehr leicht vermieden werden können.

– *Verteilte Architekturen:*
Eine der Stärken des Produktes. Zur Erhöhung der Flexibilität und der Anpassungsfähigkeit können Management-Funktionen verteilt werden. Eine typische Verteilung ist: NerveCenter für das Problem-Mana-

gement, Assist für das Performance Management und ein anderer Server für das Konfigurationsmanagement. Die Server werden eng gekoppelt, da in jedem ein Teil der Betriebssoftware für das Management läuft.

5.4.5 Network Management System (NMS) von Novell

NMS ist ein auf PC basiertes System, das unter Windows läuft. Obwohl auch Komponenten wie Router, Bridges und Hubs verwaltet werden können, ist das Haupteinsatzgebiet von NMS für NetWare Server. Die wichtigsten Informationsquellen schließen RCONSOLE und FCONSOLE ein. Außerdem braucht man zusätzliche Agenten in anderen Komponenten.

NMS ist ideal für die Verwaltung von lokalen und entfernten Novell-Servern, insbesondere auf den Gebieten der Status- und Performance-Überwachung, der Backups und der elekronischen Softwareverteilung. Das Produkt hat Grenzen bezüglich adaptives Polling, Alarmfilterung und der Verwaltung von Komponenten anderer Hersteller. Es ist sehr gut geeignet für kleinere und mittelgroße Konfigurationen.

Basisdienste

– *Discovery und Mapping von Objekten:*
  NetExplorer identifiziert IP-Geräte, DOS- und OS/2-Arbeitsstationen sowie IPX-Geräte wie Server, Router und Bridges. Die Identifizierung startet bei Servern und geht dann in die Tiefe zu den Geräten und dann zu Nachbar-Servern. Es dauert gewöhnlicherweise mehrere Stunden, bis alle Objekte identifiziert worden sind.

– *Autodiscovery unterstützt die Entdeckung von Änderungen:*
  Polling-Overhead scheint bei den Discovery-Prozessen kein Problem zu sein. Auch logisches Mapping wird unterstützt. Nach der Erst-Recovery können Icons einzeln bewegt werden.

– *Alarmempfang und Alarmkorrelation:*
  Schwellenwerte müssen individuell für jede Komponente gesetzt werden. Gruppenfunktionen werden nicht unterstützt. Filtern von Ereignissen wird dagegen unterstützt. NMS benutzt die SNMP-Trap-Funktion sehr häufig. Es werden vier Kategorien bei Traps unterschieden: kritisch, sehr wichtig, wichtig und warnend.

– *Unterstützung von Management-Protokollen:*
  Nur SNMP wird unterstützt. Die Unterstützung bezieht sich sowohl für Novell als auch für Fremdkomponenten mit SNMP-Agentensoftware.

- *Grafische Benutzerschnittstelle:*
  Alle Möglichkeiten von Windows werden benutzt.

- *SQL-Datenbankverbindungen:*
  Es wird eine Btrieve-Datenbank angeboten. Sie dient als zentrale Anlaufstelle für Alarme, Ergebnisse und Konfigurationsdaten.

- *Anwendungsschnittstelle und Entwicklungshilfen:*
  Anwendungsschnittstellen und eine Schnittstelle für Programmentwicklung werden von Novell angeboten. Insbesondere sind die Netware Loadable Modules von Entwicklern sehr oft gefragt.

Fortgeschrittene Dienste

- *Netz- und Systemmodellierung:*
  wird derzeit nicht unterstützt.

- *Domain Management:*
  Trennung der Client/Server-Konfiguration in Domänen wird nicht unterstützt. Ebensowenig werden unterschiedliche »Ansichten« (Views) aus logischen und physikalischen Segmenten unterstützt.

- *Manager-zu-Manager-Verbindungen:*
  wird derzeit nicht unterstützt.

- *Verteilte Architekturen:*
  wird derzeit nicht unterstützt.

5.4.6 OpenView für Windows von Hewlett Packard

Dieses Produkt wurde für kleinere Client/Server-Systeme entwickelt. Es ist SNMP-orientiert und ist in der Lage, beliebige SNMP-Geräte zu verwalten. Die Firma strebt eine engere Zusammenarbeit mit den UNIX-basierenden Produkten an. Bis jetzt diente dieses Produkt als Basis für Management-Lösungen anderer Firmen. Derzeit entwickelt Hewlett Packard mehrere Änderungen und Erweiterungen, damit das Produkt universeller eingesetzt werden kann.

Das Produkt ist nicht teuer; deswegen ist es bei Geräteherstellern sehr gefragt. Auf der anderen Seite werden nur die Grundfunktionen zur Verfügung gestellt. Anwendungen kommen vom Workgroup Node Manager und von unabhängigen Softwareherstellern.

Basisdienste

- *Discovery und Mapping von Objekten:*
  Autodiscovery von IP-und IPX-Knoten wird unterstützt. Router werden zuerst identifiziert; dann folgen anhand der Router-Tabellen andere Geräte. Für IPX werden Netware-Diagnostic-Dienste benutzt. Benutzer können die Häufigkeit für Audiscovery-Zyklen setzen. In Bridge-Netzen wird diese Funktion noch nicht unterstützt. Hierarchisches Mapping der identifizierten Komponenten ist aber möglich.

- *Alarmempfang und Alarmkorrelation:*
  Alarme werden nach OpenView für UNIX weitergeleitet. Alarmkorrelation wird nicht unterstützt.

- *Unterstützung von Management-Protokollen:*
  SNMP ist die Basis. Die Polling-Rate muß für jede individuelle Variable getrennt konfiguriert werden. Der »Set«-Befehl kann für mehrere Komponenten ausgeführt werden. Dadurch reduziert sich das Netz-Overhead infolge von SNMP-Übertragungen.

- *Grafische Benutzerschnittstelle:*
  Alle Möglichkeiten von Windows werden benutzt.

- *SQL-Datenbankverbindungen:*
  Alarme werden in einer Paradox-Datenbank gespeichert.

- *Anwendungsschnittstelle und Entwicklungshilfen:*
  Es werden Schnittstellen für Anwendungen, die in Visual Basic entwickelt werden, unterstützt.

Es werden derzeit keine fortgeschrittenen Dienste angeboten.

5.4.7 Spezielle Plattformlösungen

Grundsätzlich sind die bisher beschriebenen Produkte geeignet, Client/Server-Systeme zu verwalten. Es gibt aber einige spezielle Plattformprodukte, die gerade für das System-Management entwickelt worden sind. Die wichtigsten Produkte werden in diesem Abschnitt behandelt.

5.4.7.1 Tivoli Management Environment (TME) von Tivoli

TME ist eine Kombination von Produkten zur Verwaltung von UNIX Server und UNIX Workstations. Erstmalig bietet dieses Produkt eine objektorientierte Lösung mit einer verteilten objektorientierten Datenbank an. Die Komponenten werden im Bild 5.9 gezeigt. Man unterscheidet zwei Hauptgruppen:

- Verwaltungsprodukte (Tivoli/Admin, Tivoli/Courier, Tivoli/Print),
- betriebsunterstützende Produkte (Tivoli/Enterprise Console, Tivoli/Workload, Tivoli/EpochBackup, Tivoli/Sentry),

Tivoli Management Plattform	
Verwaltungsprodukte	**Betriebsunterstützende Produkte**
Tivoli/Admin Tivoli/Courier Tivoli/Print Tivoli Partner: Entwicklung von Datenbankkommunikationsprodukten	Tivoli/Enterprise Console Tivoli/Workload Tivoli/Epoch Backup Tivoli/Sentry Tivoli Partner: Entwicklung von weiteren Anwendungen für die Störannahmestelle und Security-Management

Bild 5.9 Komponenten von Tivoli Management Environment

Im folgenden wird untersucht, wie die einzelnen Komponenten die wichtigsten Management-Funktionen unterstützen.

Problem-Management

Tivoli/Sentry ist die Anwendung für die Statusüberwachung von Komponenten. Benutzer können Schwellenwerte für Dateien, Printer, Paging-Raten, Speicherbelegung, Plattenauslastung, Prozesse und für den Netzverkehr in einem UNIX-Rechnerverbund setzen. Zusätzliche Komponenten können jederzeit aufgenommen werden.

Sobald diese Schwellenwerte überschritten werden, werden Alarmmeldungen in unterschiedlichen Formen ausgelöst: Nachrichten, E-Mail, Ausführung von speziellen Programmen und blinkende, farbkodierte Alarme. Tivoli/Enterprise Console unterstützt Ereignis-Management und die Automatisierung des Betriebs.

Bestandsführung und Konfigurations-Management

Discovery wird während der Softwareinstallation unterstützt. Als Ergebnis erhält man eine aktuelle Datenbasis mit der aktuellen Konfiguration aller verwalteten Systeme. Beispielsweise können folgende Indikatoren aufgenommen werden:

– Hostrechner-Merkmale,
– Merkmale für Netzinformationsdienste,
– Benutzerprofile,
– Kerberos-Merkmale zur Unterstützung von Sicherheitsmaßnahmen.

Softwareverteilung und Lizenzüberwachung

Tivoli/Courier hilft bei der Zusammensetzung und Verteilung von Softwarepaketen. Das Produkt erlaubt auch weiterhin die Überwachung der Benutzung von Programmen durch die Zuteilung der Zugriffsrechte.

Workload Management

Tivoli/Workload unterstützt die Terminierung von Aufträgen und die Verwaltung der Anwenderlast.

Backup und Archivierung

Tivoli/EpochBackup ist ein Werkzeug zur Reduzierung des Overhead. Es ist hilfreich in Recovery-Prozeduren, insbesondere, wenn Daten verloren gehen. Ein spezieller Monitor prüft periodisch, ob neue Dateien existieren; wenn ja, werden sie automatisch zu den Backup-Plänen addiert. Backup wird mit einer speziellen Anwendung unterstützt.

Performance Monitoring

Tivoli/Sentry überwacht eine Reihe von UNIX-Parametern, z. B. Pagefaults, verfügbarer Swap-Bereich, verfügbarer Plattenbereich, Warteschlangenlängen, Anzahl von Remote Procedure Calls (RPC), Anzahl Pakete usw. Alle Ereignisse werden registriert und in einer Datei für künftige Trendanalysen abgespeichert.

Benutzeradministration

Tivoli/Admin erlaubt dem Administrator, die Benutzer in Gruppen einzuteilen. Die Ressourcen innerhalb der Gruppe werden einheitlich verwaltet. Die Möglichkeit bietet mehr als die Funktionen »Zugriff erlaubt« oder »Zugriff abgelehnt« von UNIX.

Security Management

Tivoli/Admin benutzt die Kerberos-Authentisierung und die Netzinformationsdienste. Admin spielt dabei die Rolle eines Vorrechners, indem es die Benutzerfreundlichkeit entscheidend verbessert.

Anwendungsschnittstellen und Anpassung

Tivoli/ADE stellt Entwicklungshilfen für zusätzliche TME-Anwendungen zur Verfügung. Tivoli/Works unterstützt eine Integrationsmöglichkeit mit Befehlszeilen. Tivoli/AEF ist ein Spezialwerkzeug zur Erweiterung und zur Änderung von Tivoli-Anwendungen. Zusätzlich bietet Tivoli/AEF Dokumentationshilfen an.

5.4.7.2 OperationsCenter von Hewlett Packard

Dieses Werkzeug ist vor allem zur Unterstützung des Problem-Management entwickelt worden. Es ist möglich, das Problem-Management für verteilte UNIX-Systeme einschließlich HP 3000, HP 9000, IBM RS/6000 und Sun SparcStation zu zentralisieren. OperationsCenter läuft auf der OpenView-SNMP-Plattform.

Es gibt zahlreiche Anwendungen, die unter OperationsCenter laufen. PerfView und PerRX sammeln und verarbeiten Performance-Daten von Hewlett Packard und Sun-Systemen. PerfRX geht etwas weiter und analysiert historische Trends, Lastprofile und Probleme. In beiden Fällen unterscheidet man zwischen dem zentralen Teil und dem Agententeil. Der zentrale Teil läuft unter Network Node Manager.

Im folgenden wird untersucht, wie die einzelnen Komponenten die wichtigsten Management-Funktionen unterstützen.

Problem-Management

Benutzer können Schwellenwerte für die Systemparameter definieren und setzen. Konfigurations- und Schwellenwerte sowie Polling-Zyklen werden zentral festgelegt und automatisch zu den zu verwaltenden Knoten übertragen. Polling wird lokal ausgeführt. Zur weiteren Reduzierung des Overhead werden die erfaßten Daten gefiltert. In einigen Fällen werden ereignisspezifische Instruktionen zur Problemdiagnose bereitgestellt. Auch automatische Aktionen können anhand der Systemzustände ausgelöst werden.

Bestandsführung und Konfigurations-Management

Derzeit gibt es keine Anwendungen, die diese Funktion unterstützen. Es fehlt sogar eine Liste der laufenden Prozesse und Softwareanwendungen.

Softwareverteilung und Lizenzüberwachung

Der Software Distributor kann die installierte Software verifizieren. Weiterhin kann man Softwarepakete zur Verteilung vorbereiten. Auch die Verteilung nach »PULL« oder »PUSH« wird unterstützt. Zur Lizenzüberwachung werden Lösungen von OSF/DME adaptiert oder Module einzeln angeboten.

Backup und Archivierung

OmniBack– eine spezielle Anwendung– unterstützt vernetztes Backup und Restore. Die optionale HSM-(Hierarchical-Storage-Manager)-Anwendung verwaltet Speicherplätze für Server und Clients; auch der Dateiaustausch zwischen unterschiedlichen Medien wird unterstützt.

Performance-Monitoring

PerfView faßt die Funktionen von GlancePlus zusammen. GlancePlus mißt folgende Systemparameter von UNIX-Rechnern: CPU-Auslastung, CPU-Warteschlangen, Prozeßwartezeiten, Anzahl der aktiven Prozesse, Plattenauslastung, Eingabe/Ausgabe-Raten, Speicherauslastung, Paketraten zum/vom Netz und Anzahl der aktiven Anwendungen.

Die optionale Anwendung: OpenSpool ermöglicht das zentrale Spooling von Remote Printern.

PerRX analysiert alle Indikatoren, die vermessen worden sind. Die Ergebnisse können zur besseren Lastverteilung und Performance-Optimierung beitragen. Es werden mehrere grafische Darstellungsalternativen angeboten.

Abrechnung und Umschlagen von Kosten

Die PerfRX-Anwendung hat die Fähigkeit, die erforderlichen Abrechnungsdaten bereitzustellen. Aber es werden keine speziellen Anwendungen zur Abrechnung und zum Umschlagen bereitgestellt.

Security Management

Paßwörter werden zum Schutz vorgesehen, Benutzerprofile werden gepflegt. Anhand dieser Profile können die Zugriffsrechte verteilt und überwacht werden. Eine gewisse Partitionierung ist mit Hilfe des Workspace Manager möglich.

Anwendungsschnittstellen und Anpassung

Das »Anwendungsfenster« im OperationsCenter ermöglicht die Aktivierung von beliebigen Anwendungen. OperationsCenter kann als zentrale Anlaufstelle für sämtliche Nachrichten und SNMP Traps dienen.

5.4.7.3 Unicenter von Computer Associates

Unicenter ist ein Spezialprodukt für die Verwaltung von Hewlett-Packard-Prozessoren unter UNIX, IBM-Prozessoren unter MVS und Sun-Prozessoren unter SunOS. Das Produkt hat eine relationale Datenbank in der Mitte (Bild 5.10). Aus dieser Datenbasis können berechtigte Personen die erforderlichen Informationen exportieren.

Im folgenden wird untersucht, wie die einzelnen Komponenten die wichtigsten Management-Funktionen unterstützen können.

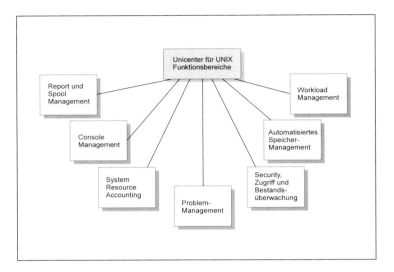

**Bild 5.10
Struktur vom
Unicenter**

Problem-Management

Die Event-Notification-Funktion (CA-ENF) unterbricht Systemereignisse und leitet Informationen an Unicenter-Module weiter. Filtermöglichkeiten sind überall gegeben. Vorgegebene Ereignisse und Alarme können automatisch Störzettel eröffnen. Nach vorgegebenen Intervallen, die durch den Benutzer definiert werden können, werden Eskalationsnachrichten an Systemadministratoren geschickt. Bis zu einem gewissen Grad können Aktionen auf Systemnachrichten automatisch ausgelöst werden.

Bestandsführung und Konfigurations-Management

Unicenter pflegt die Datei der Hardware- und Softwarekomponenten. Die Merkmale, die gepflegt werden, sind: Serielle Nummer, Beschreibung, Hersteller, Installationsdatum, Instandhalter, Adresse, Betreuer. Auch die Hierarchie der Komponenten ist eingeschlossen. Durch die relationale Struktur können viele Berichte generiert werden.

Backup und Archivierung

Backup und Archivierung werden weitgehend automatisiert, insbesondere für Band- und Print-Management. Mehrere Medien werden unterstützt. Die Aktivierung kann auch von der Benutzerschnittstelle her erfolgen. Eine der Stärken des Produktes ist die Archivierung. Hier werden ältere Kopien überschrieben, je nachdem, welche Schwellenwerte bestimmt worden sind, sowie Intelligent Transparent Restore (ITR), damit sichergestellt werden kann, daß die erforderlichen Dateien stets zur Verfügung stehen.

Performance-Monitoring

Diese Funktion mißt Prozesse, Geräte-Performance, Speicherbelegung, Warteschlangen und auch Dateienverzeichnisse. Auch eine Modellierung- und Simulationsfunktion ist vorgesehen, damit die Auswirkungen von Änderungen an UNIX-Parametern analysiert werden können.

Abrechnung und Umschlagen von Kosten

Viele Funktionen werden in diesem Bereich unterstützt. Es steht ein Abrechnungsmodul, Budgetierungsmodul und ein Umschlagemodul zur Verfügung. Der Benutzer kann die erforderliche Detailliertheit einstellen. Auch Berichte in vorformatierter Form werden bereitgestellt.

Benutzeradministration

Um Security-Maßnahmen zu unterstützen, werden Benutzergruppen gebildet. Die Gruppen haben unterschiedliche Berechtigungen. Diese Funktion bietet mehr als die üblichen UNIX-Genehmigungen.

Anwendungsschnittstellen und Anpassung

Unicenter arbeitet mit einer standardisierten Kommunikationsschnittstelle. Dadurch wird die Kommunikation mit anderen Plattformen ermöglicht. Benutzer haben stets die Gelegenheit, Unicenter zu erweitern, Schwellenwerte einzustellen, Konsolnachrichten zu ändern und Automatisierungsprogramme zu schreiben.

5.5 Vergleich der Produkte

Der Plattformkrieg wird sicherlich auf der Ebene der Management-Anwendungen entschieden. Um einen Vergleich machen zu können, werden zunächst Gruppen aus den Plattformprodukten gebildet.

Die erste Gruppe besteht aus SunNet Manager (SunSoft), OpenView (Hewlett Packard) und NetView for AIX (IBM). Die Anzahl der Management-Anwendungen ist vergleichbar, obwohl IBM vielleicht ein wenig noch zurückliegt. Die Anzahl der Installationen ist vergleichbar und wahrscheinlich sehr hoch mit allen drei Herstellern. Dadurch stehen die Hersteller unter Druck von mindestens 3 Seiten:

- Hersteller von Geräten, die ihre gerätespezifischen Anwendungen auf diesen Plattformprodukten ablaufen lassen wollen,

- Hersteller von Anwendungen, die ihre gerätespezifischen und geräteabhängigen Produkte auf die Plattform zugeschnitten haben,

- Benutzer, die mit der Plattform-Anwendung-Kombination arbeiten.

Durch diesen Druck ist es gewährleistet, daß SunSoft, Hewlett Packard und IBM sich stets um Innovationen und Verbesserungen bemühen.

Die zweite Gruppe besteht aus DiMONS (Netlabs) und OneVision (AT&T). Die Anzahl der Management-Anwendungen ist derzeit gering, und die Anwendungen stammen meistens aus dem eigenen Haus. Bei AT&T stehen gewaltige Ressourcen zur Verfügung, gerade nach der Fusion mit NCR. Zusätzlich wirkt sich noch die Kooperation mit Hewlett Packard sehr günstig aus, da dadurch OpenView-Anwendungen sehr wahrscheinlich nach OneVision portiert werden. Es ist stark anzunehmen, daß auch StarSentry-Anwendungen insbesondere auf dem Gebiet der elektronischen Softwareverteilung nach OneVision portiert werden. Netlabs ändert ihre Politik bezüglich Anwendungen. Es werden gleichzeitig zwei Maßnahmen getroffen:

- Es werden bessere Anwendungsschnittstellen für Entwickler angeboten.
- Es wird mehr Betonung auf die eigene Entwicklung, die unter Umständen auch plattformabhängig angeboten wird, gelegt.

Die dritte Gruppe wird durch Spectrum und NMC Vision vertreten. Sie sind nicht so sehr auf »fremde« Anwendungen angewiesen wie die Produkte der ersten beiden Gruppen. Sie entwickeln Anwendungen selbst, wodurch die Integrationstiefe verbessert werden kann. Komplette Lösungen stammen somit aus einer Hand, wodurch auch die Pflegefragen leichter zu klären sind. Der Einstiegspreis liegt sicherlich höher als bei »leeren« Plattformen. Die Anzahl der Installationen liegt bei dieser Gruppe sicherlich niedriger als bei den anderen. Aber insbesondere bei Spectrum beobachtet man sehr komplexe Netze mit verteilten Management-Lösungen. Gerade diese Verteilungsmöglichkeit ist beim Client/Server Management wichtig.

Die vierte Gruppe besteht aus speziellen Plattformen für System-Management, repräsentiert durch Netware Management Services, OperationsCenter, Tivoli Management Environment und Unicenter. Diese Plattformprodukte haben sehr spezielle Aufgaben und scheinen bisher noch sehr offen für Anwendungen von anderen Herstellern und Entwicklern zu sein. Novell, Hewlett Packard, Computer Associates und Tivoli sind zwar bekannte Namen, aber ihre diesbezüglichen Plattformprodukte brauchen noch eine gewisse Reifungsperiode.

5.6 Zusammenfassung

Plattformprodukte sind in genügender Anzahl vorhanden. Je nach speziellen Benutzerkriterien kann das Produkt oder können die Produkte gewählt und implementiert werden. Die Standardfunktionen werden praktisch durch alle präsentierten Produkte, die fortgeschrittenen Funktionen nur durch einige wenige Produkte unterstützt. Die Möglichkeit, Anwendungen zu integrieren, wird bei jedem Produkt gegeben, obwohl die Tiefe der Integration recht unterschiedlich sein kann. Bei komplexen Client/Server-Systemen kann man davon ausgehen, daß entweder mehrere Plattformprodukte implementiert werden oder ein Produkt mit verteilten Funktionsmodulen implementiert wird. Im ersten Fall werden die Produkte mit bekannten Management-Protokollen miteinander kommunizieren. Dafür können die IBM-Management-Produkte als Beispiel genannt werden. Im zweiten Fall wird auch das Betriebssystem verteilt und eigenständige firmeninterne Protokolle werden benutzt. DiMONS (Netlabs) ist ein gutes Beispiel für die zweite Alternative; diese Möglichkeit wird von OpenView (Hewlett Packard), OneVision (AT&T) und Encompass (SunSoft) aufgegriffen und implementiert.

6. Geräteabhängige Management-Anwendungen

Plattformprodukte können nur mit Anwendungen den Erfolg garantieren. Eine Plattform bietet die Möglichkeit des Management, aber die Güte der Lösung hängt davon ab, wie die Anwendungen mit der Plattform und miteinander kommunizieren können. Diesbezüglich gibt es mehrere Ebenen der Integration, aber die konkreten Angebote der Hersteller sind immer noch spezifisch. Deswegen müssen die Anbieter von geräteabhängigen und geräteunabhängigen Anwendungen mehrere Versionen ihrer Anwendungen bereitstellen, damit sie mit mehreren Plattformprodukten zusammenarbeiten können. Die reibungslose Portierung von einer Plattform auf die andere ist noch nicht gegeben.

6.1 Kategorisierung von Anwendungen

Plattformprodukte sind entwickelt worden, damit Management-Anwendungen miteinander integriert werden können. Leitende Hersteller wie Hewlett Packard, AT&T, IBM und SunSoft stellen selbst einige Anwendungen zur Verfügung, aber sind doch nicht in der Lage, alle Anwendungen selbst zu schreiben. Um eine umfassende Management-Lösung implementieren zu können, müssen gerätespezifische und geräteunabhängige Anwendungen miteinander kombiniert werden. Tabelle 6.1 gibt eine Übersicht über verfügbare Anwendungskategorien, die für Client/Server Management in Frage kommen.

Anwendungen können wie folgt grob kategorisiert werden:

- *Gerätespezifische Anwendungen:*
  Diese Anwendungen konzentrieren sich auf spezielle Geräte wie Hubs, Router, Brücken, Multiplexer, Modems, Schalter usw. und verbessern die Qualität des Management. Diese Gruppe umfaßt auch Anwendungen für das Management von Dienstleistungen wie Frame Relay oder Paketvermittlung sowie die Erfassung, Verarbeitung und Abspeicherung von Performance-Daten. Diese Anwendungen bringen wenig Gewinn für den Hersteller, aber helfen bei der Vermarktung der Geräte. Ohne Management-Fähigkeit kann man heute kaum mehr Geräte absetzen.

- *System-Management-Anwendungen:*
  Sie umfassen Anwendungen auf den Gebieten des Fault- und Performance Management. Die Anwendungen können weiter aufgeteilt werden, je nachdem, ob sie UNIX, OS/2, Windows, NetWare oder Host-Rechner managen. Die Breite und Tiefe der Lösungen ist recht unter-

Kategorie

Gerätespezifische Anwendungen für Netze

- Anwendungen für intelligente Hubs
- Anwendungen für Router, Brücken und Brouter
- Anwendungen für WAN-Geräte

Gerätespezifische Anwendungen für Systeme:

- Anwendungen für Unix-Systeme
- Anwendungen für Unix-System-Security
- Anwendungen für OS/2-Systeme
- Anwendungen für PC-LAN und PC-Systeme

Anwendungen für Monitoring und Verkehrsanalyse

Anwendungen für das Management von Anwendungen und Datenbanken

Anwendungen für MIBs

Anwendungen für die elektronische Softwareverteilung

Anwendungen für die Datenanalyse und Berichtswesen

Anwendungen für die Störzettelverwaltung

Anwendungen für Kabel- und Asset-Management

Plattformerweiterungen

- Alarmweiterleitungssysteme
- Legacy-(Altlasten)-Anwendungen
- Console Management und Automatisierung

Tabelle 6.1
Anwendungskategorien für
Client/Server-Management

schiedlich: Einige überwachen den Status, andere schließen auch Datenbank- und Anwendungs-Management ein. Einige Standardisierungsrichtlinien werden von DMTF (Desktop Management Task Force) erwartet.

- *Geräteunabhängige Anwendungen:*
Sie konzentrieren sich auf Abläufe und Prozesse, anstelle von speziellen Geräten. Die wichtigsten Abläufe und Prozesse aus Anwendungssicht unterstützen das Änderungs-Management, Fault Management, Monitoring, Berichtswesen und Accounting. Die meisten Anwendun-

gen werden von externen Firmen entwickelt und auf mehreren Plattformen implementiert.

– *Plattformerweiterungen:*
Sie bieten nützliche Zusatzmerkmale an, die die Leistungsfähigkeit des Kernproduktes erweitern. Bekannte Beispiele sind die Konsolemulation und das Management von hostbasierenden Betriebssystemen, Datenbanken und Anwendungen.

Insgesamt gesehen, gibt es heute viel mehr Anwendungen, die SNMP-basierenden Daten verarbeiten, als Daten von anderen Protokollen. Einige Anwendungen erleichtern die Handhabung von MIBs durch Bereitstellung von Browsern, Compilern und Query-Sprachen, andere wiederum interpretieren Rohdaten von SNMP.

Derzeit gibt es etwa 120 bis 150 Management-Anwendungen, die auf unterschiedlichen Plattformen ablaufen können. Die Verteilung dieser Anwendungen ist noch unausgeglichen: Es fehlen noch Anwendungen für das DOS/PC-Management, Netware Monitoring, Überwachungen von Nicht-SNMP-Geräten, Accounting, Datenanalyse und Anwendungen für das Berichtswesen. Die meisten Anwendungen – über 90% – k o m m e n aus den Vereinigten Staaten.

Ein Gebiet, wo kurzfristig Änderungen erforderlich sind, ist die Integration zwischen Plattform und Anwendung bzw. die Integration zwischen Anwendungen.

6.2 Unterstützung von Plattformprodukten

Die meisten Anwendungen sind zwar theoretisch plattformunabhängig, aber gibt es immer noch »Kleinigkeiten««bei der Anwendungsschnittstelle, die doch eine gewisse Abhängigkeit verursachen. Bezüglich der Ablauffähigkeit auf unterschiedlichen Plattformen sieht das Ergebnis wie folgt aus:

– *Unterstützung für Hewlett Packard, IBM und SunSoft:*
Die meisten Anwendungen unterstützen eine oder mehrere Plattformen in dieser Kategorie. Die führende Rolle durch Zahlen ist fast ausgeglichen. SunSoft hat etwas eingebüßt, IBM hat etwas aufgeholt. Hewlett Packard ist führend bezüglich der Breite der Integration. Die große Zahl der Anwendungen und der Kundendruck überzeugen diese drei Hersteller, so daß sie kontinuierlich an Verbesserungen und Erweiterungen arbeiten.

- *Unterstützung für Netlabs und AT&T:*
  Diese Firmen brauchen mehr Anwendungen. Die Kernprodukte sind identisch und technologisch gesehen fortgeschritten. DiMONS ist die neue Generation mit Verteilungsfähigkeiten. OneVision ist sehr positiv aufgenommen worden, auch von Nicht-AT&T-Kunden. OneVision ist führend hinsichtlich der Verwaltung von Client/Server-Systemen. Diese Eigenschaft wurde aus StarSentry portiert. Die meisten Anwendungen werden aber immer noch intern geschrieben. Netlabs interessiert sich mehr für die Lizenzierung des Kernproduktes – mit großem Erfolg. Nach AT&T haben Siemens, SunSoft und auch Hewlett Packard Teile des Kernproduktes lizenziert.

- *Unterstützung für Cabletron und Network Managers:*
  Diese Firmen sind nicht so abhängig von externer Unterstützung, wie die bisher erwähnten. Sie entwickeln ihre eigenen Anwendungen für Netze, Clients und auch für Server. Cabletron benutzt den Begriff »Gerätemodell« für die zu verwaltenden Komponenten. Diese Modelle sind Bestandteile von Spectrum. Network Managers entwickelt sogenannten »gerätespezifische Module«, die mit dem Kernprodukt voll integriert sind. Beide Lösungen sind mehr für komplexe Netze, wo die Verteilung und kundenspezifische Anpassungen hohe Prioritäten haben.

Abschließend zeigt Bild 6.1 die zwei Stufen der erforderlichen Integration. Die Plattform ist in der Mitte und hält Kommunikationsbeziehungen zu Anwendungen und zu den unterschiedlichen Agenten. Mehr Stabilität sieht man mit SNMP, mit eigenständigen und mit X.700-(CMIP-)Agenten als mit den Anwendungen. Obwohl Anwendungsschnittstellen (APIs) von allen Plattform- und Anwendungsherstellern begrüßt und unterstützt werden, geht die praktische Umsetzung noch schleppend voran. Jeder Hersteller möchte noch eine gewisse Abhängigkeit einbauen, damit er doch von Mitbewerbern unterschieden werden kann.

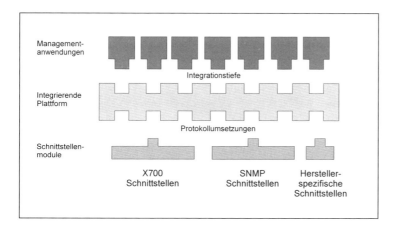

**Bild 6.1
Integrierung von Anwendungen**

6.3 Integrationsebenen

Es gibt mehrere Anwendungen, die mit mehreren Plattformprodukten zusammenarbeiten können. Der Benutzer fragt immer wieder nach, wie »tief« Anwendungen eigentlich mit dem Plattformprodukt integriert werden. Es gibt folgende Alternativen zur Integration (TERP94):

a) *Menü-Bar-Integration:*
Die Anwendung wird von Menüs einfach aufgerufen; dabei werden keine Informationen vom Produkt zur Anwendung übertragen. Programmierung ist überhaupt nicht erforderlich; es handelt sich lediglich um die Registrierung der Anwendung mit dem Plattformprodukt.

b) *Agentschema-Integration:*
Agentschema bedeutet eine Datei, die die Managementdaten der Agenten genau definiert. Diese Angabe hilft den Anwendungen, die verfügbaren Managementdaten im vollen Umfang zu benutzen.

c) *Beschränkte Befehlszeilenintegration:*
Zustandsinformationen werden im Plattformprodukt für Anwendungen in definierten Bereichen bereitgestellt. Die Anwendungen können diesen Bereich beliebig oft abfragen und die erforderlichen Informationen abholen.

d) *Fortgeschrittene Befehlszeilenintegration:*
Fortgeschritten bedeutet, daß zusätzlich zu Zustandsinformationen auch weitere Hinweise auf detaillierte Daten gegeben werden.

e) *Icon-Integration:*
Die Aktivierung der Anwendung wird durch vordefinierte Icons vorgenommen. Meistens ist die Zustandsänderung des Icons der eigentliche Auslöser. Dabei können Informationen den Anwendungen übergeben werden.

f) *Protokollintegration:*
Diese Integration bedeutet, daß die Informationen durch die unterstützten Protokolle wie SNMP, CMIP, CMOL, XMP, CMOT usw. zusammengefaßt werden. Im einfachsten Fall bedeutet es, daß die erforderlichen Einträge für Anwendungen in MIBs von SNMP hinterlegt werden.

g) *API (Application Programming Interface) auf hoher Ebene:*
Diese Alternative ermöglicht, Anwendungen ohne Detailkenntnisse der Datenabspeicherungsstrukturen und Speicherstandorte zu entwickeln. In Fällen, wo die Plattformen im Interesse der Anwendungen erweitert werden sollen, kann diese Alternative nicht eingesetzt werden.

h) *API (Application Programming Interface) als gemeinsamer Nenner für mehrere Anwendungen:*
Schnelle Anwendungsentwicklung wird durch gemeinsame Warteschangenabarbeitung, Terminierung der Abläufe, Ereignisbearbeitung und Behandlung von Ausnahmen unterstützt.

i) *Topologieintegration:*
Die Anwendung wird voll in den Topologieanzeigen und -darstellungen berücksichtigt. Statusänderungen werden dann zwischen dem Plattformprodukt und den Anwendungen ausgetauscht. Diese Änderungen werden dann von den Anwendungen interpretiert, und die entsprechenden Maßnahmen werden ergriffen.

j) *Datenbank-API:*
Die Anwendungen dürfen lesend und auch schreibend auf die Datenbankeinträge zugreifen.

k) *Ereignisfilterung:*
Die Anwendungen dürfen lesend und auch schreibend auf die Filter zugreifen. Berechtigte Anwendungen dürfen die Filterparameter sogar ändern.

l) *Ablaufprotokollierung-API:*
Zusammenarbeit zwischen dem Plattformprodukt und den Anwendungen in Bezug auf Fehlerbeseitigung in Kode.

m) *API für Prozeß-Management:*
Nahtlose Integration der Anwendungen in die Prozeßstruktur des Plattformproduktes einschließlich gegenseitiger Aufrufe, des Austauschs von Informationen und der gemeinsamen Darstellung von Ereignissen und Zustandsänderungen.

n) *API für intelligente Störungsbehebung:*
Zusammenarbeit zwischen dem Plattformprodukt und den Anwendungen in Bezug auf die Verarbeitung von sehr vielen Meßproben und die intelligente Interpretation von Netz- und Systemzuständen einschließlich Schlußfolgerungen und Empfehlungen.

6.4 Geräteabhängige Management-Anwendungen für Netze

6.4.1 Anwendungen für intelligente Hubs

Intelligente Hubs unterscheiden sich von Repeatern durch ihre eingebaute Management-Fähigkeiten. Man kann eigentlich lokale Netze theoretisch ohne Hubs aufbauen, aber nur theoretisch. Der Aufwand bei Änderungen wäre nicht mehr vertretbar. Hubs stehen im Mittelpunkt der Vernetzung im lokalen Bereich. Sie bilden den Mittelpunkt auch vom Netzwerk-Management. Deswegen investieren Hersteller sehr viel auf diesem Gebiet und man findet hier mehr Anwendungen als auf anderen Gebieten. Tabelle 6.2 faßt die verfügbaren Anwendungen zusammen.

Anbieter	Produkt
3Com	LinkBuilder Vision
3Com	Transcend
Atlanta David System	Hub View
AT&T	StarLAN 10 Smart Hub Manager
Bytex	7700 Series NMS
Cabletron	Spectrum for Open Systems
Chipcom	OnDemand NCS
Cisco	Crescendo Manager
Dornier	FNS 7090 Network Manager
Fibernux	LightWatch Open
Hirschmann	SmartCoupler Manager
IBM	Hub Management Program/6000
Lannet Data Communications	Multiman
Network Solutions	Cabletron MMAC Hub Views
Optical Data Systems	LANVision
Raylan	Network Manager
Sestel	HubMan
Synernetics	ViewPlex
SynOptics	Optivity
Ungermann-Bass	NetDirector for Unix
Xyplex	ControlPoint

Tabelle 6.2
Hub-Managementanwendungen

Einige Produkte werden etwas ausführlicher nach folgenden Kriterien dargestellt:

– Produktbezeichnung,
– Funktionen,
– Plattformen, die unterstützt werden,
– Methode der Integration.

Transcend von 3COM

Die Management-Software erhält Informationen von intelligenten Agenten, die in Adaptern, Hubs und Routern eingebettet sind. Intelligente Agenten führen das Polling vor Ort aus und reduzieren damit die Datenmenge, die dem Manager übertragen wird. Dadurch kann der Bandbreitenbedarf im LAN oder im WAN reduziert werden. Intelligente Agenten können vor Ort Informationen aus mehreren 3COM-Geräten miteinander korrelieren. Dadurch können sie integrierte Anzeigen generieren und bilden damit die Grundlage von »Baselining« für das Performance Management.

Optivity von Bay Networks (früher SynOptics)

Optivity sammelt Zustandsdaten von Hubs, Karten, MAC-Ebene-Diagnosegeräte sowie Fehler- und Auslastungsinformationen. Optivity bietet komplette Ring- und Segmentanzeigen an. Vom Lattishub, Lattisring und vom System 3000 werden Echtzeitanzeigen über Zustände und Konfigurationen bereitgestellt. Um die hierarchischen Netzanzeigen generieren zu können, wird die Autotopology-Plus-Anwendung benutzt.

Auf UNIX basierende Plattformprodukten unterstützt Optivity die Verteilung der Management-Funktionen durch intelligente Agenten, die in

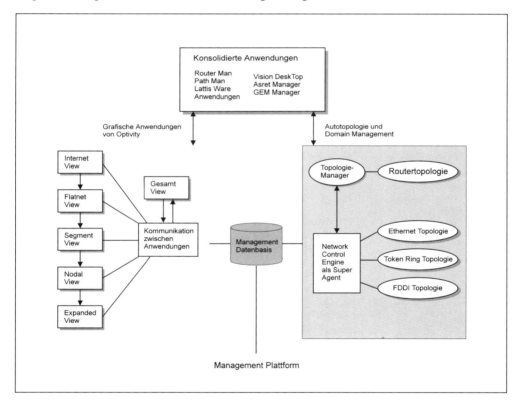

kritischen Hubs implementiert werden. Diese Agenten führen das Polling vor Ort im Domain (z. B. ein Ethernet-Segment) aus. In Form von aussagefähigen Informationspaketen werden die gesammelten Daten der zentralen Optivity-Anwendung übertragen. Durch die Verteilung der Intelligenz wird das Overhead im Netz reduziert und die Ausführung von Management-Prozessen beschleunigt (Bild 6.2 zeigt die Wirkungsweise von Optivity).

**Bild 6.2
Wirkungsweise von Optivity**

Die intelligenten Agenten werden in den sogenannten NCEs (Network Control Engines) implementiert. Ein NCE ist eine Sun SparcStation, angeschlossen an einen SynOptics-Konzentrator. NCE benutzt UNIX, und dadurch kann man auch die Funktionen vom SunNet Manager verteilen. NCEs können mit NetMetrix-Anwendungen ausgerüstet werden, wodurch Performance-Monitoring und Performance-Analyse aus dem Hub ausgeführt werden kann.

Die Anwendungen, genannt Lattisware, beinhalten Produkte wie RouterMan, PathMan, MeterMan und BridgeMan. RouterMan zeigt zum Beispiel alle Protokolle und Schnittstellen an, die die Router unterstützen. Auch Performance-Indikatoren werden angezeigt. PathMan kann zum Beispiel die aktuelle Kommunikationsverbindung zwischen beliebigen zwei Stationen im Netz anzeigen. In einzelnen bieten die Module die folgenden Funktionen an:

– FaultMan enthält ein Regelwerk mit Maßnahmen und Strategien zur Fehlerisolation. Sie sind für die Interpretation von Alarmmeldungen (Traps) verantwortlich. Ist der Fehler erkannt, werden Störzettel eröffnet, Datenbankeinträge generiert und empfohlene Maßnahmen angezeigt.

– TrendMan informiert den Netzbetreiber bei der Gewinnung, Überwachung und Einhaltung von normalen Betriebszuständen sowie bei der Aufstellung von Trends für Fehler-, Konfigurations- und Leitungsdaten in lokalen Netzen.

– PolicyMan definiert Schwellenwerte und Zugangsrechte auf allen LAN-Ebenen und auch für unterschiedliche Netzkomponenten, z. B. Port, Konzentrator und Modul. Auch Maßnahmen beim Überschreiten oder Mißachten der Vorgaben werden definiert.

– MIBMan wertet Informationen der Objekte der Management Information Base aus, indem MIB-Einträge nach verschiedenen Gesichtspunkten wie z. B. privat/öffentlich, Anwendungsgebiet und Netzkomponenten gruppiert und analysiert werden.

– MeterMan extrahiert Daten aus MIBs, erstellt Formeln auf der Basis vorgegebener Kriterien und präsentiert die Ergebnisse in Echtzeit. Typische Indikatoren sind: Auslastung, Kollisionsrate, Netzgröße und Fehlerrate.

Diese Anwendungen ersetzen die Managementsoftware nicht, sondern bauen auf dieser auf. Für den Betrieb benutzen sie eine grafische Benutzeroberfläche, die von den meisten Plattformherstellern sowieso angeboten wird. Bay Networks unterstützt auch eine andere Anwendung, genannt Global Enterprise Management (GEM). Die ersten Vertreter dieser Gruppe sind Netlabs' Vision Desktop und Asset Manager. Beide Produkte benutzen die Host-MIB von IETF und die Spezifikation von DMTF. Asset

Manager unterstützt die automatische Sammlung von PC-Komponentendaten; Vision Desktop stellt eine grafische Schnittstelle zur Verfügung und überwacht Software-Lizenzen.

6.4.2 Anwendungen für Router, Brücken und Brouter Management

Management-Anwendungen helfen bei der Vereinfachung der Konfigurierung dieser Geräte. Trotz SNMP bleibt der Konfigurationsprozeß weitgehend herstellerabhängig. Nicht jeder Hersteller benutzt die Möglichkeiten von SNMP aus Security-Gründen. Die meisten Hersteller benutzen die Möglichkeiten von Telnet (TCP/IP) und TFTP (TCP/IP) für die Übertragung der Konfigurationsdaten zum Gerät.

Derzeit haben jedoch die meisten Hersteller den Konfigurierungsprozeß durch grafische Möglichkeiten, genannt »point-and-click«, vereinfacht. Einige Hersteller bieten komplette Anwendungen mit einem eingebauten Editor, wodurch der Prozeß noch weiter vereinfacht wird. Eingebaute Funktionen helfen, die manuellen Konfigurierungsfehler auf ein Minimum zu reduzieren.

Viele Manager möchten die Management-Anwendungen auf dem bereits implementierten Plattformprodukt ablaufen lassen und keine zusätzliche Plattform installieren. Die Integration ist immer noch auf der Menü-Ebene und nicht tiefer. Tabelle 6.3 faßt die verfügbaren Anwendungen zusammen.

Anbieter	Produkt
3Com	Transcend
Cisco	CiscoWorks
Conware Consulting	NEMA
Gandalf	Passprot
Hewlett Packard	OpenView Interconnect Manager
RAD Network Devices	MultiVu
Siemens Nixdorf	TransView Bridge Management
Wellfleet	Site Manager

Tabelle 6.3
Router, Brücken und Brouter-Anwendungen

Einige Produkte werden etwas ausführlicher nach folgenden Kriterien dargestellt:

- Produktbezeichnung,
- Funktionen,
- Plattformen, die unterstützt werden,
- Methode der Integration.

Transcend von 3COM

Um den Konfigurationsprozeß zu vereinfachen, hat 3COM den Begriff »Boundary Routing« eingeführt. Das bedeutet, daß der zentrale Router in n-Richtungen programmiert wird und die LAN-Schnittstelle über den Fernbereich »verlänger«t wird. Dadurch vereinfacht sich die Konfigurierung der Remote Router wesentlich.

Die Managementsoftware erhält Informationen von intelligenten Agenten, die in Adaptern, Hubs und Routern eingebettet sind. Intelligente Agenten führen das Polling vor Ort aus und reduzieren damit die Datenmenge, die dem Manager übertragen wird. Dadurch kann der Bandbreitenbedarf im LAN oder im WAN reduziert werden. Intelligente Agenten können vor Ort Informationen aus mehreren 3COM-Geräten miteinander korrelieren. Dadurch können sie integrierte Anzeigen generieren und bilden damit die Grundlage von »Baselining« für das Performance Management.

CiscoWorks von Cisco

Die Anwendung unterstützt den Betrieb und das Management von Cisco-Routern. Insbesondere wird die Konfigurierung erleichtert. Dazu dient das Editieren von Gruppen von Routern. Änderungen und Erweiterungen werden für die ganze Gruppe definiert und ausgeführt. Cisco-Menüs beinhalten häufig benutzte Befehle, Paßwörter und Berechtigungslisten. Konfigurationen werden auf Plausibilität hin mit Hilfe eines Vergleiches mit Konfigurationen einer SQL-Datenbasis geprüft.

CiscoWorks unterstützt sowohl Echtzeit- als auch Analyseanwendungen, die nicht unbedingt in Echtzeit ablaufen sollen (Bild 6.3). Es handelt sich um folgende Anwendungen zur Betriebsunterstützung:

– *Health Monitor:*
  Eine Anwendung zur Darstellung des Netzes, insbesondere der Darstellung der logischen Konfigurationen, Schnittstellen und Protokolle von speziellen Routern.

– *Show-Befehl:*
  Dieser Befehl ermöglicht den Empfang von detaillierten Zustandsinformationen aus den überwachten Komponenten.

– *PathTool:*
  Dieses Instrument visualisiert den Router-Status und die logischen Übertragungswege aus der Sicht von TCP/IP.

– *Echtzeitgrafik:*
  Durch diese Option können vorprogrammierte Anzeigen über die Systemauslastung, Protokollverteilung, Schnittstellenzustand gespeichert und generiert werden.

- *Security Manager:*
  Um Netzdaten zu schützen, werden verschiedene Zugriffsebenen definiert und überwacht.

- *Umweltmonitor:*
  Zur Sicherung der uneingeschränkten Funktionstüchtigkeit von Routern werden Temperatur, Feuchtigkeit und Stromversorgung gemessen, überwacht und berichtet.

Insbesondere trägt das PathTool dazu bei, die SNMP-Rohdaten im Interesse der Visualisierung von aktuellen Kommunikationsbeziehungen zu interpretieren.

Die Analyseanwendungen helfen, die Planung kosteneffizienter Strecken zu realisieren und die Auslastung bestehender Kommunikationsverbindungen zu optimieren. Ein Sybase-Berichtsgenerator hilft dem Administ-

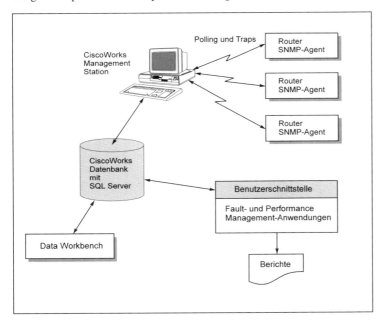

**Bild 6.3
Struktur von Cisco Works**

rator, Berichte zu entwerfen und zu generieren. Die meistberichteten Indikatoren sind Verkehrsvolumina je Schnittstelle, Fehlerraten, Spitzenlast und das Verhältnis zwischen lokalem und vermittelten Verkehr.

Site Manager von Wellfleet (Bay Networks)

Diese Anwendung hilft bei der Erstkonfigurierung von Wellfleet Routern. Dadurch kann der Administrator wiederholte Eingaben von identischen Daten sich sparen. Bei den künftigen Versionen werden neue Funktionen wie Gültigkeitsprüfung der Konfigurationen, Vervielfältigung von Konfigurationsdaten für mehrere Router und Adressenprüfung vorgesehen.

6.4.3 Anwendungen für WAN-Geräte

Insgesamt gesehen, fehlen noch Anwendungen für den Fernbereich von Client/Server-Strukturen. Bereits installierte Geräte haben beschränkte Management-Fähigkeiten, die auf eigenständigen firmenspezifischen Lösungen basieren. Dazu zählen Management-Systeme für Modems, Multiplexer, Paketvermittlungsknoten und dergleichen. Um Kompatibilität zu sichern, versuchen diese Hersteller, ihre Geräte für SNMP nachzurüsten. Das bedeutet aber nicht, daß SNMP die Steuerfunktionen übernimmt. Es handelt sich um die Definition einer MIB für die jeweilige Gerätefamilie und um die Bereitstellung von SNMP-Rohdaten für das Berichtswesen.

Man rechnet damit, daß neue Entwicklungen von vornherein mit Management-Anwendungen geliefert werden. Dazu gibt es gute Beispiele mit Frame Relay und ATM. Insbesondere werden die Anbieter von Telekommunikationsdiensten Anwendungen entwickeln und implementieren. Einige Produktbeispiele werden nachfolgend beschrieben:

Passport von Gandalf Systems

Dieses Produkt bietet integriertes LAN und WAN Management von Gandalf 2000/2050 und 2300 Multiplexern, Hubs, Brücken und Routern an. Die Plattform ist OpenView. Die Integration geschieht mit Hilfe von APIs von Hewlett Packard auf der Basis von SNMP-Rohdaten.

Discovery und Mapping garantieren die Visualisierung von LANs und WANs oder eine Kombination von beiden. Wenn erforderlich, können Verbindungen bis zur Portebene veranschaulicht werden.

Fault- und Performance Management werden mit Hilfe von Alarmen (SNMP-Traps) unterstützt. Auch gewisse Berichtsgenerierungsfunktionen werden unterstützt. Der SNMP Manager unterstützt mehrere Benutzer. Zur Abspeicherung von Konfigurationen, Zuständen, Alarmen, Ereignissen und Statistiken steht eine relationelle Datenbasis zur Verfügung. Das Management-Produkt wurde für ein Netz mit bis zu 1.500 Knoten entworfen.

Frame-Relay-Anwendung von AT&T

Diese Anwendung verwaltet Frame-Relay-Knoten von AT&T auf der Basis von SNMP-Agenten. Die Plattform ist OneVision, die wiederum auf OpenView, DiMONS 3G und BaseWorX basiert. Konfigurations-, Fault-

und Performance Management werden voll unterstützt. Insbesondere sind die Netzdarstellungen und die Echtzeitverarbeitung von SNMP-Traps sehr wertvoll.

HyperScope von MCI

Dieses Produkt verwaltet Frame Relay und SMDS-Netze von MCI. Die Rohdaten stammen unmittelbar von SNMP-Agenten oder aus mehreren Quellen, die dann mit Hilfe von Proxy-Agenten auf SNMP-Format gebracht werden. Die Management-Anwendung läuft auf OpenView, auf NetView for AIX und auf SunNet Manager.

WilView/X von WilTel Communications

Diese Anwendung wurde für das eigene Paketvermittlungsnetz (WilPak), für die dynamische Bandbreitenverwaltung und für das Management von Mietleitungen entwickelt. Echtzeitmonitoring, Störzettelverwaltung und das Bestellwesen werden auf OpenView, NetView for AIX und auf SunNet Manager unterstützt. Durch unterschiedliche Integrationsmethoden werden auch Anwendungen wie z. B. AR System von Remedy in die Management-Familie aufgenommen.

NMC 5000 von Motorola

Diese Motorola-Anwendung ist für das Management von Mobilnetzen. Auf der Basis von SNMP-Rohdaten und mit auf SNMP-Format umgesetzte spezielle Daten werden Alarme interpretiert und Probleme diagnostiziert. Die Anwendung läuft derzeit auf SunNet Manager.

ForeView von Fore Systems

Das Produkt verwaltet ATM-Vermittlungsknoten mit Hilfe von SNMP-Daten. Die Anwendung ist ablauffähig auf OpenView, SunNet Manager und auf NetView for AIX. Auch hier spielt die Informationsverarbeitung über Status und Performance eine übergeordnete Rolle. Die Entscheidungen innerhalb der Knoten werden eigenständig ohne SNMP-Set-Befehle getroffen.

6.5 Geräteabhängige Management-Anwendungen für Systeme

Die Management-Aufgaben können weiter aufgeteilt werden. Die Aufteilung unterscheidet Unix Systems Management, Unix Systems Security, PC LAN Management, PC Systems Management sowie OS/2 Management.

6.5.1 UNIX Systems Management

Die Anzahl der UNIX-Management-Anwendungen wächst ständig. Die Migration zu SNMP ermöglicht die Integration von Netz- und System-Management, die für Client/Server unbedingt erforderlich ist. Die meisten Anwendungen sind noch unvollständig, aber sie stellen Statusinformationen und in vielen Fällen auch Performance-Daten bereit. Funktionserweiterungen werden von praktisch allen Herstellern erwartet. Tabelle 6.4 faßt die verfügbaren Produkte zusammen.

Anbieter	Produkt
AT&T	Computer Manager
Boole and Babbage	Sysnet
Breakaway Software	PICUS
Calypso Software	MaestroVision
CompuWare	EcoTools
Digital Analysis	OS/Eye*Node
Hewlett Packard	OmniBack Link
	OperationsCenter
	PerfView
	Systems Manager
	AdminCenter
IBM	AIX Systems Monitor/6000
Independence Technologies	DM Analyzer
	iVIEW Event Manager
	Log Manager
	TM Manager
	System Manager
Landmark Systems	ProbeNet
Network Partners	Trapper
Open Network Enterprises	M.O.O.N.
Patrol Software	DDS/Patrol Link
Unison Tymlabs	Maestro
Unix Integration Services	HeartBeat

Tabelle 6.4 UNIX Management-Anwendungen

Einige Produkte werden etwas ausführlicher nach folgenden Kriterien dargestellt:

- Produktbezeichnung,
- Funktionen,
- Plattformen, die unterstützt werden,
- Methode der Integration.

PICUS von Breakaway Software

PICUS hilft, komplexe Client/Server-Systeme zu administrieren. Das Produkt selbst hat eine Client/Server-Architektur. PICUS ist in zwei Versionen verfügbar: Server-Version für die Überwachung und Vermessung von einzelnen Unix-Servern und die vernetzte Version zur Überwachung und zur Vermessung von mehreren Prozessoren und Arbeitsstationen (Bild 6.4).

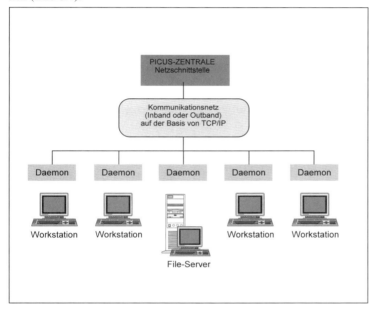

**Bild 6.4
PICUS von Breakaway**

PICUS kann die folgenden Unix-Komponenten überwachen: File-System, Printer, TTY-Ports, Benutzer und Benutzergruppen. Die Überwachung des File-Systems beinhaltet die Plattenbelegung durch Dateien, Benutzer und Benutzergruppen. Alarme werden generiert, wenn vorgegebene Schwellenwerte überschritten werden. Auch die Plattenauslastung wird detailliert ausgewiesen.

Außerdem kann PICUS beim Backup behilflich sein. Nach der Einstellung gewisser Parameter läuft der Backup-Prozeß automatisch ab. Security-Verletzungen werden protokolliert; Auswertungen können in Batch generiert werden.

MaestroVision von Calypso Software

Dieses Produkt arbeitet derzeit nur mit Spectrum von Cabletron zusammen. Es ermöglicht die grafische Überwachung von Ressourcen unter UNIX und unter Windows NT. MaestroVision baut ein Modell für jedes

File-System, für jede CPU und für die Plattenlaufwerke. Die Stärke des Produktes ist die Überwachung von Prozessen. Die folgenden Indikatoren werden überwacht: CPU-Auslastung, RAM, Anwendungen, Swap-Größe und lokale bzw. entfernte File-Systeme. Für jeden einzelnen Indikator können Schwellenwerte definiert und überwacht werden. Die Bedingungen für Alarmgenerierung können aus einzelnen Kriterien bestehen, z. B. Alarm ist angekommen, wenn die CPU-Auslastung für länger als zwei Minuten 90 % überschritten hat.

Das Produkt pflegt Prozeß-Bestände; alle existierenden Prozesse können aufgelistet werden. Jeder beliebige Prozeß kann von berechtigten Administratoren für weitere Analysen ausgewählt werden. Auch die Berechtigungen können für einzelne Benutzer und für Benutzergruppen vom Produkt aus definiert und geändert werden.

OS/Eye*Node von Digital Analysis (kürzlich gekauft von Legent)

Die wichtigsten Anwendungen schließen eine sogenannte Netzzustandsmaschine ein. Diese Maschine beinhaltet ein Polling-Modell, das für unterschiedliche Managed Objects unterschiedlich konfiguriert werden kann. Objekte lassen sich in Gruppen einordnen; jede Gruppe kann nach unterschiedlichen Regeln verwaltet werden. Mit anderen Worten kann man für jede Gruppe unterschiedliche Schwellenwerte, Polling-Perioden usw. festlegen. Die Management-Stationen unterschiedlicher Domäne kommunizieren miteinander mit Hilfe der X-Technologie. Verteiltes Management ist möglich (Bild 6.5), wodurch Tausende von Objekten verwaltet werden können.

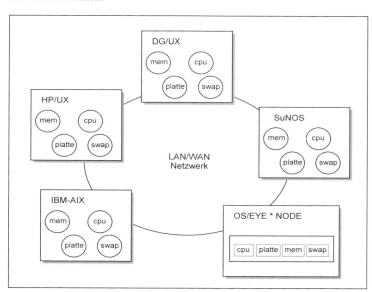

**Bild 6.5
OS/Eye*Node von
Digital Analysis
(Legent)**

Unix-Management wird durch zwei Proxy-Agenten, genannt OS*Proxy und ACCT*Proxy unterstützt. OS*Proxy ist eine SNMP-Implementation zur Vermessung von UNIX mit den folgenden Indikatoren: CPU-Auslastung, Plattenauslastung, Speicherbedarf, Swap-Größe und Anwendungen. Bis zu 20 Indikatoren können überwacht und analysiert werden. Auch Schwellenwerte können festgelegt werden. Bei Überschreitungen werden automatisch SNMP Traps generiert.

ACC*Proxy ist ähnlich aufgebaut. Dieses Produkt berichtet über die Ressourcenauslastung, aber benutzerspezifisch. Dadurch können die Ergebnisse für Accounting-Zwecke sehr gut verwendet werden.

OperationsCenter von Hewlett Packard

Es handelt sich um ein verteiltes Client/Server-Programm, das auf dem zentralen Manager läuft und mit den intelligenten Softwareagenten kommuniziert, die an UNIX-Systemen laufen. Die intelligenten Agenten führen das Polling vor Ort aus, sammeln Informationen und verarbeiten sie vor der Übertragung zur Zentrale. Agenten benutzen RPCs, um Informationen auszutauschen.

Schwellenwerte und Polling-Häufigkeit werden an der zentralen Konsole gesetzt; sie werden automatisch zu den betreffenden Knoten übertragen. Auch Filterparameter werden vor Ort gesetzt. Alle diese Maßnahmen dienen dazu, die Menge der zu übertragenden Informationen zu reduzieren (Bild 6.6).

Durch den Workspace Manager können Systembediener Domänen hinsichtlich Knoten und Nachrichten bilden, wodurch die Berechtigungen und Arbeitsbereiche klar festgelegt werden. Es gibt noch weitere Anwendungen, die optional implementiert werden können:

– OmniBack unterstützt Backup und Restore.

– Hierarchical Storage Manager verwaltet Speicher für Clients und Server; die automatische Verteilung von Dateien zwischen Magnetplatten und optischen Platten ist eingeschlossen.

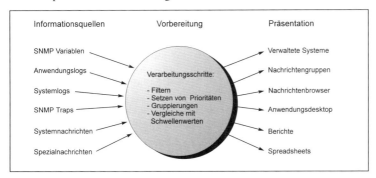

**Bild 6.6
Struktur von
OperationsCenter
(Hewlett Packard)**

- OpenView Software Distributor kann die bereits installierte Software prüfen, neue Software verteilen und alte Software gegebenenfalls entfernen.

PerfView von Hewlett Packard

Dieses Produkt ist für die Erfassung und Verarbeitung von Performance-Daten für HP-UX- und SunOS-Systeme verantwortlich. Insbesondere Performance-Trends, Lastverteilung und Problemfälle werden analysiert. Es besteht aus zwei Komponenten:

- die Analysesoftware auf der Managementstation (z. B. Network Node Manager),
- intelligente Agenten, die an den Zielsystemen installiert werden.

PerfView bildet eine Integrationsebene über die einzelnen GlancePlus-Management-Anwendungen. Die folgenden Parameter werden vermessen und berichtet:

- CPU-Auslastung,
- CPU-Warteschlangen,
- Prozeßwartezeiten,
- Anzahl von Prozessen,
- Plattenauslastung,
- Plattenwarteschlangen,
- Eingabe/Ausgabe-Raten,
- Speicherbelegung und -auslastung,
- Swap-Auslastung,
- Paketraten vom/zum Netz,
- anwendungsbezogene Auslastung von Ressourcen.

PerfView bietet Trendanalysen für alle gelisteten Parameter, wodurch vor allem planerische Aufgaben objektiviert werden können. Das Produkt kann die verarbeiteten Informationen in verschiedenen Formen präsentieren. Die Datenerfassung und Konsolidierung der Daten aus unterschiedlichen Quellen wird durch AdminCenter weiter vereinfacht.

Probe/Net von Landmark Systems

Probe/Net hat eine Client/Server-Struktur. Die Hauptaufgabe besteht in der Vermessung und im Tuning von verteilten Unix-Systemen. Das Produkt läuft als eine Anwendung unter SunNet Manager. Der Systemadministrator kann spezifische Schwellenwerte und Polling-Raten festlegen. Die intelligenten Agenten messen kontinuierlich und benachrichtigen den zentralen Manager, wenn Schwellenwerte überschritten worden sind. Auch die Berichte können auf Ausnahme-Basis aufgebaut werden.

Betreiber können Quick Dumps, Daten und gespeicherte Ereignisse für die Tätigkeiten der Fehlerbehebung anfordern. Die Plattform ist SunNet

Manager. Sie ermöglicht die weitere Filterung der übertragenen Daten. Durch den Set-Befehl können Parameteränderungen in Zielsystemen unmittelbar vorgenommen werden.

Probe/Net sammelt beispielsweise die folgenden Indikatoren für jeden Knoten:

- *Systemebene:*
  Antwortzeit, Ressourcenbedarf von Transaktionen, Speicherbedarf von Dateien.
- *Prozeßebene:*
  CPU-Auslastung, Eingabe/Ausgabe-Rate, Speicherauslastung.
- *NFS-Ebene:*
  Statistiken über Server und Clients.
- *Eingabe/Ausgabe-Ebene:*
  Plattenauslastungen, Eingabe/Ausgabe je Datei.

Das Produkt bietet Engpaßanalysen bezüglich der oben aufgelisteten Indikatoren. Der Administrator kann die Berichte beliebig gestalten und die bestgeeigneten Berichtsformen wählen. Die erfaßten Daten werden zeitweilig in den überwachten Knoten bleiben. Der zentrale Manager kann sie mit einem Snapshot-Instrument anschauen, Teile drucken oder Daten für vorgegebene Intervalle übertragen lassen.

Sysnet von Boole and Babbage

Sysnet ist ein Werkzeug zum Management von einzelnen Clients oder Servern oder zum zentralisierten Management von vielen Clients und Servern. Zu diesen Aufgaben werden die lokalen und zentralen Manager konfiguriert. Bild 6.7 zeigt eine typische Anordnung von Managern.

Das Produkt unterstützt XWindows und Motif bei der Benutzerschnittstelle. Dazu kommt eine sehr flexible Hierarchie von Menüs, die je Administrator speziell generiert werden können. Die Befehlssprache basiert auf UNIX. Das Betriebssystem und die Management-Anwendungen sind auf mehreren Plattformen ablauffähig. Erweiterungen sind für das Auffinden von Systemen und Parameterwerten jederzeit möglich.

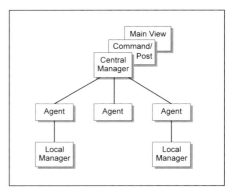

Bild 6.7 Konfigurationsalternativen mit Sysnet

Systemadministration beinhaltet das Management von Benutzern und von deren Daten. Benutzerparameter schließen u. a. ein: Login-Name, Login-Gruppe, voller Name, Identifikationen, Directory, woher Dateien kopiert werden können, Terminaltyp, Programme, die der Benutzer verwendet, Berechtigungen und Plattenauslastung. Benutzer können Gruppen bilden, wodurch der Speicherbedarf für Benutzerdaten sinkt und die Nachrichtenverteilung erleichtert wird.

Um Analysen zu erleichtern, werden sämtliche Ereignisse und Eingaben registriert. Dadurch können die Lebenszyklen von Änderungen und von Problemlösungen verfolgt werden. Mit Sysnet können insbesondere die folgenden Komponenten verwaltet werden:

- Drucker (Definition von Drucker-Parametern, Verwaltung der Zuordnung von Druckern an Systemen),
- Dateien (Berechtigungskontrolle, Fehlerkontrolle, Zuordnung zu Systemen und zu Benutzern),
- Endgeräte (Zustandsüberwachung, Hard- und Softlogout, Prozeßbeendigung, Zuordnung zu Benutzern und zu Systemen),
- Computer (Ein- und Ausschalten, Berechtigungskontrolle, Abschalten von Hard- und Software, Beendigung von Prozessen).

Das Produkt ist sehr leistungsfähig und bietet auch unterschiedlichen Backup und Restoration-Lösungen. Beide können manuell oder maschinell ausgeführt werden. Die Anwendungen sind in C geschrieben. Sysnet kann mit Command/Post (Netz-Management-Produkt) und MainView (Hostmanagement-Produkt) kombiniert werden.

Heartbeat von UNIX Integration Services

Heartbeat ist in der Lage, die folgenden UNIX-Performance-Parameter zu überwachen:

- CPU Lasts,
- CPU-Auslastung,
- Plattenauslastung,
- Nachrichtenwarteschlangen,
- Prozeßübersicht,
- Versionen von Software,
- Benutzerdaten und
- Anwendungssoftware.

Das Produkt ist ablauffähig auf OpenView. Versionen für andere Plattformprodukte sind in Vorbereitung.

6.5.2 UNIX Systems Security

UNIX-Systeme brauchen mehr Security. UNIX ist die populärste Lösung für Management-Systeme; unberechtigte Zugriffe zu diesen Systemen können viele Schäden verursachen. Derzeit gibt es nur ein bekanntes Produkt zur Erhöhung der Sicherheit von UNIX-Systemen.

OpenV*SecureMax ermöglicht, daß Security Manager von einer zentralen Station aus den Security-Zustand von verteilten Arbeitsstationen abfragen können. Dadurch kann man Security Audits durchführen bzw. Security-Probleme lösen. Das Produkt führt den Security Manager durch einen vierstufigen Prozeß, der aus folgenden Schritten besteht:

- Audits für die allgemeine Security-Ebene,
- Analyse von spezifischen Security-Risiken,
- Korrektur und Beseitigung von Security-Risiken,
- Monitoring und Registrierung von securitybezogenen Änderungen.

Das Produkt kann unterschiedliche Berichte generieren, auch für Personen, die sich mit Unix noch nicht gut auskennen.

Die Security-Untersuchung durch das Produkt konzentriert sich auf fünf Gebiete:

- Systemdateien,
- Netze,
- Benutzer,
- Paßwörter,
- Dateisysteme.

Die Audit-Funktion des Produktes untersucht Security-Risiken und gibt Statusanalyse und auch Empfehlungen zu Verbesserungen. Die Analysefunktion vermittelt Einzelheiten über spezifische Probleme. Auch sogenannte »Baselines« können festgelegt werden. Sie sind dann sehr nützlich als Vergleichsgrundlage bei künftigen Untersuchungen.

OpenV*SecureMax kann SunOS, Ultrix, HP-UX und AIX-Systeme prüfen.

6.5.3 OS/2 Management

Es gibt noch sehr wenige Produkte, die speziell für OS/2-Management entwickelt worden sind. Bei den meisten Produkten wird OS/2 einfach mitverwaltet. Wenn SNMP-Agenten implementiert werden, kann praktisch jeder SNMP Manager die OS/2-Systeme managen. IBM versucht natürlich, ihre Kunden auf diesem Gebiet mit einem Produkt – genannt NetView for OS/2 – zu unterstützen.

Dieses Produkt unterstützt den Benutzer auf unterschiedlichen Gebieten wie Überwachung von Betriebssystemen, Anwendungen und Netzkomponenten. Im beschränkten Maße kann auch die Softwareverteilung unterstützt werden. Das Produkt kann Betriebssysteme auch von anderen Herstellern wie Microsoft und Macintosh verwalten.

Das Produkt hat drei Ebenen. Auf der untersten Ebene befindet sich die Infrastruktur, die das Management ermöglicht. Management-Anwendungen werden für die mittlere Ebene implementiert. Die dritte und höchste Ebene ist für die Kontrolle und Administration verantwortlich. Das Produkt läuft auf OS/2 und unterstützt sowohl SNMP als auch CMIP. Bild 6.8 veranschaulicht alle Ressourcen, die mit NetView für OS/2 verwaltet werden können. Das Produkt besteht aus NetView for OS/2 Manager, Enabler und aus Agenten.

Der Manager ist das Kernstück mit folgenden Aufgaben:

– Unterstützung der grafischen Benutzerschnittstelle,
– Bestandsführung,
– Konfigurations-Management,
– unterschiedliche logische und physikalische Darstellungen (Views),
– Kommunikation mit anderen Komponenten,
– Überwachung aller Schnittstellen.

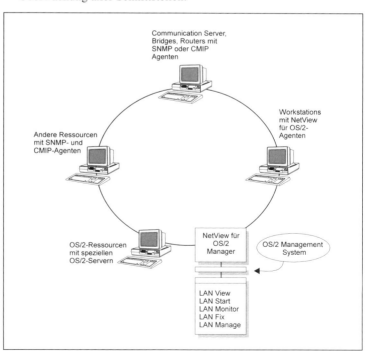

**Bild 6.8
Struktur von
Net View for OS/2**

Auch Remote-LANs können verwaltet werden. In solchen Fällen werden auch andere Protokolle wie XMP, CMOT und CMOL für spezielle OS/2-basierende Kommunikationsverbindungen benutzt.

Der Enabler ist der Spezialagent für OS/2-Clients. Die erweiterte Version ist in der Lage, IBM LAN Server, DB/2-OS/2 Extended Services Database Server und Communication Manager/2 zu verwalten. Agenten sind für DOS- und Windows-Clients vorgesehen. Neben den Standarddiensten werden spezielle Anwendungen von IBM bereitgestellt:

– Der Monitor sammelt Zustands- und Performance-Daten und überwacht Schwellenwerte. Anzeigen werden generiert, aber keine Diagnosen werden angeboten.

– NetView Fix ist verantwortlich für die Problembeseitigung durch die Interpretation, Korrelation und Filterung von Meldungen und Alarmen.

– NetView Tie pflegt bidirektionale Kommunikationsbeziehungen mit NetView/390. Diese Funktion ist insbesondere für Benutzer erforderlich, die unverändert das zentrale Netview-Produkt als zentrale Anlaufstelle betrachten.

Auch externe Anwendungen stehen für dieses Produkt zur Verfügung. Die wichtigsten sind:

– LANlord von Central Point Software,
– NetLS von Gradient,
– Netware Clients von Novell,
– ProTools von Network General,
– Best/1 Visualizer von BGS Systems,
– Unicenter von Computer Associates,
– Ethernet und Token Ring Analyzer Delphin,
– ManageWare von Heterosoft,
– Networker von Legato,
– MASS/2 von Farallon,
– Service Point/32 von Strategic Solutions.

Das Produkt befindet sich in ständiger Weiterentwicklung, wobei neue Anwendungen von IBM und von externen Herstellern bereitgestellt werden. DMI-Unterstützung von DMTF wurde jedoch noch nicht bestätigt.

6.5.4 PC LAN und PC Systems Management

Die Überwachung von lokalen PCs ist relativ einfach, da die entsprechenden Instrumente heute schon bereitstehen. Vernetzte LANs und deren PCs zu verwalten, erhöht die Komplexität der Aufgabe gewaltig. Deswegen wird diese Aufgabe folgendermaßen aufgeteilt:

- Benutzung von DOS/Windows-Hilfsprogrammen (z. B. NMS von Novell) zur Verwaltung lokaler PC-Landschaften,

- Benutzung von Unix/SNMP-Management-Produkten zur Verwaltung von Vernetzungskomponenten.

Vor allem für den ersten Bereich gibt es nur sehr wenig Produkte. Tabelle 6.5 zeigt die verfügbaren Produkte.

Anbieter	Produkt
AIM Technology	Sharpshooter
AT&T	OneVision LAN Manager Monitor
Axlan	Administrator
Netlabs	Vision/Desktop
Peregrine Systems	ServerView
	StationView
Shany	AlertView

Tabelle 6.5 Produkte für PC-Management

Einige Produkte werden etwas ausführlicher nach folgenden Kriterien dargestellt:

- Produktbezeichnung,
- Funktionen,
- Plattformen, die unterstützt werden,
- Methode der Integration.

ServerView von Peregrine Systems

ServerView überwacht vor allem die Performance von Netware Servern, von Druckern sowie die Netzkonnektivität und die Aktivität von anderen Netz- und Systemkomponenten. Die folgenden Indikatoren werden von verteilten Netware Servern überwacht:

- CPU-Auslastung
- Anzahl der Verbindungen,
- Anzahl der angeschlossenen Benutzer,
- Plattformauslastung,
- Speicherauslastung,
- Auslastung von Cache-Puffern.

Für jeden Indikator kann der Administrator Schwellenwerte setzen. Bei Überschreitungen werden Alarme ausgelöst und der Managementstation geschickt. Die Indikatoren CPU-Auslastung, Anzahl der angeschlossenen Benutzer und Plattenauslastung können auch grafisch dargestellt werden. ServerView benachrichtigt den Bediener, wenn kritische Ereignisse am Server geschehen. Dazu gehören u.a. Plattenabschaltung, NLM-Terminierung und die Modifizierung der Directory-Rechte.

ServerView unterstützt auch das Konfigurations-Management durch das Editieren von Konfigurationsdateien, einschließlich »autoexec.bat, config.sys« und System-Login-Scripts. Das Produkt kann auch die Security-Vereinbarungen anzeigen. Nach entsprechender Einstellung können die Benutzer mit dem größten Plattenbedarf ausgewiesen werden. Man kann sogar feststellen, ob Accounting-Grenzen überschritten worden sind.

StationView von Peregrine Systems

StationView ermöglicht, verteilte Systemdateien wie »netconfig« und «autoexec.bat« von einer zentralen Stelle aus zu überwachen. Gerade vor Systemänderungen oder Erweiterungen kann das Produkt sehr nützlich sein, indem die verfügbaren Ressourcen exakt festgestellt werden. Die erfaßten Informationen schließen ein:

- Hardware- und Softwarebestände von PCs,
- Treiberversionen,
- Vollständigkeit der folgenden Dateien:
  RSF, »autoexec.bat«, »config.sys«, »win.ini«, »system.ini« und Login-Dateien.

Auch die Drucker werden überwacht und ihre Komponenten angezeigt. Insbesondere werden die Konfiguration von Druckern, Warteschlangen und PC-Parameter für den Ausdruck ausgewiesen.

Das Produkt bietet Zustandsinformationen und Alerts für alle verwalteten Komponenten und auch für Netzverbindungen an. StationView ist sehr hilfreich bei der Isolierung und Lokalisierung von Workstation-, Verkabelung-, Netz- und bei Server-Problemen.

6.6 Monitoring und Verkehrsanalyse

Trotz der Verfügbarkeit der Monitoring-Technologie werden sehr oft immer noch tragbare Monitore benutzt. Sie werden nur dann angeschlossen, wenn Probleme auftreten oder wenn die Performance in kritischen LAN-Segmenten für eine vordefinierte Zeit analysiert werden soll. Kontinuierliche mitlaufende Monitore können wichtige Daten für das Fault- und Performance Management sowie für die Planung liefern.

Tabelle 6.6 zeigt die Liste der wichtigsten Produkte. Einige Produkte werden etwas ausführlicher nach folgenden Kriterien dargestellt:

- Produktbezeichnung,
- Funktionen,
- Plattformen, die unterstützt werden,
- Methode der Integration.

**Tabelle 6.6
Produkte für
Monitoring und
Verkehrsanalyse**

Anbieter	Produkt
Armon Networking	Onsite
Axon Networks	LANServant Manager
Concord Communications	Trakker
DataStaff Ingeniere	NetPerf
Network Application Technologies	EtherMeter
Network General	Distributed Sniffer
Frontier	NetScout Manager
Hewlett Packard	Network Advisor
	History Analyzer/Traffic Expert/
	Resource Manager
	NetMetrix
Wandel & Goltermann	IDMS Manager

NetMetrix von Hewlett Packard

Das Produkt vereinigt in sich alle wichtigen Eigenschaften eines Analysators. Es werden dekodierte Analyse-Ergebnisse für alle 7 Kommunikationsebenen bereitgestellt, statistische Auswertungen werden generiert, Ablaufprotokolle werden interpretiert, Netzlast wird künstlich generiert. Die heutige Konfiguration besteht aus einem Manager (OpenView, NetView for AIX, OneVision oder SunNet Manager) und aus Segmentmonitoren, die in Ethernet- oder Token-Ring-Segmenten installiert werden. Auf der Managerebene werden fünf Anwendungen angeboten:

1. *Protokollanalysator:*
   Die meisten Protokolle werden für mehrere Ebenen dekodiert.

2. *Lastmonitor:*
   Korrelation von mehreren statistischen Werten, damit die Plazierung von Brücken und Routern optimiert werden kann.

3. *Lastgenerator:*
   Generierung von künstlicher Last, damit das Lastverhalten der Netze festgestellt werden kann.

4. *NFS Monitor:*
   Messung der NFS-Last und der Antwortzeit aus der Sicht der Server, der Clients und der NFS-Prozeduren. Zusätzlich können Server verglichen werden.

5. *Internetwork Monitor:*
   Vermessung komplexer Netze und Angabe von Kommunigrammen zwischen Clients und Servern.

NetMetrix garantiert die kontinuierliche Vermessung von Indikatoren in lokalen Netzen in Echtzeit. Durch die engere Integration mit mehreren Plattformprodukten zeichnet sich NetMetrix aus. Durch die Befehlszeile kann NetMetrix und AR Systems von Remedy integriert werden. Bild 6.9 zeigt eine typische NetMetrix-Anordnung.

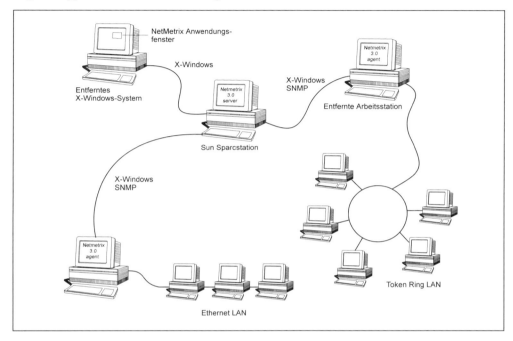

**Bild 6.9
Einsatz von NetMetrix**

Distributed Sniffer von Network General

Distributed Sniffer Systems (DSS) besteht aus Anwendungen, Segment-Monitoren und SniffMaster-Consol-Geräten. Die Server vermessen Ethernet, Token Ring und LAN-Verbindungsnetze kontinuierlich und senden Alarmmeldungen an die Sniff-Master-Consolgeräte. Es gibt drei Anwendungen:

– Expert-Analyse,
– Protokollinterpretation und
– Netz-Monitoring.

DSS kann auf SunNet Manager ablaufen. DSS kann sehr viele Protokolle (derzeit etwa 140 in 12 Protokollfamilien) u.a. TCP/IP, Netware, DECnet, IBM und XWindows messen und analysieren. Die Protokollinterpretation ist die älteste Anwendung und wurde ständig weiterentwickelt. Auf der Basis der vermessenen Daten können Alarmmeldungen generiert werden, wenn Schwellenwerte unter- oder überschritten werden. Alarmbeispiele sind:

- unbekannte Station,
- Fehlerrate,
- Netzauslastung,
- Anzahl von Broadcast Frames,
- Ring-Beaconing,
- Ring-Poll-Fehler,
- Auslastung von Stationen,
- Station antwortet nicht.

Die Netzmonitoring-Anwendung kann die erfaßten Meßdaten in Tabellen- oder in Grafikform anzeigen. Die Verdichtungsperioden können zwischen 5 Sekunden und 24 Stunden eingestellt werden. Alle obengenannten Indikatoren können analysiert und berichtet werden. Datenübernahme zu Spreadsheets in CSV-Format ist jederzeit möglich.

Die Expert-Analyse schließt Symptome, Diagnosen und Erklärungen ein. Symptome deuten auf mögliche Probleme hin. Diagnosen sind erforderlich, wenn gewisse Symptome sich wiederholen. Erklärungen beinhalten die Ergebnisse von Diagnosen einschließlich Problemursachen und mögliche Lösungsschritte. Diese Anwendung entdeckt die Netzkomponenten automatisch.

DSS erfordert, daß ein Sniffer-Server in jedem Segment des Netzes implementiert wird. Bild 6.10 zeigt ein Konfigurationsbeispiel von DSS. Network General hat mit ExpertSniffer das richtige Potential, Lösungen für eine automatische Netzwerkanalyse und Netzwerküberwachung zu entwickeln.

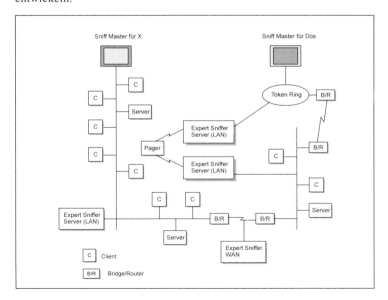

Bild 6.10 Konfigurationsbeispiel für den verteilten Sniffer (DSS)

6.7 Anwendungs- und Datenbank-Management

Das Management von Anwendungen und Datenbanken spielt eine immer wichtigere Rolle, weil die Verfügbarkeit und Performance von Schlüsselanwendungen die Produktivität der Benutzer unmittelbar beeinflussen. Heute werden Betreiber kaum oder zu spät unterrichtet, wenn Anwendungen Probleme haben. Dazu kommen noch unerwartete Performance-Schwankungen, die Benutzer nie verstehen können. Die wenigsten Anwendungen sind in der Lage, sich dynamisch auf Fehler bzw. auf Änderungen zu reagieren.

Anwendungen sind Softwareprodukte, die entweder entwickelt oder gekauft worden sind. Das Management bedeutet die Fähigkeit, den internen Anwendungszustand zu beobachten und zu modifizieren.

Client/Server-Systeme bedeuten eine viel höhere Herausforderung an das Anwendungs-Management. Die Anwendungen und Datenbanken sind verteilt, und nicht überall stehen Spezialisten zur Verfügung. Genaue Kenntnisse über Anwendungen sind für die Problemdiagnose und für die dynamische Rekonfigurierung unbedingt erforderlich. Wenn das Management vernachlässigt wird, entstehen ernstzunehmende Lücken in Prozeßabläufen. Beispiele sind:

– keine zentrale Anlaufstelle für die Beobachtung und Analyse von Anwendungsproblemen,

– Schwierigkeiten bei der Analyse von Anwendungsereignissen,

– kaum Möglichkeiten zu System- und Konfigurationsänderungen,

– keine Kenntnisse über die von Benutzern wahrgenommene Performance.

Management von Anwendungen und Datenbanken schließt folgende Funktionen ein:

– Informations-Logging,
– Ereignisverteilung,
– Prozeß-Monitoring,
– Performance Logging.

Es handelt sich dabei um folgende Einzeltätigkeiten der Funktionen:

Informations-Logging

– Anwendungsschnittstellen stehen zur Nachrichtengenerierung aus allen Anwendungen zur Verfügung;

– Meldungen werden nach Anwendungstyp, Dringlichkeit und Prioritäten geordnet;

- Meldungen werden mit dem Anforderungscode von Benutzern ergänzt, damit Systemereignisse mit Benutzerbeschwerden korreliert werden können;
- dynamische Änderbarkeit der Logging-Ebenen je nach Anwendung und Prozeßtyp;
- Werkzeuge, die historische Dateien durchsuchen können, damit Korrelationen mit vergangenen Ereignissen aufgestellt werden können;
- zentrale Anlaufstelle für alle Meldungen;
- zentrale Abspeicherung von allen registrierten Meldungen und Nachrichten zur Unterstützung der Analyse und des Berichtswesens;
- zentrale Abspeicherung der registrierten Meldungen und Nachrichten je nach Anwendung, Hardware, Software, Meldungstyp, damit eine Wissensbasis für künftige Problemfälle gebildet werden kann;
- Fähigkeit, Meldungen zu filtern, Reaktionen für Routinefälle zu automatisieren und mit anderen Anwendungen wie z. B. Störzettelverwaltung zu integrieren;
- Austausch von Logdateien mit anderen Betriebsdomänen.

Ereignisverteilung

- Anwendungsschnittstellen für die Prozesse, um Ereignisse zu generieren und für die Benachrichtigung weiterer Prozesse oder Unterprozesse, wenn die Ereignisse für sie wichtig sind;
- Spezifizierung der Nachrichten- und Meldungsverteilung im gesamten System;
- Garantie eines 7 x 24 Stunden Betriebs;
- Beispiele für die Verteilung:
    - Benachrichtigung des Kommunikationsserver, daß der Hostrechner ausgefallen ist,
    - Benachrichtigung des Anwendungsservers, daß für die Datenbank ein Log-off gemacht wird,
    - Benachrichtigung von Desktop-Anwendungen, die lokale Cache Memory der Anwendungsdaten aufzufrischen,
    - Benachrichtigung von Prozessen, die Logging-Tiefe zu ändern,
    - Rekonfiguration der Lastverteilung, damit Overhead in gewissen Knoten und Netzteilen eliminiert werden kann.

Prozeß-Monitoring

- Definition von Anwendungsprozessen, die unmittelbar Benutzer unterstützen;

- Statusmeldungen über Prozesse, einschließlich Möglichkeit des automatischen Restarts;
- Möglichkeit der Sofortänderungen bei Prozeßfehlern;
- Beispiele für die Prozeß-Monitoring:
    - Monitoring von Anwendungsservern, damit Ausfälle wegen logischer Anwendungsfehler identifiziert werden können,
    - Monitoring von Printspoolern in entfernten Standorten,
    - Monitoring von Kommunikationsservern, ob ihre Hostverbindungen funktionstüchtig sind.

Performance Logging

- Sammeln von Performance-Indikatoren für Anwendungen;
- Sammeln von Performance-Indikatoren für Systeme, wo die Anwendungen laufen;
- Korrelation der Performance-Daten von Anwendungen mit Benutzern, mit Ressourcen und mit geografischen Gebieten;
- Spezialanalyse der Daten für maßgeschneiderte Prozesse;
- Beispiele für Performance Logging:
    - Zeitmarkierung der SQL-Befehle,
    - Eingabe/Ausgabe-Bedarf durch Anwendungen.

Die Technologie ist verfügbar für das Management von Anwendungen und von Datenbanken. Wegen der großen Anzahl der Anwendungen, Datenbanken und der Systeme, wo sie ablaufen, kann das Management-Overhead kritisch werden. Um die Overhead-Werte niedrig zu halten, ist es zu empfehlen:

- Ausnahmeberichte und -meldungen zu generieren,
- Meldungen gezielt und »verbindungslos« zu verteilen und
- Diagnosenachrichten in die Meldungen einzubetten.

**Tabelle 6.7
Produkte für Anwendungs- und Datenbank-Management**

Tabelle 6.7 zeigt die wichtigsten Produkte dieser Kategorie. Einige Produkte werden etwas ausführlicher beschrieben. Alle diese Produkte gehen davon aus, daß Anwendungen und Datenbanken gewisse Routinen bereitstellen, mit denen das Management Agent kommunizieren kann. Die existierenden Routinen laufen periodisch, erfordern

Anbieter	Produkt
BMC	Patrol
Bull Information Systems	Apprise
Independence Technologies	iVIEW Log Manager
	iVIEW Event Manager
Network Partners	Trapper
Open Network Enterprises	M.O.O.N.
Peer Networks	MIB Master Agent/Kit

gute Analytiker zur Betreuung und wurden nicht mit dem Ziel einer zentralisierten Verwaltung entwickelt. Die zusätzliche Instrumentierung mit neuen Instrumenten legt großen Wert auf die Benutzeroberfläche, auf die Einfachheit und auf das Management mit Ausnahmen.

Patrol von BMC Software

Patrol von BMC Software ist ein flexibles, anpaßbares Produkt mit einer grafischen Benutzeroberfläche. Patrol verwaltet Workstations, Server, Anwendungen, Datenbanken und weitere beliebige Komponenten mit SNMP-Agenten. Die Voraussetzung ist, daß intelligente Agenten für die verwalteten Komponenten installiert werden können. Bild 6.11 zeigt die Grundlagen der Manager-Agent-Kommunikation mit Patrol. Die Agenten führen lokale Abfragen aus; das schließt UNIX-Systeme, Datenbanken und Anwendungen ein. Auch Remote Polling ist möglich für SNMP-Agenten. Der Agent selbst ist eine spezielle Software, die mit benutzerspezifischen Regeln arbeitet. Die Aufgaben schließen die Identifizierung von Geräten, Anwendungen, Datenbanken und Prozessen ein. Außerdem schikken sie Meldungen zur zentralen Station, wenn Schwellenwerte überschritten oder neue Okjekte entdeckt worden sind.

Die Patrol-Agenten sind intelligent genug, daß sie die eigene Performance optimieren können. Das bedeutet z. B. Lastausgleiche, indem sie die Abfragezyklen an die Last und an den Zustand der Objekte anpassen können.

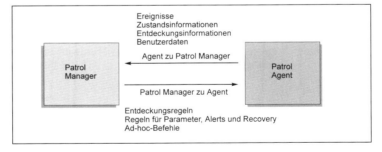

**Bild 6.11
Patrol
Management-Struktur**

Patrol beinhaltet auch ladbare Bibliotheken, genannt als »Knowledge-Module« für spezifische Objekte. Diese Software arbeitet mit einem Event Manager, der nicht nur unterschiedliche Ereignistypen anzeigt, sondern auch Routineaktionen je nach Objektstatus ausführt. BMC entwickelt eine Reihe von Speziallösungen für relationale Datenbanken. Die bekannteste ist die Lösung für Oracle.

EcoTools von CompuWare

ECOTools ist eine ereignisgesteuerte Anwendung zur Verwaltung von verteilten Datenbanken. Das Produkt reagiert auf kritische Ereignisse durch die gleichzeitige Benachrichtigung der Störannahmestelle. Das Produkt kann Informationen mit anderen Anwendungen mit Hilfe der Befehlszeile austauschen. Insbesondere sind Störzettelanwendungen, z. B. AR System von Remedy und PNMS von Peregrine gefragt. EcoTools bietet außerdem die Konsolidierung und Abspeicherung von Ereignissen und Meldungen an.

Um die Kapazitätsplanung zu unterstützen, werden auch historische Daten bereitgestellt. Das Produkt unterstützt die folgenden Merkmale:

- Identifizierung der verwalteten Komponenten wie Server, Clients, Software, Dateien und Datenbanken,

- Performance-Monitoring mit Hilfe eines zusätzlichen Moduls, genannt EcoPMON, wobei die Detailliertheit durch die Benutzer festgelegt werden kann,

- Messung und Analyse von Performance-Indikatoren, wie CPU-Last, Speicherauslastung, Eingabe/Ausgabe-Effizienz,

- selektive Anzeige der Zustände der verwalteten Objekte, z. B. Anzeige aller Prozesse mit mehr als 20 % Speicherbenutzung,

- SQL-Tuning und Performance-Optimierung der Speicherbelegung, Eingabe/Ausgabe und Reduzierung der gegenseitigen Behinderungen.

EcoTools kann mit OperationCenter von Hewlett Packard Informationen austauschen. Zu anderen SNMP-Managern kann EcoTools SNMP Traps schicken.

DB Manager von Legent

DB Manager ist eine neue Komponente der AgentWorks-Gruppe, die von Digital Analysis Corporation entwickelt worden ist. Das Produkt spezialisiert sich auf Oracle und auf Anwendungen, die auf Oracle basieren. Durch intelligente Agenten kann der Betrieb von entfernten Datenbanken und Anwendungen zentralisiert werden. Auch Performance-Messungen können durchgeführt werden. Eingriffe werden erst dann getätigt, wenn Schwellenwerte überschritten werden.

Wenn auch der Domain Manager konfiguriert wird, können weitere Parameter wie Auslastung von Eingabe/Ausgabe und von Speicherplätzen überwacht werden. Auch SNMP-MIBs können überwacht werden. In dieser Hinsicht ist das Produkt noch ohne Konkurrenz.

Der DB Manager kann Oracle-Alerts und Protokolldateien verarbeiten. Durch Legent ist es sehr wahrscheinlich, daß DB Manager in umfassendere Integrationskonzepte aufgenommen wird. Dazu gehören Management von Hostrechnern und verteilten Ressourcen, Management von Prozessen, Integration mit der Störzettelverwaltung durch Paradigm.

In bezug auf Standardisierung stehen heute SNMP und RPC zur Verfügung. Auf der SNMP-Seite steht der große Verbreitungsgrad, die baldige Definition einer MIB für relationale Datenbanken und die Verfügbarkeit von mehreren SNMP-Managern. Dagegen sprechen die Overhead-Werte, die schwache Security-Funktionen und die Beschränkungen durch künftige MIBs. RPC-basierende Lösungen sind besser bezüglich Security, aber werden von vielen Gegnern als »geschlossen« im Vergleich zu SNMP betrachtet. Es wäre auch eine Kombination von SNMP und RPC vorstellbar.

OmniStorage von Hewlett Packard

Hierarchical Storage Management (HSM) spielt eine Schlüsselrolle für Client/Server-Systeme. Die Verwaltung von großen Datenmengen (Giga oder Terabytes) erfordert leistungsfähige Softwarelösungen. OmniStorage ist ein hierarchisches Management-System zur Verteilung und zur Verwaltung von Dateien auf magnetischen und optischen Medien. Die Regeln der Verteilung und Verwaltung werden vor der Implementierung festgelegt. Die magnetischen Media enthalten die häufig benutzten Daten. Sonstige werden auf optischen Medien gepflegt. Wenn sie benötigt werden, können sie reibungslos und schnell auf die magnetischen Medien zurückgeschrieben werden. Diese Teilung ist auch beim Backup und Recovery sehr wichtig. Viele Vorgänge können automatisiert werden. Die Komponenten von OmniStorage schließen ein (Bild 6.12):

- *Library-Manager:*
  Verwaltung des optischen Speichermediums.

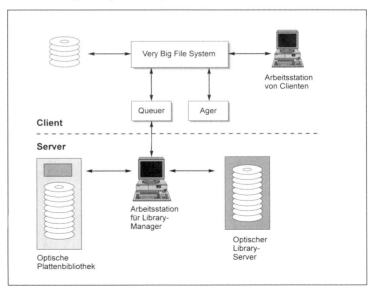

Bild 6.12 Struktur von OmniStorage

- *Very Big File System (VBFS):*
  VBFS bietet eine logische Sicht über alle Dateien, unabhängig davon, wo sie gespeichert werden. Der Benutzer kann einige Regeln über Migrationsstrategien, Read/Write-Berechtigungen und Segmentierungen einbauen.

- *Ager:*
  Es überwacht die Migration und Verdichtung von Dateien von magnetischen auf die optischen Media. Dabei überwacht es den Füllungsgrad auf den magnetischen Medien. Wenn der Füllungsgrad überschritten wird, wird der Prozeß automatisch ausgelöst.

- *Queuer:*
  Diese Komponente beantwortet die Abfragen vom Ager, VBFS und von anderen OmniStorage-Dienstprogrammen, die Daten aus den optischen Medien brauchen. Auch die Prioritäten werden hier entschieden.

Diese Anwendung kann mit OperationsCenter von Hewlett Packard integriert werden. Dadurch kann der Zustand kontinuierlich überwacht werden. Aktionen, Befehle, Änderungen und Setzen von Parametern können zentral angestoßen werden.

6.8 Zusammenfassung

Gerätespezifische Anwendungen werden als integrierter Bestandteil von Komponenten der Client/Server-Systeme betrachtet. Es wird immer schwieriger, Komponenten ohne wenigstens die minimalen Management-Fähigkeiten zu verteilen. Nur mit dem Managementteil erzielen die Hersteller keine Gewinne; der Gewinn kommt vom Verkauf von Routern, Modems, Multiplexern und von Hubs. Gemeinsam ist bei allen hier aufgeführten Anwendungen, daß sie mit einem oder mit mehreren Plattformprodukten zusammenarbeiten können. Zusätzlich – je nach Anwendung – kommt noch die Benutzung von einer oder mehreren relationalen Datenbanken. Bei der Integration mehrerer Anwendungen mit einer Plattform darf die Datenbankfrage nicht geringgeschätzt werden. Oft werden die meisten Anpassungen gerade bei der Datenbank gebraucht.

7. Geräteunabhängige Management-Anwendungen

Geräteunabhängige Anwendungen konzentrieren sich mehr auf die Management-Prozesse und viel weniger auf die Objekte, die an den Prozessen beteiligt sind. Der Bereich der Anwendungen ist sehr breit: Es fängt mit kleineren Routinen für das Berichtswesen an und hört bei komplexen statistischen Werkzeugen auf. Die Verbreitung dieser Anwendungen ist langsamer als bei gerätespezifischen Anwendungen, da der Benutzer diese Anwendungen nicht unbedingt implementieren muß. Es ist natürlich zu empfehlen, die Qualität für das Client/Server Management mit einem optimalen Gemisch von geräteunabhängigen Anwendungen zu verbessern.

7.1 Hilfsmittel für MIBs

Client/Server Management ist unvorstellbar ohne SNMP. Wie im Kapitel 3 ersichtlich ist, spielen die MIBs (Management Information Base) bei SNMP eine wichtige Rolle. MIBs sind aber keine Datenbanken; daher können die bekannten Abfrage- und Manipulationsprodukte überhaupt nicht eingesetzt werden. Trotzdem braucht der Benutzer Werkzeuge für die einfachere und bessere Handhabung von MIBs. Insbesondere sind die folgenden vier Gebiete wichtig (LEIN93):

– MIB-Compiler für Systemladen,
– MIB-Browser für die Abfrage von speziellen Informationen,
– MIB-Alias-Werkzeug für die Einheitlichkeit der Namen,
– MIB-Abfragewerkzeug.

Der MIB Compiler

Dieses Werkzeug übersetzt die Datei vom Format RFC 1155 auf das Format des Management-Systems. Die Benutzung des eigenen Formats ist aus Performance-Gründen günstiger als die Benutzung einer ASCII-Datei. Das Werkzeug fragt nach dem ASCII-Namen zuerst, und der Benutzer gibt ihn an. Anschließend wird die Datei eingelesen, übersetzt und das Ergebnis angezeigt. Die Compilerfunktion ist sehr wichtig, wenn der Benutzer viel mit privaten MIBs arbeitet. Eine Weile wird es noch so bleiben, daß die Benutzer und Hersteller gemeinsam die Betriebsversion der MIBs zusammenstellen. Vor dieser Tätigkeit ist es außerordentlich wichtig, daß der Benutzer sehr klare Vorstellungen von der erforderlichen MIB-Datenmengen hat. Man findet oft, daß man mehr Informationen braucht, als im Standard-MIB verfügbar ist. Praktische Beispiele zeigen den folgenden Informationsbedarf:

- Kenntnisse über die exakte Zahl der Stationen je Hub,
- Dynamisierung von Netzkarten durch spezielle Datenelemente,
- Benutzung des »Set«-Befehls für die Aktivierung und Deaktivierung von Hub-Ports,
- häufige Benutzung von Schwellenwerten und damit Traps, damit die SNMP-Overheadwerte niedriger ausfallen.

Diese Informationen müssen vollständig oder teilweise aus privaten MIB-Bereichen bereitgestellt werden. Ein Implementationsbeispiel wird im Bild 7.1 gezeigt. Der Benutzer möchte mehrere Datenelemente auf der grafischen Zustandsanzeige korrelieren und entsprechend den Änderungen Aktionen auslösen. Im Bild 7.1 wird das Netz und einige Variablen (A, B, C und D) gezeigt. Diese Variablen sind in den Standard-MIBs noch nicht enthalten. Die Variablen sind (LEIN93):

A	dl1IntervalSESs	Severely Errored Seconds
B	ifAdminStatus	Administrationsstatus
C	ifOperStatus	Betriebsstatus
D	ifLastChange	Änderungszeitpunkt

Durch die Kombinationen können Aktionen wie Farbenänderung, Glocke, blinkende Anzeigen aktiviert werden (Bild 7.1). Man könnte die Darstellungen und Kombinationen fast beliebig erweitern.

Der MIB Browser

Nachdem die öffentlichen und privaten MIBs übersetzt worden sind, ist es sehr nützlich, wenn der Benutzer in den MIBs beliebig und schnell blättern

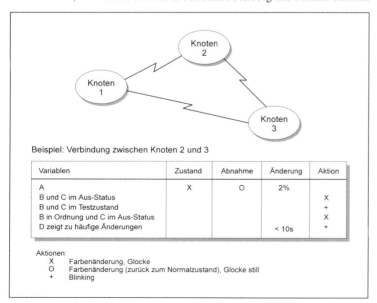

**Bild 7.1
Dynamisierung der Topologie**

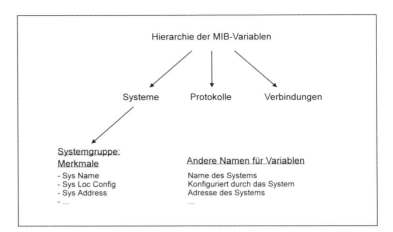

**Bild 7.2
MIB Browser**

kann. MIBs können dann hierarchisch, gruppenweise und auch einzeln angezeigt werden. Auch das Suchen muß ermöglicht werden, z. B. in Fällen, wo der Benutzer nach Datenelementen sucht, die gewisse Client/Server-Management-Funktionen unterstützen können. Browser sind vergleichbar mit Suchregistern von Büchern. Bild 7.2 zeigt ein einfaches Beispiel für einen Browser.

Vereinheitlichung der Namen

MIB-Namen sagen nicht immer genug aus. In den MIB-Veröffentlichungen arbeitet man mit Abkürzungen und mit abstrakten Namen, die aber im Betrieb unter Umständen zu Mißverständnissen führen können. Bild 7.2 zeigt Beispiele, wo der Benutzer mit aussagekräftigen Namen arbeitet. Die offiziellen Dokumentationen arbeiten mit Octets, der Benutzer mag vielleicht den Begriff Byte. Namensvergabe kann mit dem Browser geschehen. In Berichten und bei Anzeigen kann der neue Name benutzt werden.

Das MIB-Abfragewerkzeug

Nach der Implementation möchte der Benutzer einige Datenelemente/Variablen aus den MIBs einfach testen. Das bedeutet, daß der Benutzer die konkreten »Antwort«-Werte aus den MIBs interpretiert und auf Richtigkeit prüft.

Die Funktion kann weiter ausgebaut werden, indem spezielle Abfragen katalogisiert werden. Diese Abfragen werden vielleicht durch das SNMP-Management-System nicht unterstützt oder nicht im gewünschten Format unterstützt. Diese Abfragen charakterisieren spezielle Sichten (Views) von den Client/Server-Strukturen.

Es gibt zwei Alternativen, diese Abfragen zu katalogisieren. Die erste ist die Benutzung von Pseudo-Code für die Abfrage. Die Abfrage wird einmal kodiert und je nach Wunsch auf die Variablen hin geändert und kopiert. Die zweite Methode basiert auf Windows und auf der Kombination von verschiedenen Menüs. Diese Alternative ist einfacher und erfordert keine Spezialkenntnisse.

In vielen Fällen werden diese vier ausgewählten Funktionen durch das Management-System oder durch Anwendungen wie z. B. der Health Profiler von Remedy für SNMP-Rohdaten unterstützt. Viele Hersteller erweitern die eigenen MIBs, unterstützen die Standards und legen die privaten Bereiche offen. Für alle Fälle wird empfohlen, bei der Produktwahl auf diese vier Merkmale im Zusammenhang von MIBs zu achten.

7.2 Softwareverteilung

Elektronische Softwareverteilung ist eine Möglichkeit, den Verteilungsprozeß zu beschleunigen, ihre Qualität zu verbessern, den Aufgabenträgerbedarf zu reduzieren und die Einheitlichkeit der Softwareversionen bei Client/Server-Systemen zu fördern. Elektronische Softwareverteilung wird von mehreren Herstellern unterstützt. Sie schließen bekannte Hersteller aus anderen Gebieten wie z. B. Datenverarbeitung, Netzmanagement-System und Hersteller ein, die sich auf die Softwareverteilung spezialisieren. Grundsätzlich gibt es drei unterschiedliche Lösungsangebote:

- hostbasierte Lösungen (Kategorie A),
- unixbasierende Lösungen (Kategorie B),
- PC-basierende Lösung (Kategorie C).

Anbieter	Produkt
AT&T	Software Manager
BB-Systemhaus	ASDIS
Hewlett Packard	Software Distributor
IBM	NetView DM/6000
	Netware DM
	DM/2
Legent	DistribuLink-Unix
	DistribuLink-MVS
Microsoft	Systems Management Server
Novadigm	Enterprise Desktop Manager
Novell	Network Navigator
Tangram	AP:PM
Tivoli	Courier
ViaTech	XFER
Xcellenet	RemoteWare

Tabelle 7.1
Anwendungen für
die elektronische
Software-Verteilung

Tabelle 7.1 faßt die wichtigsten Anbieter für alle drei Gruppen zusammen. Der nächste Abschnitt beschäftigt sich mit den wichtigsten Produkten, wobei nur ausgewählte Kriterien behandelt werden.

7.2.1 Software Distributor von Hewlett Packard

Das Produkt repräsentiert Kategorie B.

- Folgende *Server* werden unterstützt:
  HP-UX an HP9000 und SunOS, Netware, LAN Manager, AIX und Solaris.

- Folgende *Clients* werden unterstützt:
  HP-UX, MS-DOS, MS-Windows, Netware, LAN Manager, AIX und Solaris.

- Folgende *Netzbetriebssysteme und Protokolle* werden unterstützt:
  Netware und LAN Manager, TCP/IP.

- *Bestandsführung für Hardware und Software:*
  Wenn OpenView benutzt wird, braucht der Administrator nicht jeden Rechner in Host-Datenbank anzugeben. Software Distributor kann die Topologieinformation von OpenView erhalten. Man identifiziert die Zielmaschinen grafisch für TCP/IP-Knoten. Die Bestandführung für Softwarekomponenten wird noch nicht unterstützt.

- *Prüfung der Installationsbedingung:*
  Das Produkt berücksichtigt die Software-Abhängigkeiten und Software-Verträglichkeiten vor dem Start der Verteilung.

- *Zusammenstellung des Paketes:*
  Ein Depot kann Softwarepakete für mehrere unterschiedliche Zielmaschinen speichern. Das Paket kann jederzeit mit Pre- und Postinstallationsscripts ergänzt werden.

- *Verteilung und Implementation:*
  Sowohl das Push- als auch das Pull-Verfahren wird unterstützt. Kaskadierung ist möglich; die Depots kopieren die Pakete oder Teile davon und verteilen sie lokal mit Hilfe von LANs. Diese Möglichkeit gibt es ausschließlich für Unix-Clienten. Bei PC-Clienten muß eine zusätzliche Steuereinheit mit Depot-Funktionen installiert werden.

- *Terminierung:*
  Der Administrator kann einzelne Aufträge und auch eine Kombination von Aufträgen terminieren; sie werden dann zum gegebenen Zeitpunkt automatisch ausgeführt.

- *Versionsüberwachung:*
  Die Pakete werden in Produkte, Unterprodukte und Dateien organisiert. Der Administrator darf mehrere Versionen derselben Software in einem Depot aufbewahren.

- *Unterstützung der Lizenzüberwachung:*
  wird derzeit noch nicht unterstützt.

- *Integrationsmöglichkeit mit Plattformen:*
  Integration ist unterstützt mit OpenView und mit OperationsCenter.

Insgesamt gesehen ist das Produkt für alle diejenigen Benutzer sehr interessant, die mehrere Produkte von Hewlett Packard benutzen. Software Distributor selbst hat noch Schwächen insbesondere auf folgenden Gebieten: fehlende Unterstützung für OS/2 und Windows NT und die fehlende Objektorientiertheit. Das Produkt ist relativ neu; die Produktverantwortlichkeit ist verteilt zwischen Deutschland und den Vereinigten Staaten.

7.2.2 Hermes (SMS) von Microsoft

Das Produkt repräsentiert Kategorie C.

- Folgende *Server* werden unterstützt: Windows NT.

- Folgende *Clients* werden unterstützt: Windows PCs.
  Auch Macintosh-Clients können unterstützt werden, nachdem sie manuell erstinstalliert worden sind.

- Folgende *Netzbetriebssysteme und Protokolle* werden unterstützt: Windows NT und LAN Manager. Durch spezielle Konfigurierung kann auch Netware und NetBIOS unterstützt werden. TCP/IP wird für lokale und remote Zugriffe benutzt.

- *Bestandsführung für Hardware und Software:*
  SMS kann die Software- und Hardwarekonfiguration von PCs feststellen. Bestandsdaten werden in Microsoft SQL-Server 4.2 gepflegt. Beliebige Komponenten dürfen mit diesen Daten arbeiten, wenn sie SQL unterstützen. SMS wird wahrscheinlich auch das DMTF-MIF-Format von DMTF unterstützen. Dadurch kann SMS Bestandsdaten aus den UNIX-Komponenten lesen. Es ist geplant, daß ein Software/Hardware-Inventory-Collector- (SHIC-)Programm bei den Clients installiert wird und eine Bestandsdatei erstellt wird. Diese Bestandsdateien werden dann von SMS gesammelt.

- *Prüfung der Installationsbedingungen:*
  SMS prüft die Bedingungen der Verteilung. Insbesondere werden die freien Plattenplätze und die Softwareversionen auf Verträglichkeit hin untersucht.

- *Zusammenstellung des Paketes:*
  SMS wird mit einer großen Anzahl – etwa 2.000 – Anwendungen geliefert. Andere Anwendungen können vom Administrator bereitgestellt werden. Auch Scripts können je nach Client/Server- und Netzlandschaft in vorgefertigte oder selbstzusammengestellte Pakete integriert werden.

- *Verteilung und Implementation:*
  Es herrscht große Flexibilität in dieser Hinsicht. SMS kann das Push- und Pull-Verfahren miteinander kombinieren. Benutzer werden beim Login über geplante Änderungen informiert. Die Installation von Änderungen kann vom Benutzer zeitlich verschoben werden. Die Handhabung der Initialisierung der Verteilung ist sehr einfach.

- *Terminierung:*
  Die Verteilung und die Installation können voneinander unabhängig terminiert werden.

- *Versionsüberwachung:*
  Die Versionsüberwachung ist beschränkt auf die Erkennung der laufenden Version.

- *Unterstützung der Lizenzüberwachung:*
  SMS kennt genau, wieviele Anwendungen zu einem gegebenen Zeitpunkt aktiv sind; aber die Information reicht noch nicht für Accounting-Zwecke aus.

- *Integrationsmöglichkeit mit Plattformen*: SMS ist nur für Microsoft-Betriebssysteme entwickelt worden.

SMS wird das Bild über Client/Server Management entscheidend ändern. Verteilung und Installation werden nur für Windows NT bereitgestellt, andere Systeme werden nicht unterstützt.

7.2.3 Navigator von Novell

Das Produkt repräsentiert Kategorie A.

- Folgende *Server* werden unterstützt:
  alle Netware 3.x oder höher werden unterstützt; UNIX wird nicht unterstützt.

- Folgende *Clients* werden unterstützt:
  alle PC/XT/AT oder PS/2 oder kompatible, sowie OS/2 und Windows.

- Folgende *Netzbetriebssysteme und Protokolle* werden unterstützt:
  Die meisten Betriebssysteme werden unterstützt. Das bedeutet, daß die

Konnektivität auch für heterogene Umgebungen gewährleistet wird. Das eigene Protokoll wird allerdings bevorzugt.

- *Bestandsführung für Hardware und Software*:
  wird derzeit nicht unterstützt.

- *Prüfung der Installationsbedingungen:*
  wird derzeit nicht unterstützt.

- *Zusammenstellung des Paketes*:
  Die Fähigkeit, Pakete zu bilden, ist vorhanden. Aber Novell bietet wenig Unterstützung für vorgefertigte Pakete an.

- *Verteilung und Implementation:*
  Navigator unterstützt ein »Store- and-Forward«-Verfahren. Zur Verteilung werden freigegebene Dateien solange gespeichert, bis die Empfänger an den Zielmaschinen die Installationsbedingungen erfüllt haben. Wenn der Prozeß aus irgendwelchen Gründen abgebrochen wird, wird die Wiederholung automatisch initialisiert.

- *Terminierung:*
  Automatisierung ist anhand von vorgefertigten Ereignissen möglich. Außerdem wird eine sehr flexible Terminierung angeboten; der Zeitpunkt und die Zusammensetzung der Zielmaschinen können vom Benutzer gewählt werden. Auch das automatische Kalt/Warm-Booting wird unterstützt. Schließlich können katalogisierte Dateien für Abläufe kreiert werden, wobei die Eingaben des Bedieners erst registriert und dann emuliert werden.

- *Versionsüberwachung:*
  wird derzeit nicht unterstützt.

- *Unterstützung der Lizenzüberwachung:*
  Navigator unterstützt die Lizenzüberwachung nicht, aber Novell vertreibt NetLS von Gradient für diese Aufgabe.

- *Integrationsmöglichkeit mit Plattformen:*
  Volle Integration mit Netware, aber nicht mit anderen Management-Plattformen.

Allgemein gesehen, war das Produkt absolut notwendig am Markt. Als Verteiler kann der Benutzer fast alle IBM-Rechner mit der Ausnahme von AS/400-Rechner und AIX-Rechner benutzen. »Store and Forward« ist zwar eine stabile Technologie, aber nicht alle Kriterien der modernen unternehmensweiten Verteilung können damit erfüllt werden.

Navigator kann weder an Macintosh- und UNIX-Workstations Software verteilen noch die Maschinen als Verteilungsplattform benutzen. Die hostzentrische Version vom Navigator kann nicht so ohne weiteres für Client/Server-Umgebungen portiert werden.

7.2.4 Enterprise Desktop Manager von Novadigm

Das Produkt repräsentiert Kategorie A und B.

- Folgende *Server* werden unterstützt:
  EDM Manager hat zunächst nur MVS unterstützt. In der Zwischenzeit wurde auch eine AIX-Version entwickelt. HP-UX und Solaris sind in Entwicklung. EDM-Administrator läuft auf OS/2, Windows, ISPF 3270-Systemen und auf AIX. HP-UX und Solaris sind in Entwicklung.

- Folgende *Clients* werden unterstützt:
  OS/2, DOS, Windows und AIX. HP-UX, Solaris, Macintosh und Windows NT werden ab 1995 unterstützt.

- Folgende *Netzbetriebssysteme und Protokolle* werden unterstützt:
  SNA (LU2 und LU6.2), Novell IPX, NetBIOS und TCP/IP durch Gateways.

- *Bestandsführung für Hardware und Software:*
  Bestands-Management ist verfügbar. Auch ein Bericht über Hardware- und Softwarekomponenten ist wahlweise verfügbar. Der Administrator kann diesen Bericht beliebig nach Benutzern, Benutzergruppen und nach Abteilungen strukturieren.

- *Prüfung der Installationsbedingungen:*
  Das Produkt baut eine Zweiweg-Kommunikation vor der Verteilung auf. Die Zielmaschine wird ausführlich darauf hin geprüft, ob genügend Speicherplätze und genügend Plattenplätze verfügbar sind. Auch die Prozessorgröße und Prozessorgeschwindigkeit werden überprüft. EDM benutzt eine objektorientierte Technologie zur Vereinfachung der Zusammenstellung der Pakete. Das Produkt kann individuelle Pakete je nach Anwendung und je nach Zielmaschine durch einfache Objektverknüpfungen bereitstellen. Das Produkt und nicht der Administrator entscheidet, was die Zielmaschine erhalten soll.

- *Zusammenstellung des Paketes:*
  Der Administrator stellt die Pakete mit Hilfe einer REXX-ähnlichen Sprache zusammen. Bei der Zusammenstellung wird auf Versionsnummer und auf die anderen Zielmaschinenbedingungen geachtet. Die Berücksichtigung von Konfigurationsunterschieden ist durch die objektorientierte Technologie sehr einfach.

- *Verteilung und Implementation:*
  Die Verteilung ist objektorientiert im Gegensatz zu anderen Lösungen, die dateiorientiert sind. Erfahrungen zeigen, daß dadurch die Verteilung von Änderungen viel effizienter abläuft. Diese Methode erlaubt, daß Dateien und Anwendungen in die Objekte eingebettet werden. Die endgültige Zusammenstellung kann lokal nach gegebenen Richtlinien

und Berechtigungen erfolgen. Installation oder De-Installation sowie Aktivierung von Versionen kann automatisch erfolgen.

– *Terminierung:*
  Terminierung wird unterstützt.

– *Versionsüberwachung:*
  Das Produkt hat eine Änderungsmanagement-Funktion. Diese Funktion automatisiert die Identifizierung, Verpackung, Verteilung und Überwachung von Konfigurationsänderungen für Desktops.

– *Unterstützung der Lizenzüberwachung:*
  wird derzeit noch nicht unterstützt.

– *Integrationsmöglichkeit mit Plattformen:*
  Es gibt derzeit keine Integrationsmöglichkeit mit Plattformprodukten.

Das Produkt hat drei Ebenen:

– *EDM-Manager* ist ein Unternehmens-Server für Konfigurierung von Anwendungen und für die Beschreibung der Verhältnisse zwischen Objekten. Die Informationen werden in einer zentralen Datenbank gespeichert.

– *EDM-Administrator* ist ein Server, der erlaubt, den Manager zu konfigurieren und die Pakete an die Zielmaschinen zu verteilen.

– *EDM-Client* ist die Komponente am Desktop.

Weiterhin besitzt das Produkt enge Kontakte zu Security-Produkten wie RACF, ACF/2 und TopSecret.

Das Produkt bringt einen wesentlichen innovativen Schritt mit sich. Durch die sogenannte »Object Differencing«-Technik kann man Tausende von Konfigurationsalternativen sehr einfach handhaben.

Das Produkt ist IBM-orientiert, nicht gerade billig, und erfordert einen überdurchschnittlichen Installationsaufwand. Die Benutzung des Produkts verlangt gewisse Kenntnisse über Objektorientiertheit.

7.2.5 Distribution Manager/6000 von IBM

Das Produkt repräsentiert Kategorie B.

– Folgende *Server* werden unterstützt:
  IBM AIX RS/6000 POWERStation oder POWERServer.

– Folgende *Clients* werden unterstützt:
  OS/2 2.0 oder höher, MS-Windows 3.2, IBM DOS 5.0.2 oder höher,

MS-DOS 6.0 oder höher, AIX 3.2.3 oder höher. NetView/DM-Agenten sind auch für HP-UX verfügbar. SunOS and Solaris werden ab 1995 unterstützt.

- Folgende *Netzbetriebssysteme und Protokolle* werden unterstützt:
  TCP/IP Token Ring, TCP/IP Ethernet, TCP/IP WAN, Netware wird durch NetView/DM für Netware unterstützt.

- *Bestandsführung für Hardware und Software*:
  Keine eigenständige Unterstützung. In Kombination mit NetView for AIX ist die Unterstützung verfügbar.

- *Prüfung der Installationsbedingungen:*
  Das Produkt prüft die verfügbaren Plattenbereiche und sieben Bedingungen der Betriebssoftware.

- *Zusammenstellung des Paketes:*
  IBM benutzt eine eigenständige Methode zur Definition und Zusammenstellung von Paketen. Anschließend kann das Paket zwischen unterschiedlichen Plattformen konvertiert werden. Die Pakete können weitere Scripts mit Pre- und Postinstallationsrichtlinien aufnehmen. Clients können in logische Gruppen zusammengefaßt werden. Datenverdichtung wird unterstützt.

- Verteilung und Implementation:
  Das Produkt unterstützt sowohl das Push- als auch das Pull-Verfahren. Die Installationsmethoden unterscheiden sich je nach Zielmaschine. Es werden unterstützt:

  - Installp für AIX,
  - Konfiguration, Installation and Distribution (CID) für OS/2 und DOS,
  - Replication-Installation für alle Clients,
  - Disk Camera für Windows und DOS.

Operatorlose Installationen werden für AIX-, OS/2 und DOS-Clients unterstützt. Datei-Rückgewinnung von Clients zu Servern werden für alle oben erwähnten Umgebungen unterstützt.

- *Terminierung:*
  Terminierung für die Verteilung und Installation von Software-Änderungen wird unterstützt.

- *Versionsüberwachung:*
  Versionsüberwachung wird im Rahmen des Änderungs-Management unterstützt.

- *Unterstützung der Lizenzüberwachung:*
  Das Produkt unterstützt die Lizenzüberwachung nicht unmittelbar. Auch IBM vertreibt aber das Produkt NetLS von Gradient. Beide Produkte können, aber müssen nicht zusammen geliefert werden.

- *Integrationsmöglichkeit mit Plattformen:*
  Das Produkt ist integriert mit NetView for AIX.

IBM investiert eine Menge Arbeit in diese Familie der Produkte. Die Firma bietet Aufwärtskompatibilität für NetView DM an. NetView DM läuft unter MVS und kann für größere System- und Netzlandschaften berücksichtigt werden. Die hierarchische Verbindung sämtlicher Verteilungsprodukte wird unterstützt.

Der Vorteil des Produktes schließt die Unterstützung von vielen Clients ein; Firmen mit großer Heterogenität begrüßen diese Funktion. Dieses Produkt unterstützt die »Distribution-Planning«-Funktion noch nicht. Das Produkt ist robust, aber arbeitet nicht mit der objektorientierten Technologie.

7.2.6 Distribution Manager/2 von IBM

Das Produkt repräsentiert Kategorie C.

- Folgende *Server* werden unterstützt:
  OS/2 über NetBIOS.

- Folgende *Clients* werden unterstützt:
  OS/2, DOS und Windows.

- Folgende *Netzbetriebssysteme und Protokolle* werden unterstützt:
  NetBIOS, LU6.2, Netware, NetView DM für Netware.

- *Bestandsführung für Hardware und Software:*
  wird derzeit nicht unterstützt.

- *Prüfung der Installationsbedingungen:*
  Das Produkt prüft die verfügbaren Plattenbereiche und sieben Bedingungen der Betriebssoftware.

- *Zusammenstellung des Paketes:*
  IBM benutzt eine eigenständige Methode zur Definition und Zusammenstellung von Paketen. Anschließend kann das Paket zwischen unterschiedlichen Plattformen konvertiert werden. Die Pakete können weitere Scripts mit Pre- und Postinstallationsrichtlinien aufnehmen. Clienten können in logische Gruppen zusammengefaßt werden. Datenverdichtung wird unterstützt.

- *Verteilung und Implementation:*
  Das Produkt unterstützt sowohl das Push- als auch das Pull-Verfahren. Die Installationsmethoden unterscheiden sich je nach Zielmaschine. Es werden unterstützt:

    - Installp für AIX,
    - Configuration, Installation and Distribution (CID) für OS/2 und DOS,

- Replication-Installation für alle Clients,
- Disk Camera für Windows und DOS.

Operatorlose Installationen werden für AIX-, OS/2 und DOS-Clients unterstützt. Datei-Rückgewinnung von Clients zu Servern werden für alle oben erwähnten Umgebungen unterstützt.

- *Terminierung:*
  Terminierung für die Verteilung und Installation von Software-Änderungen wird unterstützt.

- *Versionsüberwachung:*
  Versionssüberwachung wird im Rahmen des Änderungs-Managements unterstützt.

- *Unterstützung der Lizenzüberwachung:*
  Das Produkt unterstützt die Lizenzüberwachung nicht unmittelbar.

- *Integrationsmöglichkeit mit Plattformen:*
  Integration wird derzeit mit Plattformprodukten noch nicht unterstützt. Aber IBM versucht, alle 4 Verteilungsprodukte miteinander zu verbinden. Dadurch wird der Kode portierbar. Das erste Beispiel für diesen Fall ist NetView DM für Netware.

Das Produkt bietet die meisten und besten Funktionen für die OS/2-Umgebung. Andere Produkte haben immer noch Schwierigkeiten mit der Komplexität dieser Umgebung. Der Einsatzerfolg des Produktes ist limitiert außerhalb der OS/2-Welt. Für größere Firmen wäre die »Distribution-Planning«-Funktion sehr wichtig. Einige Benutzer haben dieses Produkt mit InfoMan verbunden und benutzen die InfoMan-Datenbasis als Verteilungsdepot.

Die Zukunft gehört eindeutig der elekronischen Softwareverteilung. Aus Kostengründen kann der Benutzer sich keine andere Wahl erlauben. Der Benutzer muß zunächst die Kategorie wählen und dann für das Produkt entscheiden. Es ist sehr wahrscheinlich, daß die Lizenzüberwachung mit der elektronischen Softwareverteilung kombiniert wird.

7.3 Datenanalyse und Berichtswesen

In Client/Server-Systemen kann man sehr viele Daten erfassen. Teilweise stammen diese Daten aus den Meldungen und Nachrichten, die die Komponenten selbst generieren. Andere Teile werden bewußt durch Monitore gesammelt und vorverarbeitet. Gewöhnlicherweise werden dann die Daten produktspezifisch verarbeitet und angezeigt. Wegen der großen Datenmenge werden die Ergebnisse nach einer gewissen Zeitperiode einfach überschrieben. Beispiele dieser Art sieht man bei Routern, Brücken und Multiplexern, wo sogenannte Performance-Meter angeboten werden, die letzten zehn bis fünfzehn Minuten in Echtzeit analysiert und die wichtigsten Indikatoren angezeigt werden. Die überschriebenen Daten gehen bei solchen Lösungen einfach verloren. Bei älteren hostbasierenden Lösungen pflegt man auch heute noch sogenannte Performance-Datenbanken. In diesen Fällen werden ältere Daten periodisch komprimiert, damit die Datenbank nicht unkontrolliert wächst. In diesen Fällen kann man statistische Analysen fahren und Daten für Planungszwecke bereitstellen. Die in diesem Abschnitt gezeigten Produkte versuchen, die Ansatzpunkte für eine Performance-Datenbank für Client/Server-Systeme zu setzen.

DeskTalk Trendanalyzer von Cooperative Reporting

Das Produkt unterstützt grafische Anzeigen und die Generierung von Berichten für mehrere Anwendungen und Plattformprodukte. Außerdem sammelt es Performance-Daten aus unterschiedlichen Quellen und speichert sie in einer relationalen Datenbank. Diese Datenbank ist dann für berechtigte Benutzer verfügbar. Das Plattformprodukt ist SunNet Manager; diese Anwendung befindet sich in der Bibliothek des Managers.

Der Trendanalyzer wird als eine gemeinsame Datenbasis für anwendungsorientierte und plattformorientierte Daten betrachtet. Der Benutzer kann einmal auf alle Daten zugreifen. Das Produkt bietet die folgenden Funktionen an:

- ASCII-Dateien stehen zur weiteren Verarbeitung zur Verfügung,
- MIB-Browser,
- grafische Instrumente für Sichtbarmachung von Daten,
- Adressierung jeder Spalte und jeder Zeile in der Datenbasis für weitere Verarbeitungen.

Das Produkt sammelt alle diejenigen Daten, die vom SunNet Manager in die eigene »Dienstbibliothek« geschickt werden. Der Trendanalyzer benutzt sowohl SNMP-Traps als auch RPCs für den Datenaustausch.

Health Profiler von Remedy

Das Produkt ist ein Werkzeug für die Analyse von SNMP-Rohdaten. Die Analyse kann sowohl in Echtzeit als auch nach dem Ablauf der registrierten Ereignisse erfolgen. Die Analyse besteht aus der Interpretation der MIB-Daten, die periodisch vom SNMP Manager abgeholt werden. Der große Vorteil ist, daß Health Profiler diese Interpretationen für mehrere Objekte durchführen kann. Das Produkt ist sowohl mit dem SNMP Manager als auch mit den Objekten integriert, die die Basisinformationen liefern. MIB-Daten können zwar durch unterschiedliche Produkte für unterschiedliche Managementfunktionen interpretiert werden (s. Kapitel 4), aber es gibt immer noch wenige Produkte, die gleichzeitig mehrere

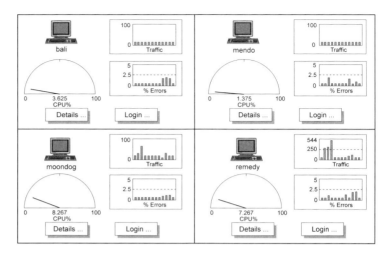

**Bild 7.3
Health Profiler von
Remedy**

Objekte interpretieren und analysieren können. Durch diese Fähigkeit kann man grafische Anzeigen für mehrere Produkte auf einem Bildschirm generieren. Bild 7.3 zeigt vier Beispiele. Der Benutzer kann mehrere MIB-Variablen in aussagefähige Indikatoren kombinieren. Insgesamt werden die Komplexitäten der MIB-Daten vor dem Benutzer »versteckt« bleiben.

Health Profiler hat selbst eine Client/Server-Struktur, wobei die Clients und Server miteinander mit Hilfe von RPCs kommunizieren. Die Rohdaten werden vom Plattformprodukt – SunNet Manager, OpenView oder NetView for AIX – erhalten. Der Server ist für die Verarbeitung der Daten, die Clients sind für die Präsentationsdienste verantwortlich. Die Server können mehrere Clients unterstützen.

Die Client-Software besteht aus dem User Tool und dem Administration Tool. Das User Tool erlaubt dem Benutzer, die erforderlichen Daten darauf hin auszuwählen, welche Objekte zu überwachen sind, welche Berichte zu generieren und welche Anzeigen zu generieren sind. Das Administration Tool erlaubt, die Anzeigen, die Indikatoren und die Berichte anzupassen.

Wenn die verarbeiteten Daten konsequent gepflegt werden, können auch Baselining und Trendanalyse (siehe Kapitel 4) unterstützt werden. Vorgefertigte Bibliotheken werden für Cabletron Hubs, Chipcom Online Hubs, Sun Workstations, SynOptic Hubs und für Wellfleet Router mitgeliefert. Bei diesen Produkten ist die Interpretation noch einfacher, da die Hersteller viele Filterungsarbeiten mit Remedy im Vorfeld bereits durchgeführt haben.

Zur effektiven Nutzung der SNMP-MIB-Rohdaten sind Produkte wie Health Profiler sehr nützlich.

SAS/CPE for Open Systems von SAS-Institute

Das Produkt hat einen bekannten Hintergrund mit Hostrechnern. Die Erweiterung bringt die Möglichkeiten der Datenanalyse, der statistischen Verarbeitung von Performance-Daten und das Berichtwesen für alle Benutzer von SNMP. SNMP-Manager haben üblicherweise nur sehr einfache Analysewerkzeuge mit beschränkten Möglichkeiten des Berichtswesens.

Die Stärke des Produkts ist die geordnete Verarbeitung und Pflege von großen Datenmengen zum Zwecke der Performance-Analyse und Kapazitätsplanung. Welche Indikatoren gewählt werden, hängt vom Benutzer ab.

Rohdaten werden eingelesen, verifiziert und in Form von »Observations« in der Performance Data Base (PDB) abgespeichert. Ab diesem Punkt sind die einzelnen Datenelemente durch das Produkt adressierbar. Die Datenbanktechnologie ist eigenständig; SQL-Unterstützung ist allerdings in Planung. Die Pflege von großen Datenmengen, die bei Client/Server-Systemen zu erwarten sind, erfordert eine fast kontinuierliche Fortschreibung und Verdichtung der Daten. Mit SAS kann es auf zwei unterschiedliche Weise geschehen:

- Bildung von statistischen Gruppen von Daten wie Durchschnitt, Standardabweichung usw. über Intervalle, die vom Benutzer gewählt werden können,

- automatische Verdichtung der Daten durch fortgeschriebene Intervalle wie Tag, Woche, Monat oder Jahr.

In beiden Fällen kann auf eine bestimmte Zeit eine sogenannte DETAIL-Datei beibehalten werden, die spezielle Performance-Untersuchungen mit statistisch noch nicht verarbeiteten Datenelementen unterstützt. Die Lebensdauer dieser Datei darf jedoch aus Mengengründen nicht sehr lang – höchstens Tage – gewählt werden.

Insbesondere werden die folgenden Management-Funktionen für Client/Server-Systeme unterstützt:

- Problembestimmung für Probleme mit sich wiederholendem Charakter,

- Festlegung von Performance-Grenzen mit Schwellenwerten,

- Servicegrad-Berichte mit Antwortzeit, Durchsatz, Ressourcenauslastung, Verfügbarkeit von Clients, Servern und von Netzkomponenten,

- Verkehrsanalyse mit Kommunigrammen,

- Spezielle Analyseberichte für Workstations mit CPU-Auslastung, Warteschlangen, Plattenauslastung, Eingabe/Ausgabe, Netzwerkschnittstellen und für das Datei-Management.

Es stehen mehrere Berichte im Standardformat zur Verfügung. Dabei können verschiedene Präsentationsformen gewählt werden. Da sehr viele Makros zur Verfügung stehen, kann der SAS-Benutzer sehr schnell spezielle Berichte entwerfen.

SAS/CPE läuft auf SunNet Manager, Spectrum, OpenView und auf NetView for AIX. Die Integrationstiefe ist aber nicht tief; in allen Fällen wird das Produkt durch Ikonen auf dem Hauptmenü der Plattformprodukte repräsentiert.

XRSA von Elegant Communications

Das Produkt hat drei eindeutige Zielsetzungen:

– Messung von Service-Grad-Vereinbarungen einschließlich Erfassung von Indikatoren, Generierung von Berichten und Identifizierung von Abweichungen zwischen Plan und aktuellem Zustand,

– Prüfung der Einhaltung von Security-Maßnahmen anhand von selektierten Indikatoren,

– Erhöhung der Effizienz des Betriebspersonals beim Management von offenen Systemen.

Das Produkt besteht aus zwei Teilen: der XRSA Monitor und der XRSA eXpert.

Die Monitorsoftware wird auf allen unixbasierenden Systemen installiert. Ihre Funktion ist die Meßdatenerfassung, die Prüfung der Einhaltung von Parameterbereichen, die Automatisierung der Administration und die Erstellung der täglichen Berichte für den eXpert.

Die eXpert-Software wird zentral installiert. Ihre Funktion ist die Interpretation der empfangenen Berichte und Rohinformationen, Formulierung der Schlußfolgerungen und die Generierung einer großen Anzahl von Berichten an unterschiedliche Ziel-

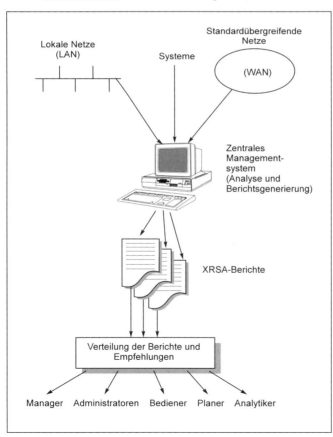

Bild 7.4
XRSA-Struktur

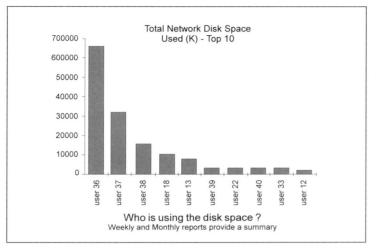

**Bild 7.5
Benutzer von Plattenspeichern**

gruppen. Anschließend werden die Berichte an Manager, Administratoren, Bediener, Benutzer und Verantwortliche von Geschäftsbereichen verteilt.

Das Produkt kann mit Plattformprodukten wie z. B. NetView for AIX kombiniert werden. In solchen Fällen können die Berichte durch das Plattformprodukt generiert, angezeigt und gedruckt werden. Bild 7.4 zeigt die Struktur des Produkts. Berichtsbeispiele werden in den Bildern 7.5, 7.6 und 7.7 gezeigt. Bild 7.5 identifiziert die Benutzer von Plattenspeichern. Bild 7.6 berichtet über Änderungen, und Bild 7.7 zeigt die frei verfügbaren Speicherplätze als Zeitfunktion.

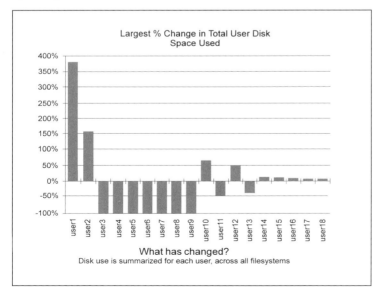

**Bild 7.6
Änderungen in
Speicherbenutzung**

DATACOM • Client/Server Management 213

Der Trend führt zu einer Performance-Datenbank. Die nachgelagerten Verfahren können dann ohne weiteres eingesetzt werden. Die wichtigste Frage ist, wie man die großen Datenmengen periodisch reduzieren kann.

Das Problem der Komprimierung kann sowohl in den Agenten als auch beim Manager gelöst werden. Es gibt leider noch wenig Produkte, die eine umfassende Performance-Datenbank unterstützen.

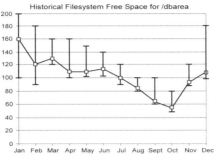

Bild 7.7 Verfügbare Speicherplätze als Zeitfunktion

7.4 Störzettelverwaltung

Problem-Management steht mit der höchsten Priorität auf der Dringlichkeitsliste der Manager von Client/Server-Systemen. Probleme und Störungen können nicht ganz vermieden werden. Daher muß der Benutzer die anstehenden Probleme und Störungen effizient verwalten. Dazu können die Störzettelverwaltungsprodukte mit Erfolg eingesetzt werden. Diese Produkte bieten mehr Flexibilität in bezug auf die Erfassung von Problemen und auf die Filterung der erfaßten Störungsdaten im Vergleich zu bekannten hostbasierenden Produkten. Es werden zwei Produkte behandelt, beide können mit mehreren Plattformprodukten zusammenarbeiten.

Anbieter	Produkt
Answer Computer	Apriori
Legent	Paradigm
Netlabs	ServiceDesk
Peregrine Systems	Cover/PNMS
Prolin Automation	Pro/HelpDesk
Remedy	Action Request System
Scopus	ProTeam
Vantive	HelpDesk

Tabelle 7.2 Anwendungen für die Störzettelverwaltung

Action Request System vom Remedy

Action Request System ist eine Client/Server-Anwendung zur Überwachung von problembezogenen Informationen, zur Beschleunigung der Behebung von Störungen und zur Erstellung einer Erfahrungsdatei. Der Ablauf hat folgende Schritte (Bild 7.8):

- Eröffnung der Störzettel automatisch durch Management-Produkte oder manuell durch Eingaben, E-Mail oder über Telefonate,
- Interpretation und Weiterverteilung durch die Störannahmestelle,
- Datenbankabfragen über ähnliche oder identische Probleme,
- Behebung des Problems mit interner oder externer Hilfe,

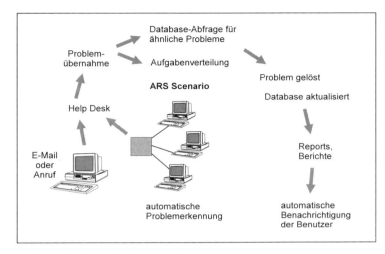

**Bild 7.8
AR Systems von Remedy**

- Fortschreibung der Datenbank,
- Schließen der Störzettel,
- automatische Benachrichtigung der Benutzer.

Hinsichtlich der Schnittstellen sieht das Produkt eine automatische Eröffnung anhand von SNMP-Traps oder Alarmmeldungen von Monitoren, sichert die Ablauffähigkeit auf SunNet Manager (SunConnect), OpenView (Hewlett Packard) und Spectrum (Cabletron), sieht eine Integration mit der grafischen Darstellung des Netzes vor und bietet APIs zur Anpassung des Produkts.

Hinsichtlich des Zugriffs zum System gibt es folgende Möglichkeiten:

- interaktive Instrumente oder X-Windows auf Workstations oder PCs,
- Vernetzung über TCP/IP ist möglich,
- Remote-Terminal-Zugriff zu einem UNIX-System, Terminals oder auf PCs emulierte Terminals können über asynchrone Strecken benutzt werden; Befehlszeile und Dateienaustausch werden unterstützt.
- E-Mail wird von UNIX-Systemen unterstützt.

Insbesondere ist die Fähigkeit des Produktes hervorzuheben, indem es mit mehreren Netzmanagement-Plattformen zusammenarbeiten kann.

Paradigm von Legent

Dieses Produkt wurde zur Unterstützung der Störzettelverwaltung entwikkelt. Es ist in der Lage, mit SunNet Manager, NetView for AIX und mit OpenView zusammenzuarbeiten.

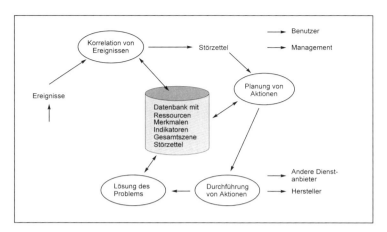

**Bild 7.9
Ablauf der
Störzettelverwaltung
mit Paradigm**

Das Produkt basiert auf einer relationalen Datenbasis. Diese Datenbasis ermöglicht die Korrelation und Abfrage von Ressourcen-Daten, Störzettel, Zustandsinformationen und dergleichen. Paradigm modelliert den ganzen Prozeß der Störungsbehebung (Bild 7.9). Das Produkt ermöglicht es:

– unterschiedliche Meldungen zu korrelieren,

– unterschiedliche Meldungen und Alarme mit einem Störzettel zu belegen,

– Aktionen zu generieren,

– Schwellenwerte zu überwachen,

– unterschiedliche Problemkategorien mit Problemtypen zu korrelieren.

Paradigm filtert eingehende Meldungen, um auffällige Ereignisse zu identifizieren. Default-Filter werden mitgeliefert; spezielle Filter können durch den Benutzer geschrieben werden. Erfolgreiches Filtern unterstützt den Prozeß der proaktiven Problem- und Performance-Analyse.

Wenn anormale Zustände identifiziert werden, löst Paradigm mehrere Aktionen aus:

– Akkustische Alarme werden generiert.

– Störzettel werden eröffnet und je nach Code zu den entsprechenden Personen geschickt.

– Benutzer werden benachrichtigt, damit eingehende Anrufe vermieden werden.

– E-Mail-Nachrichten werden verteilt.

– Weitere Benachrichtigungswerkzeuge wie Fax-Maschinen oder Pagers werden aktiviert.

Das Produkt verwaltet die offenen Störzettel und alarmiert das Betriebspersonal nach vorgegebenen Kriterien, wenn Probleme innerhalb einer gewissen Zeit nicht gelöst worden sind. Die Lösungsschritte werden registriert. Dadurch können künftige, ähnliche Probleme schneller gelöst werden. Das Produkt arbeitet mit der Plattform und mit anderen Management-Anwendungen zusammen. Beim Öffnen von Störzetteln besorgt Paradigm Informationen über Hersteller, Anbieter und Merkmale von Ressourcen aus anderen Datenbanken. Die Störzettel selbst beinhalten Informationen über das Problem, Zeitmarken, vermutete und wahre Problemursachen und die implementierten Lösungsschritte. Anhand dieser Information können Performance-Parameter wie MTBF, MTTR, Reaktionszeit von Herstellern und weitere statistische Verteilungen für Ressourcen, typische Probleme, geografische Gebiete und Benutzergruppen berechnet werden.

Die Integrationsbasis mit Plattformprodukten wird durch die empfangenen Nachrichten und Meldungen gebildet. Es können selbsverständlich auch manuell geöffnete Störzettel verwaltet werden.

Die Störzettelverwaltung gehört zu den wichtigsten Anwendungen. Die Produkte arbeiten mit mehreren Plattformen und mit unterschiedlichen Datenbanken zusammen. Die geschlossenen Störzettel müssen unbedingt abgespeichert und gepflegt werden. Sie können dann bei künftigen Problemen als Erfahrungsdatei benutzt werden. Außerdem können die Daten in den Störzetteln zur Entwicklung von Expertensystemen benutzt werden.

7.5 Kabel- und Asset-Management

Die exakte Dokumentation der Client/Server-Systeme ist die Voraussetzung der Planung, Installation, der Problembehebung und des Änderungsmanagements. Die Dokumentationslösungen sind getrennt: Die Plattformprodukte speichern und pflegen gewisse Informationen, Element-Manager speichern und pflegen andere Informationen, und Kabel- und Asset-Managementsysteme speichern und pflegen die noch fehlenden Informationen.

Es gibt sicherlich eine gewisse Redundanz zwischen diesen Speicherquellen. Die meisten und detailliertesten Informationen werden durch die Kabel- und Asset-Management-Systeme gepflegt. Sie basieren auf Host- oder PC-Lösungen und verwenden eine relationale Datenbank. In diesem Abschnitt werden die Beispiele aus der leistungsfähigeren Produktgruppe genommen.

Bei den grafischen Anwendungen setzen sich insbesondere drei Lösungen durch: Command 5000 von Isicad, MountainView von Accugraph und Konfig von Autotrol.

MountainView von Accugraph

MountainView ist eine Anwendung für das Konfigurations-Management. Das Produkt integriert logisches und physikalisches Netz-Management mit Störzettelverwaltung auf einer gemeinsamen Netz-Management-Plattform. Durch die Fähigkeiten einer relationalen Datenbank kann man ein Modell der physikalischen Infrastruktur des Netzes bilden. Auch existierende Dokumentationsteile können in das System aufgenommen werden.

MountainView arbeitet eng mit SNMP zusammen und bildet die MIB-Einträge in der eigenen Darstellung ab. Neben der Hauptaufgabe der Netzdarstellung werden auch Schnittstellen zu Paradigm und zu Action Request System angeboten. Durch die enge Zusammenarbeit mit diesen Anwendungen kann der Zustand des Fortschritts der Störungsbeseitigung von MountainView aus beobachtet werden. Die wichtigsten Komponenten sind (Bild 7.10):

– *Graphics Modeler:*
  Expert Drafting Lite ist die eigentliche Schnittstelle zu Benutzern. Eine Reihe von Möglichkeiten, wie intelligente geometrische Elemente und Symbole, parametrisierbare Symbole, intelligente Symbole, intelligente Wände, Hunderte von Ebenen unterstützen die Arbeit des Designers.

– *Benutzerschnittstelle:*
  Durch einfache Befehle können die vordefinierten Parameter leicht modifiziert werden. Änderungen sind in bezug auf Farben, Fenster-Layout, Menüs und Fenster oft erwünscht. Durch die Benutzung der modernsten Erkenntnisse der Systemtechnik kann die Benutzerfreundlichkeit garantiert werden.

– *Datentechnik:*
  Ein Softwaremodul verwaltet die Verbindungen zu einer relationalen SQL-fähigen Datenbank. Diese Software hilft, grafische Elemente mit nicht-grafischen Elementen zu verknüpfen.

– Auch externe *UNIX-Programme* können mit den grafischen Symbolen verknüpft werden. Dadurch erreicht man eine hohe Flexibilität der möglichen Netzmanagement-Anwendungen.

– *Spreadsheet:*
  Um einfache Berechnungen durchzuführen und Ergebnisse darzustellen, ist ein Spreadsheet vorgesehen. Spreadsheets können mit grafischen Symbolen verknüpft werden.

– *Textprozessor:*
  Der Textprozessor, genannt als Technical Documentor, stellt Textmodule für grafische Symbole bereit. Texte können angezeigt oder ausgedruckt werden. Der Prozessor kann ASCII-Files mit anderen Textprozessoren oder Spreadsheets austauschen.

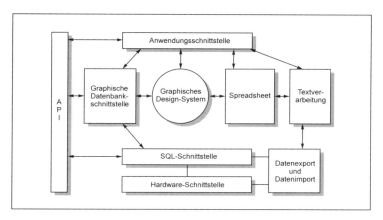

**Bild 7.10
Struktur von
Mountain View**

- *Network Analyst:*
  Ein Expertensystem zur Suche nach optimalen Verbindungen nach Benutzerkriterien.

Das Produkt ist sehr wertvoll bei der Suche nach fehlerhaften Komponenten. Durch die exakte Abbildung können Fehler schneller behoben werden, wodurch die Verfügbarkeit der Netze steigt. Dadurch allein kann die Implementation gerechtfertigt werden.

Command 5000 von Isicad

Das Produkt bietet eine sehr leistungsfähige relationale Datenbank in Kombination mit der CAD/CAM-Technologie und mit Verbindungen zu Netzmanagement-Systemen an (Bild 7.11). Der Benutzer spielt eine wichtige Rolle beim Setzen der Parameter und bei der Einstellung der erforder-

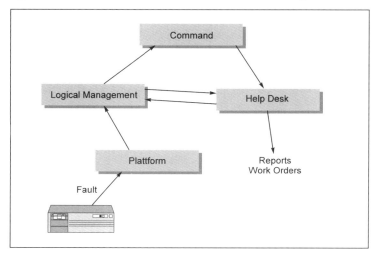

**Bild 7.11
Command 5000
von Isicad**

lichen Schwellenwerte. Gewöhnlicherweise werden Bestandsdaten, Konnektivitätsinformationen und individuelle Daten gepflegt. Die Tiefe der Detailliertheit wird wiederum vom Benutzer festgelegt. Die gepflegten Objekte sind Geräte und Verbindungen, gerade diejenigen, die bei Client/Server-Systemen gefragt werden. Die Objekte werden auch grafisch repräsentiert. Vorgefertigte Icons stehen zur Verfügung; sie müssen lediglich angepaßt werden. Die Benutzer entscheiden wiederum, welche Objektteile »dynamisiert« werden sollen. Die dynamisierten Teile werden gewöhnlicherweise mit SNMP-Informationen kontinuierlich aktualisiert. Durch diese Eigenschaft können Räume, Gebäude, interne Systemteile kontinuierlich überwacht werden. Im Fehlerfalle ist z. B. eine Verbindungsprüfung (auch Physical Trace genannt) sehr hilfreich. Bild 7.12 zeigt ein einfaches Beispiel für diese Eigenschaft.

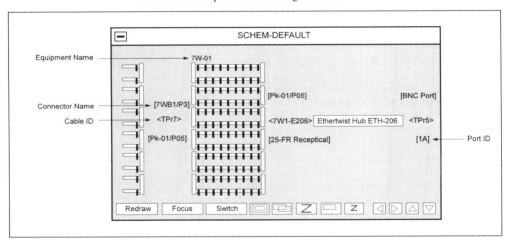

**Bild 7.12
Verbindungs-Trace
mit Command 5000**

Zur Erleichterung der grafischen Repräsentation der Topologie stellt Command 5000 eine Reihe von Zeichnungstools zur Verfügung. Die wichtigsten sind:

– Kreieren von Linien, Kreisen, Punkten, Symbolen und Textmodulen,

– Drehen, Dimensionieren und Spiegeln von grafischen Objekten,

– Verschieben, Editieren, Kopieren und Suche nach grafischen Objekten,

– Löschen von grafischen Objekten,

– Wahl von Farben für grafische Objekte,

– Verschieben von grafischen Objekten zwischen 256 Ebenen,

– Editieren von Textteilen für grafische Objekte,

– Abspeichern und Restoration von grafischen Objekten,

– Plotten und Ausdruck von Geräte- und Topologiedarstellungen.

Das Produkt unterstützt die folgenden Funktionen:

- *Pflege der Infrastruktur-Informationen:*
  Zur Planung und zum effektiven Problem-Management gehört die exakte Bestandsführung von Komponenten auf der physikalischen Ebene. Command pflegt die Merkmale der Komponenten, die physikalischen Verbindungen, Standorte und sehr oft auch die grafische Darstellung der einzelnen Komponenten. Die Informationen werden in einer relationalen Datenbank abgespeichert.

- *Integration mit Management-Systemen:*
  Command 5000 unterstützt vor allem das Management auf der physikalischen Ebene. Aber das Produkt kann mit anderen Anwendungen leicht integriert werden. Dadurch kann man effiziente Prozesse wie z. B. Problem Management und Änderungsmanagement unterstützen.

- *Integration zur Unterstützung der Störannahmestelle:*
  Störzettelverwaltungsprodukte können leicht mit Command 5000 verbunden werden. Command stellt die detaillierten Komponentenfunktionen beim Öffnen von Störzetteln zur Verfügung. Außerdem hilft das Produkt, die Störzettel zu verteilen und den Lösungsfortschritt zu überwachen. Außerdem kann das Bild, das durch SNMP-Agenten dynamisiert werden kann, angezeigt werden. Kritische Gebiete werden identifiziert. Den Zustand aller Komponenten kann der Bediener jederzeit abfragen und anzeigen.

- *Netzwerkdesign:*
  Command 5000 ermöglicht die maßstabgerechte grafische Anzeige des lokalen oder des standortübergreifenden Netzes. Eingebaute Modellierungsmodule ermöglichen die Optimierung der Kabelverbindungen. Command 5000 kann die vollständige Leitungsführung zwischen Endpunkten anzeigen, auch dann, wenn die Leitung durch mehrere Knoten und Vernetzungskomponenten geht. Nach der Entscheidung für die Alternative wird die Dokumentation auch in Papierform zur Verfügung gestellt.

- *Bandbreiten-Management:*
  Command 5000 hat auch ein WAN-Modul, das den Fernbereich dokumentiert. In diesem Modul befinden sich alle wichtigen Informationen über die Anbieter, zusammen mit der verfügbaren Bandbreite. Sowohl physikalische als auch virtuelle Verbindungen können abgespeichert und gepflegt werden.

Die Command-Datenbank wird als eine Sammlung von Tabellen organisiert:

- Gerätetabelle,
- Medientabelle,
- Medienverbindungen,

- Aufträge für Änderungen,
- Zeichnungen,
- Arbeitstabellen.

Command 5000 kann mit mehreren Management-Anwendungen, z. B. AR Systems von Remedy und mit mehreren Managementplattformen wie z. B. OpenView, OneVision, SunNet Manager und Spectrum zusammenarbeiten.

Konfig von Autotrol

Konfig ist ein Produkt zur Unterstützung der Bestandsführung und des Kabel-Management. Das Produkt arbeitet mit SunNet Manager, OpenView und mit NetView for AIX zusammen. Für die Integration stehen mehrere Alternativen wie Repräsentation durch Icons im Hauptmenü, Befehlszeile zum Informationsaustausch mit anderen Anwendungen sowie RPCs und im beschränkten Maße auch Anwendungsschnittstellen (APIs) zur Verfügung.

Konfig verwaltet Detail-Informationen über Komponenten und Kabelführungen. Das Produkt baut physikalische und logische Verbindungen je nach Benutzerangaben auf und zeigt die Topologie in Echtzeit an. Dadurch kann die Problembeseitigung beschleunigt werden. Auch planerische Alternativen können visualisiert werden.

In der Mitte steht eine relationale Datenbank, in der die Objektmerkmale und Verbindungen abgespeichert sind. Auch dynamische Indikatoren können gepflegt werden, indem aktuelle Zustandinformationen von SNMP-Agenten abgeholt werden. Der Benutzer entscheidet, welche Komponenten »dynamisiert« werden sollen.

Der größte Vorteil des Produkts – genauso wie mit MountainView und Command 5000 – sieht der Benutzer bei der grafischen Darstellung von Konfigurationen und Client/Server-Komponenten. Dabei können physikalische und logische Verbindungen über mehrere Komponenten hinweg angezeigt werden. Farbänderungen deuten auf den Ort des Fehlers hin.

Bei der Weiterentwicklung wird man Wert auf eine noch engere Integration mit Plattformprodukten und mit anderen Anwendungen wie Störzettelverwaltung und Modellierung legen.

Diese Produkte können als die zentrale Anlaufstelle für Angaben über Client/Server-Komponenten betrachtet werden. Die Erstgenerierung der Datenbasis der Produkte ist sehr ressourcenaufwendig, aber diese Datenbasis unterstützt das Management von Client/Server-Systemen auf längere Sicht. Es ist sehr wichtig, diese Anwendungen mit anderen und mit mehreren Management-Plattformen so »tief« wie möglich zu integrieren.

7.6 Plattformerweiterungen

Die Merkmale von Plattformprodukten werden ausführlich im Kapitel 5 behandelt. In diesem Abschnitt werden Sonderlösungen gezeigt, die die Basiseigenschaften von Plattformprodukten in unterschiedliche Richtungen erweitern. Diese Richtungen umfassen Alarmierungssysteme, das Management von existierenden Hostsystemen, Netzwerkarchitekturen und Betriebssystemen (Legacy- oder Altlasten-Management) sowie Console Management.

7.6.1 Alarmweiterleitungssysteme

Ein Teil der Automatisierung vom Client/Server Management sind Alarme, die die Aufgabenträger ortsunabhängig rechtzeitig erreichen. Es wird vorausgesetzt, daß die Aufgabenträger sich nicht ständig im Management-Zentrum aufhalten. Trotzdem werden diese Aufgabenträger in die Management-Aufgaben eingebunden. Üblicherweise werden Alarmierungssysteme mit Plattformprodukten integriert. Ein typischer Vertreter wird hier als Beispiel beschrieben.

Remote Alert Reporting System (RARS) von Mirror Systems

Das Produkt ist geeignet für das Management von einzelnen, eigenständigen Komponenten, die nicht oder nicht leicht mit SNMP-Agenten verwaltet werden können. Dazu gehören einzelne Prozessoren, Nebenstellenanlagen und Umweltmonitore. Die Verwaltung selbst geht von einem SNMP-Manager oder von NetView/390 aus.

Durch die Automatisierbarkeit der Überwachung kann das Produkt sehr gut für einen operatorlosen Betrieb, z. B. zweite oder dritte Schicht, eingesetzt werden. Spezielle Einsätze sind für die folgenden Fälle bekannt:

– Administration von Überwachungskameras,
– Temperaturüberwachung,
– Feuerüberwachung,
– Luftfeuchtigkeitsüberwachung,
– Administration von Security-Systemen,
– Management von »exotischen« System- und Netzkomponenten,
– Überwachung der Stromversorgung.

Das Produkt besteht aus Server- und Client-Teilen. Die wichtigsten Teile sind:

– *Server-Teil:*
  Zusatzsoftware für NetView/390 (IBM) und für Solve: Automation (Sterling) zur Verarbeitung und zur Anzeige der Meldungen, Alarme und Nachrichten. Weiterhin kann ein MIB-Umsetzer im Server installiert werden, wenn der SNMP Manager mitläuft.

- *Client-Teil:*
  Dieser Teil umfaßt die folgenden Module:
    - RARS Base: Basissoftware,
    - RARS Gateway: Umsetzung von eigenständigen Protokollen auf RARS-Format,
    - RARS PMS: Management von Paging-Systemen,
    - RARS DIDO: Schnittstelle zur digitalen Ein-/Ausgabe,
    - RARS VIDEO: erfaßt, übermittelt und speichert Videoinformationen,
    - RARS NET: Umsetzung der Managementdaten auf IBM-Format,
    - RARS DIAL: Auto-Dial von vorgespeicherten Nummern.

Benutzerberichten zufolge hilft das Produkt das Umfeld von Management-Zentren gut zu organisieren. Die Komponenten passen sehr gut in die Prozeßabläufe vom Problem-Management ein.

7.6.2 Legacy- oder Altlasten-Management

Client/Server-Systeme wachsen kontinuierlich aus existierenden Strukturen heraus. Diese existierenden Strukturen werden durch Hostrechner, Betriebssysteme und Netzwerkarchitekturen repräsentiert. In sehr vielen Fällen benutzen diese Strukturen die IBM-Technologie. Diese Technologie beinhaltet auch Management-Lösungen, die auf Host-, AIX- oder OS/2 basieren. Es ist vorteilhaft, wenn der Benutzer diese existierenden Management-Lösungen mit dem Management von Client/Server-Systemen verbindet. Einige interessante Produkte werden kurz vorgestellt.

SNA-Expert von Alcatel-Bell

Das Produkt bietet eine Brücke zwischen SunNet Manager und SNA-Netzkomponenten an. Insbesondere werden Funktionen des Fault- und Konfigurations-Management unterstützt. SNA Expert hilft, die SNA-Konfiguration zu erkennen und sie auf SunNet Manager abzubilden. Auch Alerts und Meldungen von SNA-Netzen werden interpretiert, gefiltert und korreliert.

Das Produkt besteht aus folgenden Komponenten:

- NM Bridge ist die Softwarekomponente im SNA-Host zur Informationssammlung über die SNA-Konfiguration und SNA-Ereignisse. Die Komponente stößt SNA-Befehle an, nachdem sie die empfangenen SunNet-Management-Befehle umgesetzt hat.

- NM Expert ist die Komponente zur Interpretation und Korrelation von empfangenen Meldungen aus SNA-, TCP/IP-, X.25- und SNMP-basierenden Netzen.

- SNM Bridge leitet die korrelierten Informationen an SunNet Manager weiter.

SNA Expert kann mit NetView/390 über LU 6.2 kommunizieren und kann Befehle unmittelbar an VTAM und/oder NetView weiterleiten.

NetImpact von Strategic Solution International

Die meisten Produkte sammeln Informationen an SNA-Komponenten, übersetzen sie und schicken sie zum SNMP Manager. Auch NetImpact kann die erforderlichen Informationen mit oder auch ohne NetView/390 bereitstellen. Das Produkt geht aber einen Schritt weiter und analysiert die erfaßten SNA-Informationen zuerst. Die Analysis Engine untersucht die Auswirkungen von Problemen in bezug auf laufende SNA-Sessions; das Ergebnis hilft Bedienern, die richtigen Prioritäten für die Reihenfolge der Störungsbeseitigung zu setzen. Vergleichbare IBM-Produkte wie z. B. SNA/6000 benötigen weitere Produkte wie z. B. Graphic Monitor Facility zur Anzeige der erfaßten Informationen. Dadurch wird zusätzliches Overhead verursacht. Bei kleineren Netzen benutzt man NetImpact ohne NetView/390, da VTAM auch unmittelbar die erforderlichen Informationen liefern kann.

Das Produkt besteht aus zwei Komponenten:

- SNA/Agent ist verantwortlich für die Überwachung und Monitoring. Sie läuft in MVS-Hostrechnern. Durch SNA/Gateway können die erfaßten Informationen unmittelbar an Management-Systeme weitergeleitet werden.
- Eine oder mehrere verteilte OS/2-Workstations für die Präsentationsdienste. Diese Workstation kann die empfangenen Informationen auch an andere Anwendungen weiterleiten.

Die symbolische Darstellung von NetImpact wird im Bild 7.13 gezeigt.

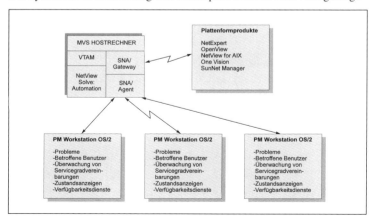

Bild 7.13
Komponenten von NetImpact

BlueVision von NetTech

Das Produkt gehört in die Familie der E-View-Produkte. Diese Familie hilft, die Effizienz der existierenden IBM Management-Produkte zu erhöhen. Die Familie umfaßt sowohl Monitoring-Werkzeuge als auch Verwaltungstools. Zusätzlich zur Effizienzerhöhung einzelner Produkte versucht die Firma, die Korrelation verschiedener Meldungen auf eine höhere Ebene zu heben. Außerdem werden Alternativen zum hostbasierenden Management angeboten. Die neue Struktur wird im Bild 7.14 veranschaulicht.

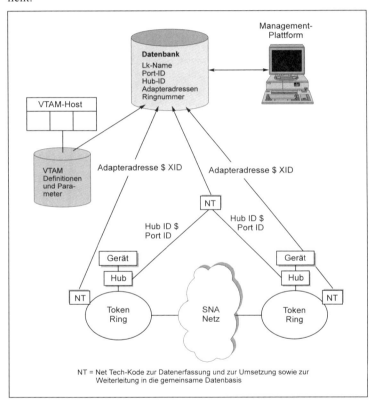

Bild 7.14 Korrelation von logischen und physischen SNA-Ressourcen

BlueVision ist eine Spezialanwendung für Spectrum von Cabletron. Dadurch kann eine gemeinsame Topologie von SNA- und TCP/IP-Netzen gepflegt werden. Die Kommunikation mit NetView/390 und/oder VTAM erfolgt mit Hilfe von LU 6.2.

EventIX von Bridgeway

Das Produkt bietet Alarmkonsolidierung und regelbasierende Filterung für Legacy-Systeme aus einem SNMP Manager an. Benutzer können Reaktionen auf eingehende Ereignisse, Meldungen und Alarme vorprogrammieren und automatisch ablaufen lassen. Diese Anwendung ist auf SunNet Manager, OpenView, NetView for AIX, DiMONS und auf OneVision ablauffähig.

Das Herzstück des Produktes ist der Extensible Proxy Agent (EPA) mit folgenden Hauptaufgaben:

- Übersetzung von eigenständigen Protokollen auf SNMP,
- Unterstützung der Abfragen des SNMP-Manager über Konfigurations- und Zustandsdaten der Nicht-SNMP-Komponenten,
- Unterstützung des SNMP-Managers beim Setzen von Parametern in den Nicht-SNMP-Komponenten.

Mit anderen Worten emuliert EventIX den SNMP-Manager in allen seinen Hauptfunktionen. Das Produkt besteht aus mehreren Anwendungen:

- Trap-Generator,
- MIB-Master,
- SNMP-Befehlshändler,
- Interpretation und Filtern von abgefragten (gepollten) Daten.

Das Produkt ist sehr flexibel bei der eigenen Konfigurierung. Die oben aufgezählten Anwendungen können fast beliebig kombiniert werden. Proxy-Agenten können zum Beispiel kaskadiert werden, und jeder Agent führt nur gewisse Funktionen aus. Das wurde für das mehrstufige Filtern bereits realisiert. Der Benutzer kann die Regeln selbst bestimmen, die bei der Analyse der empfangenen Daten implementiert werden. Das geschieht mit Menüs unter Anwendung der üblichen UNIX-Syntax.

Bei der Implementierung des Set-Befehls können spezielle Berechtigungsschritte eingebaut werden, damit das Setzen von Parametern keine Security-Risiken verursacht. Bei größeren Client/Server-Systemen können die EPAs auch verteilt werden. In speziellen Anwendungen können EPAs unmittelbar mit NetView/390 verbunden werden. Dadurch werden Informationen bidirektionell zwischen dem SNMP Manager und NetView/390 ausgetauscht. Weitere Komponenten, die vorzugsweise verwaltet werden, schließen Nebenstellenanlagen, Multiplexer, Modems und X.25-Paketvermittlungsknoten ein.

7.6.3 Console Management und Automatisierung

Auf dem Weg der umfassenden Automatisierung sind horizontale Integrationslösungen sehr wertvoll. Die einzelnen Manager oder Management-Instrumente werden auf dem Plattformprodukt durch einzelne Fenster repräsentiert. Dadurch kann man den Zustand für praktisch alle Teilsysteme in Echtzeit beobachten. Wenn erforderlich, kann der Bediener unmittelbar mit dem Zielsystem kommunizieren. Ein typischer Vertreter wird an dieser Stelle vorgestellt.

Command/Post von Boole and Babbage

Das Produkt ist für die intelligente Verarbeitung und Korrelation von unterschiedlichen Meldungen aus unterschiedlichen Geräten verantwortlich. Sehr oft werden RS-232, Printer und ASCII-Daten als Grundlage benutzt. Das Produkt kann SNMP- und Nicht-SNMP-Geräte verwalten. Die Funktionen sind:

- Nachrichtenfilterung,
- Setzen von Alarmprioritäten,
- Übersetzung von Nachrichten,
- Ablegen von Alarmen in einer Datenbank.

Der Alert Logic Filter Editor (ALFE) ist hauptverantwortlich für die Interpretation und Verarbeitung von eingehenden Nachrichten. Unnötige Teile der Nachrichten werden entfernt und auf ein produktspezifisches Format übersetzt. Der Benutzer kann mit Hilfe von ALFE-Prioritäten setzen und eingehende Nachrichten und Meldungen korrelieren. Korrelierte Nachrichten und Meldungen werden gemeinsam dargestellt.

Die Prioritäten der Meldungen und Alarme bestimmen die farbgrafischen Anzeigen, die auf Motif basieren.

Command/Post ist mit den verwalteten Systemen auch physikalisch verbunden. Dadurch läßt sich alles auf den Bildschim bringen, was die Geräte oder Element-Management-Systeme eigenständig anzeigen würden. Dadurch kann man z. B. die Anzahl der Konsolgeräte entscheidend reduzieren. Durch die physikalischen Verbindungen kann man alle angeschlossenen Systeme von Command/Post aus bedienen. In diesem Fall muß allerdings die spezielle Syntax des betreffenden Produktes in Originalform verwendet werden.

Bild 7.15 zeigt die Struktur von Command/Post.

Das Produkt hilft bei der Automatisierung von Reaktionen auf Ereignisse. Ein Zusatzprodukt, genannt als Auto/Command, führt Prozeduren aus, die aufgrund von Ereignissen oder Alarmen ausgelöst werden.

Command/Post kann auch mit mehreren Boole-Produkten, die in Hostrechnern ablaufen, verbunden werden. Command/Post ist ablauffähig auf SunNet Manager, OpenView und NetView for AIX.

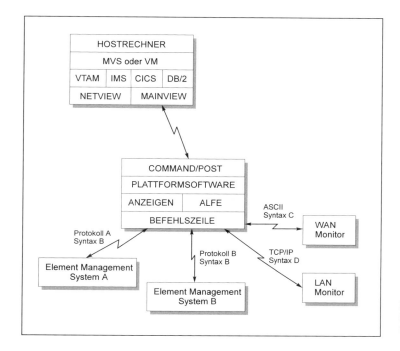

**Bild 7.15
Struktur von
Command/Post**

7.7 Zusammenfassung

Geräteunabhängige Anwendungen unterstützen einzelne Funktionen oder eine Kette von Funktionen. Sie sind von einzelnen Client/Server-Komponenten unabhängig und werden dadurch meistens von Softwarefirmen und nicht von Geräteherstellern entwickelt und angeboten. Viele Vertreter dieser Anwendungsklasse sind schon implementiert und mit Plattformprodukten integriert worden. Einige von ihnen gehören sogar zum Standardangebot der Plattformanbieter.

8. Organisationsstruktur für das Management von Client/Server-Systemen

Ohne Aufgabenträger bleiben die Instrumente unwirksam. Die Menschen bleiben noch auf lange Sicht im Mittelpunkt des Management von Client/Server-Systemen. In dieser Hinsicht ist die Organisationsstruktur, die Arbeitsplatzbeschreibungen, die Größe des Management-Teams, die Zuordnung der Instrumente zu Aufgabenträgern und das Management des Teams wichtig.

Zum Management von Client/Servern sind folgende Arbeitplätze von Wichtigkeit (Tabelle 8.1):

- Manager,
- Gruppenleiter: Betrieb,
- Gruppenleiter: Administration,
- Gruppenleiter: Planung,
- Gruppenleiter: Analyse.

Tabelle 8.1 Organisationsstruktur für das Client/Server-Management

Manager für Client/Server-Systeme			
Betrieb	**Administration**	**Planung**	**Analyse**
Techniker	Security-Koordinator	Planer	Analytiker
Bediener	Koordinator für Bestände und Änderungen	Installateur	DB- und Anwendungsanalytiker
Koordinator an der Störannahmestelle	Verantwortliche für das Rechnungswesen	Qualitätskontroller	

8.1 Arbeitsplatzbeschreibungen

Nachfolgend werden Beispiele gegeben für die Arbeitsplatzbeschreibung für jede Position. Die Beschreibung faßt die Verantwortlichkeiten, Arbeitskontakte und die erforderlichen persönlichen Eigenschaften zusammen.

Aufgabenträger: Manager

Aufgaben:

1. Überwachung der Qualität der Dienstleistungen
2. Überwachung der Ausgaben
3. Begutachtung und Genehmigung von Einkäufen
4. Genehmigung von Security-Standards
5. Zusammenstellung von Aus- und Weiterbildungsplänen
6. rege Kontakte zu Benutzern

Kontakte:

1 Gruppenleiter
2. Hersteller
3. Benutzer
4. externe Berater

Eigenschaften:

1. Erfahrungen mit Menschenführung
2. Betriebswirtschaftliche Kenntnisse
3. Kommunikationsgeschick
4. Verhandlungsgeschick

Aufgabenträger: Gruppenleiter für Betrieb

Aufgaben:

1. Zuteilung der Aufgabenträger zu Betriebsaufgaben
2. Bereitstellung der erforderlichen Dokumentation
3. Überwachung der Installationspläne und -termine
4. Fortschrittskontrolle für Problembehebungen
5. Zusammenstellung von Aus- und Weiterbildungsplänen
6. Erstellung von Berichten für maßgebende Performance-Kennzahlen

Kontakte:

1. Manager
2. andere Gruppenleiter
3. Benutzer

Eigenschaften:

1. Kenntnisse der Hardware und Software von Client/Server-Systemen
2. Kenntnisse über Werkzeuge für Betriebsunterstützung
3. Kommunikationsgeschick
4. Menschenführung

Aufgabenträger: Gruppenleiter für Administration

Aufgaben:

1. Verwaltung der Client/Server-Konfiguration
2. Pflege der Netzdatenbasis
3. Pflege der Herstellerdaten
4. Zusammenstellung von Aus- und Weiterbildungsplänen
5. Kontrolle aller Dokumentationsquellen und -instrumente
6. Erarbeitung von Administrationsprozessen

Kontakte:

1. Andere Gruppenleiter
2. Hersteller
3. Manager

Eigenschaften:

1. Kenntnisse über die Geschäftsvorgänge der Firma
2. Kommunikationsgeschick
3. Ausbildung für Betriebswirtschaft
4. Menschenführung

Aufgabenträger: Gruppenleiter für Planung

Aufgaben:

1. Analyse der Kapazitätsbedarfs
2. Dimensionierung der Client/Server-Systeme
3. Bewertung der neuen technologischen Möglichkeiten
4. Zusammenstellung von Aus- und Weiterbildungsplänen
5. Ausarbeitung von internen Standards

Kontakte:

1. Manager
2. andere Gruppenleiter
3. Hersteller
4. Benutzer

Eigenschaften:

1. Kommunikationsgeschick
2. Verhandlungsgeschick
3. Menschenführung
4. technologische Kenntnisse
5. Kenntnisse über Modellierungsverfahren

Aufgabenträger: Gruppenleiter für Analyse

Aufgaben:

1. kontinuierliche Bewertung der Performance
2. Optimierung der Performance
3. Bereitstellung von Hilfsmitteln für den Betrieb
4. Zusammenstellung von Aus- und Weiterbildungsplänen
5. Unterstützung der Berechtigungskontrolle

Kontakte:

1. Manager
2. andere Gruppenleiter
3. Hersteller von Modellierungsprodukten

Eigenschaften:

1. Menschenführung
2. detaillierte Kenntnisse über Server, Clienten und Netze
3. detaillierte Kenntnisse über Optimierungswerkzeuge
4. Fähigkeit der Modellierung
5. technische Ausbildung

Aufgabenträger: Techniker

Aufgaben:

1. Unterstützung der Problemdiagnose und Problembehebung
2. Durchführung von Tests
3. Auswertung von Meßergebnissen
4. Korrelation von Meßergebnissen
5. technische Schnittstelle zur Analyse, zu Benutzern und zu Herstellern
6. Entschlüsselung von Dumps
7. Ausführung von Änderungen

Kontakte:

1 Gruppenleiter
2. Benutzer
3. Hersteller
4. Analytiker
5. Administrator

Eigenschaften:

1. Fähigkeit der Benutzung von sämtlichen Werkzeugen
2. detaillierte Kenntnisse über Server, Clienten und Netze

3. detaillierte Kenntnisse über Diagnoseinstrumente
4. technische Ausbildung
5. Kreativität

Aufgabenträger: Bediener

Aufgaben:

1. Überwachung des Betriebes
2. Aktivierung und Deaktivierung von Komponenten
3. Lösung von nicht allzu komplexen Problemen
4. Aktivierung von Prozeduren und Einschalten von Instrumenten
5. Ausführung von einfachen Änderungen
6. Weiterleitung von Problemen je nach Priorität

Kontakte:

1. Gruppenleiter
2. Benutzer
3. Techniker
4. Analytiker

Eigenschaften:

1. Kenntnisse über Server, Clients und Netze
2. Kommunikationsgeschick
3. Kenntnisse über Prozeßketten
4. Kenntnisse über eingesetzten Werkzeuge

Aufgabenträger: Koordinator für die Störannahmestelle

Aufgaben:

1. Registrierung von Störungen durch Monitore oder Benutzeranrufe
2. Eröffnung von Störberichten
3. Schließen von Störberichten
4. Lösung von einfachen Problemen
5. Weiterleitung von Problemen je nach Prioritäten
6. Beantwortung von Benutzeranrufen

Kontakte:

1. Gruppenleiter
2. Benutzer
3. Analytiker
4. Hersteller

Eigenschaften:

1. etwas Kenntnis der Anwendungen, Server, Clients und Netze
2. Ausbildung für persönliche Kontakte
3. administrative Kenntisse zur Störzettelverwaltung
4. mindestens ein Jahr Erfahrung mit Client/Server-Systemen
5. Fingerspitzengefühl bei der Eskalation von Problemen
6. Verhandlungsgeschick
7. Kenntnisse über eingesetzte Management-Werkzeuge

Aufgabenträger: Security-Koordinator

Aufgaben:

1. Durchführung von Risikoanalysen
2. Überwachung der Einhaltung von Security-Richtlinien
3. Auswertung von Ablauprotokollen
4. Erstellung von Security-Plänen
5. Verteilung und Überwachung von Berechtigungen
6. Auswahl von Instrumenten

Kontakte:

1. Gruppenleiter
2. Analyst
3. Manager
4. Hersteller von Instrumenten
5. Benutzer
6. Referenzkunden

Eigenschaften:

1. Kenntnisse über geschäftliche Abläufe
2. Kenntnisse über Prozeßketten
3. Kommunikationsgeschick
4. Führungszeugnis
5. Detaillierte Kenntnisse über Security-Verfahren und Instrumente

Aufgabenträger: Koordinator für Änderungen und Bestände

Aufgaben:

1. Verwaltung der Client/Server-Konfiguration mit ihren logischen, physikalischen und elektrischen Komponenten
2. Pflege der Netzdatenbasis
3. Pflege der Herstellerdaten
4. Koordinierung und Durchführung von Änderungen
5. Verwaltung von Namen und Adressen

Kontakte:

1. Gruppenleiter
2. Benutzer mit Änderungsbedarf
3. Hersteller
4. DB-Analytiker

Eigenschaften:

1. Kenntnisse über Server, Clients und Netze
2. Erfahrungen mit der Lagerbestandführung
3. etwas Erfahrung mit allgemeiner Projektverwaltung
4. etwas Kommunikationsgeschick
5. detaillierte Kenntnisse über die eingesetzten Management-Produkte

Aufgabenträger: Verantwortliche für das Rechnungswesen

Aufgaben:

1. Erstellung und Überwachung des Budgets
2. Gruppierung der Kostkomponenten
3. Festlegung der Abrechnungsalgorithmen
4. Festlegung der Genauigkeit des Abrechnungsverfahrens
5. Auswahl von Produkten

Kontakte:

1. Gruppenleiter
2. Manager
3. Benutzer
4. Hersteller von Abrechnungspaketen

Eigenschaften:

1. Kenntnisse über die Abrechnungsverfahren in der Firma
2. Ausbildung als Buchhalter oder Äquivalent
3. Kenntnisse über Werkzeuge zur Lizenzüberwachung

Aufgabenträger: Planer

Aufgaben:

1. Bestimmung des Bedarfs der Benutzer
2. Quantifizierung des Bedarfs
3. Planung der Kapazität
4. Bestellung von Hardware, Software und Kommunikationsleistungen
5. Erstellung der Dokumentation

6. Ausarbeitung der Standardisierungsrichtlinien
7. Aufbau, Verifizierung und Anwendung von Modellen

Kontakte:

1 Gruppenleiter
2. Benutzer
3. Analytiker
4. Hersteller von Modellierungsprodukten
5. Hersteller von Server, Clienten und Netzkomponenten

Eigenschaften:

1. Kenntnisse der Technologie
2. Kenntnisse über Modellierungsverfahren
3. Kommunikationsgeschick
4. Verhandlungsgeschick
5. Umgang mit Projekt-Management
6. Ausbildung als Techniker und/oder Betriebswirtschaftler

Aufgabenträger: Installateur

Aufgaben:

1. Durchführung von Tests an einzelnen Komponenten
2. Physikalische Installation von Client/Server-Komponenten
3. Durchführung von Integrationstests
4. Pflege der Datei der Unterauftragnehmer
5. Mitwirkung bei der Problemdiagnose
6. Aktivierung und Deaktivierung von Client/Server-Teilen
7. Anpassung von Testinstrumenten

Kontakte:

1. Gruppenleiter
2. Hersteller und Lieferanten
3. Analytiker

Eigenschaften:

1. detaillierte Kenntnisse der einzelnen Client/Server-Komponenten
2. Kenntnisse der Betriebssysteme und Anwendungen
3. detaillierte Kenntnisse über Test- und Meßmöglichkeiten

Aufgabenträger: Qualitätskontrolleur

Aufgaben:

1. Definition von Qualitätskennziffern
2. Messung von Qualitätskennziffern
3. Erstellung von Berichten über Qualitätsstatus
4. Erstellung von hausinternen Richtlinien

Kontakte:

1 Gruppenleiter
2. Manager
3. Standardisierungsausschüsse

Eigenschaften:

1. Kenntnisse über ISO 9000 Qualitätsrichtlinien
2. Kenntnisse über TQM (Total Quality Management)
3. Verhandlungsgeschick
4. Kommunikationsgeschick

Aufgabenträger: Analytiker

Aufgaben:

1. Ausführung von Optimierungsaufträgen
2. Ausführung von speziellen Messungen
3. Entwurf und Durchführung von Tests
4. Definition von Performance-Indikatoren
5. Auswahl von Instrumenten
6. Entwurf und Generierung von Berichten
7. Modellierung
8. Analyse der Performance-Indikatoren
9. Konfigurierung von Client/Server-Komponenten
10. Installation von Management-Werkzeugen

Kontakte:

1. Gruppenleiter
2. Benutzer
3. Hersteller
4. Installateur

Eigenschaften:

1. detaillierte Kenntnisse über Server, Clienten und Netze
2. detaillierte Kenntnisse über sämtliche in Frage kommenden Instrumente

3. Kenntnisse über Modellierungswerkzeuge
4. Verhandlungsgeschick
5. etwas Erfahrung mit allgemeiner Projektabwicklung

Aufgabenträger: DB- und Anwendungsanalytiker

Aufgaben:

1. Pflege der Datenbasen
2. Bewertung und Vergleich von Produkten
3. Entscheidung über den Datenbank-Inhalt und über die Merkmale von Objekten
4. Entwicklung von vor- und nachgelagerten Verfahren
5. Entscheidung über die Informationsquellen für die Datenbank
6. Optimierung der Datenbank

Kontakte:

1. Gruppenleiter
2. Hersteller
3. Analytiker
4. Planer

Eigenschaften:

1. detaillierte Kenntnisse über Datenbanken
2. Fähigkeit der Performance-Optimierung
3. Kreativität
4. detaillierte Kenntnisse über Anwendungen

Ideal wäre natürlich, die Organisation entsprechend den Funktionsbereichen – wie im Kapitel 4 dargestellt – aufzubauen. In meisten Fällen geht es aus Budget-Gründen nicht. Deswegen schließt man Kompromisse und gruppiert die Funktionen um vier Organisationseinheiten. Dementsprechend müssen die im Kapitel 4 beschriebenen Funktionen zugeordnet werden. Tabelle 8.2 zeigt eine mögliche Zuordnung. Es gibt sicherlich noch zusätzliche Alternativen, die sich meistens erst im praktischen Betrieb auskristallisieren. In der Tabelle bedeutet

-    x   =   ausführende Instanz und
-   (x) =   unterstützende Instanz.

Funktionen	Betrieb	Administration	Planung	Analyse
Bestands-Management (5)				
Bestandsführung		x		
Backup		x		
Änderungs-Management		x		
Bestellwesen		x		
Directory-Dienst		x	(x)	
Konfigurations-Management (2)				
Konfigurierung von Systemen und Netzen			(x)	x
Topologiepflege		x		
Problem-Management (7)				
Statusüberwachung	x			
Alarm-Mangement	x			
Problembestimmung, Problemdiagnose und Problembehebung	x			(x)
Datensicherheit	x			
Messungen und Tests	x			
Störzettelverwaltung	x			
Disaster Recovery	x			
Performance Management (6)				
Definition von Performance-Parametern				x
Durchführung von Performance-Messungen				x
Meßdatenverarbeitung				x
Optimierung der Performance				x
Berichtsgenerierung			(x)	x
Modellierung und Baselining			(x)	x
Security Management (4)				
Risikoanalyse für Client/Server-Systeme			x	
Sec.-Dienste/Sec.-Maßnahmen	x			
Implementierung von Security-Maßnahmen				x
Schutz des Managementsystems				x
Accounting Management (3)				
Kostenerfassung		x		(x)
Lizenzüberwachung		(x)	x	
Weiterverrechnung		x	(x)	
Administration (3)				
Dokumentation		x		
Software-Verteilung		(x)	x	
Software-Pflege		x		

Tabelle 8.2. Zuordnung von Funktionen zu Aufgabenträgern

8.2 Größe des Management-Teams

Die Frage stellt sich immer wieder nach der erforderlichen Zahl der Aufgabenträger. Diese Zahl hängt von mehreren Faktoren ab. Diese Faktoren sind:

- Komplexität der Client/Server-Systeme,
- Anzahl der Clients,
- Anzahl der Server,
- Anzahl der implementierten Protokolle,
- geografische Ausdehnung des Netzes,
- Geschäftsstruktur des Unternehmens.

Client/Server-Struktur		Lokale Struktur		Fernstruktur	
Aufgabenträger	klein	groß	klein		groß
Manager	1	1	1		1
Betrieb	3	5	4		6
Administration	2	3	3		4
Planung	1	2	2		3
Analyse	1	2	2		3
Gesamt	8	13	12		17

Bemerkungen:

Lokale Struktur:

klein: 3 LAN-Segmente mit 6 Servern und 200 Clients

groß: 5 LAN-Segmente mit 10 Servern und 400 Clients

Fernstruktur:

klein: 5 LAN-Segmente, 3 Standorte mit 10 Servern und 300 Clients

groß: 10 LAN-Segmente, 5 Standorte mit 20 Servern und 800 Clients

Anzahl der Endbenutzer = 2 x Anzahl der Clienten

Tabelle 8.3 versucht, einige Alternativen für die Größe des Management-Teams zu geben. Die angegebenen Zahlen helfen nur zur groben Orientierung. Bei der Quantifizierung werden lokale und entfernte Strukturen betrachtet. In beiden Fällen werden kleine und große Client/Server-Systeme untersucht. Die Zahlen gelten für die Segmente, Server und Clients. Bei Fernstrukturen kommt noch die Anzahl der Standorte dazu. Die angegebenen Zahlen beruhen auf den ersten Erfahrungen des Autors; sie repräsen-

**Tabelle 8.3
Geschätzte Werte für die Anzahl der Aufgabenträger**

tieren konservative Angaben, die nicht ohne weiteres in jedem Unternehmen eingehalten werden können. Viele Unternehmen berechnen noch einen sogenannten Betreuungsindikator. Der Indikator ist das Verhältnis zwischen der Größe des Client/Server-Management-Teams und der Anzahl der Endbenutzer. Nach einer Faustregel benutzen durchschnittlich zwei Endbenutzer eine Client-Station. Dieser Indikator zeigt dann das folgende Ergebnis:

- Lokale Struktur:
    - kleine Segmente: 50,
    - große Segmente: 62.
- Fernstruktur:
    - kleine Segmente: 50,
    - große Segmente: 94.

Industrieanalysten akzeptieren einen Bereich zwischen 40 und 100 für dieses Verhältnis. Bei der Fernstruktur kommt man ganz in die Nähe der kritischen oberen Grenze bei großen Segmenten.

8.3 Zuordnung der Instrumente

Bei der Wahl und Implementierung der Instrumente ist auch ihre Zuordnung zu Aufgabenträgern sehr wichtig.

Tabelle 8.4 zeigt eine mögliche Zuordnung anhand der empfohlenen Organisationsstruktur und der Instrumente, die in früheren Kapiteln behandelt worden sind. Diese Tabelle kann auf zwei unterschiedliche Weisen interpretiert werden:

- Man kann feststellen, wo gewisse Instrumente eingesetzt werden können (horizontale Interpretation), oder
- man kann feststellen, wer welche Instrumente vorzugsweise benutzen soll (vertikale Interpretation).

8.4 Management des Teams

Bisher wurde immer angenommen, daß das Managementteam existiert und weitgehend stabil bleibt. In praktischen Umgebungen kann man das aber nicht voraussetzen. Es gibt diesbezüglich zwei Aufgaben für den Manager:

- Aufbau des Managementteams,
- Stabilisierung des Managementteams.

Bei der Zusammenstellung des Teams wird die Arbeit durch unterschiedliche Faktoren erschwert. Die wichtigsten sind fehlende Arbeitsplatzbe-

Instrumente Aufgabenträger	Integrator Plattform DB	Element Manager (WAN, LAN, MAN)	Analyzator Monitor	Modell	Hilfsprogramm MIB, DB, Berichtswesen
Manager	x			x	x
Betrieb					
Gruppenleiter	x	x			x
- Techniker	x	x	x		x
- Bediener	x	x			x
- Koordinator an der Störstelle	x	x			
Administration					
Gruppenleiter					x
- Security-Koordinator		x	x		
- Koordinator Bestände und Änderungen	x				x
- Verantwortliche für Rechnungswesen				x	
Planung					
Gruppenleiter				x	x
- Planer				x	x
- Installateur			x		
- Qualitätskontroller					x
Analyse					
Gruppenleiter			x	x	x
- Analytiker	x	x	x	x	x
- DB- und Anwendungsanalytiker		x	x	x	x

Tabelle 8.4
Aufgabenträger und Instrumente

schreibungen, wenig Auswahl an begabten Aufgabenträgern, sich schnell ändernde Technologie der Client/Server-Systeme, fehlende Aus- und Weiterbildungsschulungen und wenig Aufstiegsmöglichkeiten.

Aufbau des Teams

Es wird empfohlen, die folgenden Schritte in der angegebenen Reihenfolge zu beachten.

a) *Identifizierung der Aufgabenträger:*
   Auf der Basis der Tabelle 8.2 können die wichtigsten Personen identifiziert werden. Tabelle 8.19 gibt Richtlinien für die Anzahl der erforderlichen Aufgabenträger. Diese Zahl reduziert sich durch die bereits eingestellten Personen; die Differenz quantifiziert den konkreten Bedarf je Position.

b) *Suche nach entsprechenden Personen:*
   Anzeigen, Konferenzen, Berater, Ausbildungsstellen und individuelle Kontakte sollen helfen, Bewerber zu identifizieren und zu motivieren.

c) *Zusammenstellung der Interview-Fragen:*
   Richtlinien zum Ablauf des Treffens mit den Bewerbern sollen rechtzeitig vorbereitet werden. Um unnötige Arbeit zu vermeiden, sollen die schriftlichen Bewerbungen sorgfältig sortiert werden. Vorbereitende Telefongespräche reduzieren die Anzahl der einzuladenden Bewerber weiter. Dadurch können unnötige Zeitverluste vermieden werden.

d) *Einstellung der Aufgabenträger:*
   Die Einstellung soll nur dann erfolgen, wenn beide Parteien davon profitieren können. Dadurch können künftige Änderungswünsche, Versetzungen und Kündigungen vermieden werden.

e) *Zuordnung von Verantwortlichkeiten:*
   Die Arbeitsplatzbeschreibungen sind nur Richtlinien. Der dynamische Betrieb kann sehr oft Änderungen erfordern. Auch Rotationen können erwogen werden, damit die Monotonie der Arbeit vermieden wird.

f) *Setzen von Performance-Kriterien:*
   Periodische Bewertungen durch die Manager sind überall erwünscht. Die Kriterien der Bewertung müssen quantifizierbar sein, und die Argumentierung muß weitgehend offengehalten werden.

g) *Unterstützung der offenen Aussprache:*
   Um die Atmosphäre ständig kooperativ zu halten, darf jedes Teammitglied das Recht haben, die eigene Meinung offen zu sagen. Jeder muß das Gefühl haben, daß seine/ihre Meinung durch das Management ernstgenommen wird.

h) *Schnelle Lösung von persönlichen Konflikten:*
Um Spannungen abbauen zu können, müssen persönliche Konflikte so schnell wie möglich gelöst werden. Es hilft, wenn das System der Premisierung offengelegt wird.

i) *Aus- und Weiterbildung:*
Wegen der schnellen technologischen Änderungen müssen die Mitarbeiter kontinuierlich weitergebildet werden. Man kann davon ausgehen, daß 3 bis 5 Wochen jährlich geplant werden müssen.

j) *Treffen mit Benutzern:*
Es wird empfohlen, regelmäßig Treffen zwischen dem Managementteam und den Benutzern zu organisieren. Dadurch bessert sich das gegenseitige Verständnis, weil die Erfahrungen um Probleme und deren Lösungen ausgetauscht werden können.

k) *Analyse der neuen Technologie:*
Als Bestandteil der Motivation der eigenen Mitarbeiter muß die neue Technologie kontinuierlich analysiert und bewertet werden. Dadurch kann garantiert werden, daß das Managementteam auf dem laufenden bleibt.

Das Geheimnis, das Managementteam zusammenzuhalten, besteht darin, daß die Erwartungen von Arbeitgebern und Arbeitnehmern weitgehend übereinstimmen. Von den Angestellten erwartet man ehrliche und anständige Arbeit, vom Management erwartet man eine leistungsgerechte Entlohnung. Aus der Managementsicht sind die folgenden Maßnahmen wichtig:

a) *Entlohnung:*
Gehälter stehen immer noch an erster Stelle bei Angestellten. Beteiligung am Firmenerfolg und leistungsbezogener Bonus sind Motivationselemente, die immer funktionieren.

b) *Soziale Leistungen:*
In vielen Unternehmen stehen derartige Leistungen sogar im Vordergrund. Sie schließen Dienstwagen, Lebens- und Unfallversicherung, niedrigere Zinsen und ähnliche Leistungen ein. Manchmal machen solche Leistungen bis zu 40 % der Gehälter aus.

c) *Sicherheit des Arbeitsplatzes:*
Die Sicherheit ist besonders wichtig für die Arbeitnehmer. Sie schließt mehrere Aspekte ein, z. B. Nichtentlassung, Rentenversicherung, Zusatzrente und Rentenplanung.

d) *Anerkennung der Leistungen:*
Gute Leistungen müssen immer und wiederholt anerkannt werden. Die Anerkennung kann vom Manager oder auch von Kollegen kommen. Sehr oft hängt die Stimmung im Team von der Anerkennung ab.

e) *Aufstiegsmöglichkeiten:*
Es ist sehr wichtig, dem Personal doppelte Aufstiegsmöglichkeiten anzubieten. Technischorientierte Personen und Manager müssen vergleichbare Karrierpläne haben. Das schließt natürlich auch die vergleichbaren Verdienstmöglichkeiten ein.

f) *Einsatz von Instrumenten:*
Es wirkt sehr motivierend, wenn das Managementteam mit guten Instrumenten arbeitet. Dadurch erhöht sich der Stolz des Mitarbeiter, mit den besten Instrumenten ausgerüstet zu sein. Weil so auch das Know-how der Person erweitert wird, fühlen sich die Mitarbeiter wohler und schauen optimistischer in die Zukunft.

g) *Realistische Performance-Ziele:*
Jeder Mitarbeiter sollte Performance-Ziele haben. Die Zielsetzungen müssen aber realistisch bleiben. Wenn Aufgaben rotiert werden, können die Ziele nicht so ohne weiteres quantifiziert werden. Beispiele sind: Wie schnell werden Anrufe beantwortet, oder wie zufrieden sind die internen Benutzer? Diese Indikatoren werden dann bei der Bewertung der Leistung der Arbeitnehmer wieder berücksichtigt.

8.5 Zusammenfassung

Das Managementteam aufzubauen ist leichter als die Zusammenhaltung des Teams auf längere Sicht. In diesem Abschnitt wurden einige Anregungen gegeben, wie man überhaupt die Organisation für das Client/Server Management aufbauen kann. Es wird empfohlen, die Aufgabenträger und die Management-Funktionen um vier Gruppen: Betrieb, Administration, Planung und Analyse aufzubauen (Tabelle 8.1). Die beispielhaft aufgeführten Arbeitsplatzbeschreibungen können für viele Unternehmen als Basis und Ausgangspunkt dienen. Die Zuordnung der Aufgabenträger zu Instrumenten und zu Management-Funktionen hilft wiederum vielen Unternehmen bei der Organisierung und Optimierung des Management für Client/Server-Systeme.

9. Zusammenfassung und Ausblick

Client/Server-Systeme werden immer komplexer, sie repräsentieren eine beträchtliche Investition in diese neue Technologie, und sie beeinflussen unmittelbar die Produktivität des Unternehmens. Ohne oder mit wenig Management riskiert das Unternehmen sehr viel, da reaktives Management über längere Zeiträume immer viel mehr kostet als proaktives Management. Die Management-Aufgabe ist nicht leicht; die Verwaltung von Servern, Clients und Netzverbindungen muß auf einen gemeinsamen Nenner gebracht werden.

Die Technologie hilft, diese Herausforderung zu meistern. Dabei werden mehrere Trends sichtbar, z. B.:

– Benutzung von leistungsfähigen Management-Plattformen,

– Neustrukturierung von Netzen mit Hilfe von ATM,

– verstärkte Benutzung von intelligenten Agenten zur Dezentralisierung von mehreren Management-Aufgaben,

– Implementierung von objektorientierten Lösungen,

– Bevorzugung von standardisierten Lösungen,

– Erwägung der Benutzung von innovativen Lösungswegen wie neuronale Netze und Expertensysteme und

– Bewertung der Möglichkeit der Benutzung von Management-Diensten.

Bei der Diskssion der Trends konzentriert sich dieser Abschnitt auf die Integration, Automatisierungsmöglichkeiten und auf Management-Dienste.

9.1 Integration

Integration bedeutet mehrere Dinge und wird von unterschiedlichen Personen unterschiedlich interpretiert. Im Sinne der Verwaltung von Client/Server-Systemen wird die Integration in mehreren Schritten vollzogen. In jedem Fall sind die leistungsfähigen Plattformprodukte die Voraussetzung der schrittweisen Integration. Das Hauptziel ist, die verschiedenen Client/Server-Komponenten von wenigen Stellen aus – nicht unbedingt von einer Stelle aus – zu verwalten. Wieviele Stellen letzten Endes in Frage kommen, hängt von den Gegebenheiten des Unternehmens ab. Man darf die Integration nicht um jeden Preis durchziehen.

In den meisten Fällen fängt man mit der horizontalen Integration an. In diesem Fall werden mehrere Management-Systeme mit unterschiedlichen Aufgabengebieten durch ein oder durch eine kleine Anzahl von Plattformprodukten administriert. Bild 9.1 zeigt den geordneten Ausgangspunkt und Bild 9.2 die Zielrichtung.

Bei dieser Art der Integration werden die existierenden Management-Systeme – sie repräsentieren Lösungen für Systeme und Netze – wenig oder überhaupt nicht geändert. Eine Plattform wird lediglich als gemeinsamer Nenner mit gewissen Dienstleistungen benutzt.

**Bild 9.1
Heutige
Integrationslösungen**

**Bild 9.2
Künftige
Integrationslösungen**

Im nächsten Schritt wird auch vertikal integriert. In diesem Fall löst man die individuellen Eigenschaften der Management-Systeme durch Standardlösungen ab. Die Standardlösungen beinhalten Protokolle, Datenbankzugriffe und systemnahe Anwendungen im Integrator. In diesem Schritt wird das Management von Datenbanken und Anwendungen mit aufgenommen. Dieser Schritt integriert gerätespezifische Produkte und Anwendungen.

Im dritten Schritt werden auch geräteunabhängige Anwendungen zusätzlich zum bisher erreichten Leistungsumfang integriert. Diese Anwendungen automatisieren ganze Prozesse oder wenigstens einige Prozeßschritte. Dazu gehören Anwendungen für die Störzettelverwaltung, Kabel-Management, Performance Monitoring und statistische Analyse von Meßdaten.

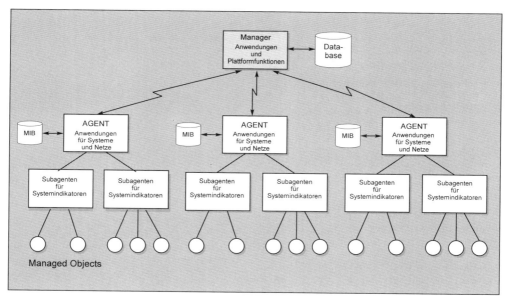

**Bild 9.3
Gemeinsames Management von System- und Netzkomponenten**

Bild 9.3 zeigt die integrierte Verwaltung von System- und Netzwerkkomponenten, vorausgesetzt, daß alle Komponenten SNMP-fähig sind. Mit einer MIF-MIB-Umsetzung kann diese Voraussetzung erfüllt werden. Durch die Weiterentwicklung von SNMP können sogar höhere Erwartungen erfüllt werden. Gelegentlich können auch weitere Protokolle zum Einsatz kommen. Die Technologie ist verfügbar für die Integration, aber das Mengenproblem ist noch ungelöst. Die Grenzen werden auf drei Gebieten aufgezeigt:

– Bandbreite zur Übertragung von Management-Daten,

– Speichermöglichkeiten in Agentennähe – praktisch innerhalb der Komponente,

Funktionen	Vorzugsweise verteilt	Vorzugsweise zentral
Bestands-Management		
Bestandsführung		x
Backup	x	
Änderungs-Management		x
Bestellwesen		x
Directory-Dienst		x
Konfigurations-Management		
Konfigurierung von Systemen und Netzen		x
Topologiepflege		x
Problem-Management		
Statusüberwachung	x	
Alarm-Mangement		x
Problembestimmung, Problemdiagnose und Problembehebung	x	
Datensicherheit		x
Messungen und Tests	x	
Störzettelverwaltung		x
Disaster Recovery		x
Performance Management		
Definition von Performance-Parametern		x
Durchführung von Performance-Messungen	x	
Meßdatenverarbeitung		x
Optimierung der Performance		
Berichtsgenerierung		
Modellierung und Baselining	x	
Security-Management		
Risikoanalyse für Client/Server-Systeme		x
Security-Dienste und Security-Maßnahmen		x
Implementierung von Security-Maßnahmen	x	
Schutz des Managmentsystems		x
Accounting-Management		
Kostenerfassung		x
Lizenzüberwachung		x
Weiterverrechnung		x
Administration		
Dokumentation		x
Software-Verteilung		x
Software-Pflege	x	

Tabelle 9.1
Automatisierbarkeit von Management-Funktionen

- Verarbeitung und Komprimierung der Daten in Managernähe – praktisch innerhalb des Managers.

In der Industrie experimentiert man mit einer Kombination von neuronalen Netzen und Expertensystemen zur Lösung der drei aufgezeigten Problembereiche.

9.2 Automatisierung

Sinnvolle Automatisierung hilft bei der Erhöhung der Effizienz und der Stabilität des Betriebes von Client/Server-Systemen. Aber nicht alle Management-Funktionen lassen sich automatisieren. Benutzer sollen sich zunächst auf Routine-Funktionen konzentrieren. Dadurch bleibt mehr Zeit für die Behandlung von komplexeren Problemen.

Bei der Lösung von ganz komplexen Problemen helfen dann Expertensysteme der Zukunft. Tabelle 9.1 stuft die Automatisierbarkeit von Management-Funktionen wie folgt ein:

- Hoch bedeutet, daß Lösungen und Produkte heute schon voll oder teilweise existieren.

- Mittel bedeutet, daß Lösungen und Produkte in absehbarer Zeit implementiert werden können.

- Niedrig bedeutet, daß man mit der Automatisierung der Funktion nur in Sonderfällen rechnen kann.

Die Automatisierung wird durch die Verfügbarkeit von leistungsfähigen Plattformprodukten sich ändern. Bild 9.4 zeigt, daß in der Zukunft ein proaktives Management überwiegt; diese Management-Taktik löst dann das reaktive Management ab.

Teil der Automatisierungslösung ist die Verteilung der Management-Funktionen zwischen der Zentrale und den dezentralen Standorten. (Tabelle 9.2, Seite 253)

Tabelle 9.2 gibt eine mögliche Verteilung, womit der Benutzer wenigstens anfangen kann. Als konkrete Möglichkeiten sieht man folgende Ansatzpunkte:

- intelligente Agenten, die Daten sammeln, filtern, verarbeiten und komprimierte Informationen in Richtung Manager weiterleiten;

- neuronale Netze, die in der Lage sind, sehr viele Meßproben zu nehmen und in Echtzeit zu verarbeiten; die Verarbeitung bedeutet eigentlich den Vergleich der Meßproben mit vorgegebenen Mustern;

- Expertensysteme, die gezielte Diagnosen zuverlässig ausführen, wobei die verfügbaren Informationen analysiert und korreliert werden.

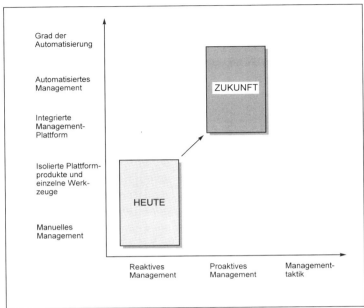

**Bild 9.4
Management-Trends**

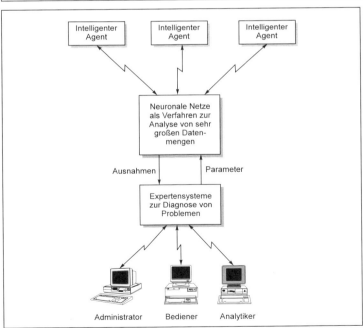

**Bild 9.5
Kombination von
Lösungsansätzen**

Diese drei Lösungsansätze können miteinander kombiniert werden, wie im Bild 9.5 gezeigt wird.

Funktionen　　Automatisierbarkeit:	hoch	mittel	niedrig
Bestands-Management			
Bestandsführung		x	
Backup	x		
Änderungs-Management		x	
Bestellwesen		x	
Directory-Dienst			x
Konfigurations-Management			
Konfigurierung von Systemen und Netzen			x
Topologiepflege		x	
Problem-Management			
Statusüberwachung	x		
Alarm-Mangement	x		
Problembestimmung, Problemdiagnose und Problembehebung		x	
Datensicherheit			x
Messungen und Tests			x
Störzettelverwaltung	x		
Disaster Recovery		x	
Performance Management			
Definition von Performance-Parametern			x
Durchführung von Performance-Messungen		x	
Meßdatenverarbeitung	x		
Optimierung der Performance			x
Berichtsgenerierung	x		
Modellierung und Baselining		x	
Security Management			
Risikoanalyse für Client/Server-Systeme		x	
Security-Dienste und Security-Maßnahmen		x	
Implementierung von Security-Maßnahmen			x
Schutz des Managementsystems	x		
Accounting Management			
Kostenerfassung	x		
Lizenzüberwachung	x		
Weiterverrechnung	x		
Administration			
Dokumentation			x
Software-Verteilung	x		
Software-Pflege		x	

Tabelle 9.2
Verteilbarkeit von Management-Funktionen

9.3 Management-Dienste

Die Verwaltung von Client/Server-Systemen ist insgesamt gesehen nicht billig, erfordert gut ausgebildete Fachkräfte und verlangt die entsprechende Instrumentierung in mehreren Standorten. Dazu kommt noch, daß das Unternehmen mit der neuesten Technologie Schritt halten soll, die zu kürzeren Abschreibungszyklen führen kann. Alle diese Faktoren sprechen dafür, daß Unternehmen mit vielen und komplexen Client/Server-Systemen überlegen, ob sie die Verwaltung dieser Netze nicht in Auftrag geben sollten (Outsourcing). Erfahrungen zeigen, daß man in solchen Fällen mit folgenden Vorteilen rechnen kann:

- Man schätzt, daß sich die Kosteneinsparungen, die mittel- und langfristig realisiert werden können, in einer Größenordnung von 5 – 15 % der heutigen Betriebskosten bewegen.

- Dadurch ist das Personalproblem leichter lösbar; es ist nämlich sehr schwierig, qualifizierte Mitarbeiter für die Client/Server-Verwaltung zu finden und einzustellen.

- Ein Dienstleistungsunternehmen kann neue Anwendungen schneller entwickeln und implementieren.

- Ein Dienstleistungsunternehmen ist flexibler hinsichtlich der Ablösung einer veralteten Hardware- oder Software-Technologie.

- Das Unternehmen kann sich auf das Hauptgeschäft konzentrieren und vorwiegend strategische Aufgaben lösen.

Obwohl diese Art Dienstleistungsaufträge immer häufiger aufzufinden ist (z. B.: Chase Manhattan – AT&T, Bull – Eunetcom, J.P.Morgan – AT&T, Samsung – AT&T, Merrill Lynch – MCI/IBM, Kodak – IBM/DEC), haben die meisten Unternehmen noch Bedenken auf folgenden Gebieten:

- Zuverlässigkeit des Dienstleistungsunternehmens,

- Management der Änderungen bei Unternehmensstrukturen und bei der Technologie,

- Güte des Vertrages,

- Qualifikation des Dienstleistungsunternehmens,

- Glaubhaftigkeit der versprochenen Kostenersparnis,

- Gefahr des Verlustes des eigenen Gesamtwissens,

- meistens ungelöstes Backup, wenn das Dienstleistungsunternehmen aus irgendwelchen Gründen versagt,

- Gefahr, daß Hardware- und Software-Entscheidungen voreingenommen getroffen werden, da das Dienstleistungsunternehmen aus Preisgründen mit einigen Herstellern und Anbietern engere Kontakte hat,

- Risiken, ob der Servicegrad wirklich garantiert werden kann.

Die diesbezügliche Entscheidung beansprucht eine längere Analysearbeit, die im Rahmen von Audits und Benchmarks durchgeführt wird. Im Laufe dieses Projekts wird der »Wert« des Client/Server-Systems und des Management-Teams festgestellt. Gewöhnlicherweise gehen die Unternehmen in mehreren Schritten vor und es werden zunächst Netzsegmente, dann Routine-Aufgaben für Server und Clients, und als letzter Schritt vielleicht das ganze System in Auftrag gegeben.

9.4 Zusammenfassung

Das Management von Client/Server-Systemen wird kontinuierlich erweitert und verbessert. Die Erweiterungen und Verbesserungen kommen von mehreren Seiten. Vor allem ist es wichtig, die einzelnen Management-Funktionen in gut überschaubare Prozesse zusammenzufassen. Dabei ist es wichtig, Prioritäten zu setzen, denn die Unternehmen können nicht alle Funktionen auf einmal implementieren. Überall, wo Anwendungen für die jeweilige Funktion vorhanden sind, sollten sie gegenüber eigenen Entwicklungen bevorzugt werden.

Die verfügbaren Plattformen geben den erforderlichen Funktionsumfang für Integration, Automatisierung, Zentralisierung und eventuell zur Verteilung von Management-Funktionen. Einige wenige Management-Protokolle, vor allem SNMP und RMON, werden die Kommunikation zwischen Managern und Agenten unterstützen. Die Fähigkeiten dieser Protokolle werden in Richtung von weiteren MIBs und MIFs ausgebaut. Bezüglich der Monitore werden nach wie vor spezielle Geräte zur Analyse benutzt. Aber die kontinuierlichen Messungen mit proaktivem Charakter werden durch standardisierte Verfahren gelöst.

Um das Mengenproblem lösen zu können, werden die Datenbanken kontinuierlich optimiert und gegebenenfalls auch verteilt. In absehbarer Zeit werden auch objektorientierte Datenbanken benutzt, aber nicht anstelle von, sondern zusätzlich zu heutigen relationalen Datenbanken. Durch diese Kombination können praktisch alle Management-Funktionen effizient unterstützt werden.

Bezüglich der Aufgabenträger rechnet man mit dem Zusammenwachsen der system- und netzorientierten Kenntnisse, wodurch die Teammitglieder universeller eingesetzt und zwischen mehreren Aufgaben rotiert werden können. Dabei müssen allerdings die Verantwortlichkeiten ganz klar definiert werden, damit Doppelverantwortlichkeiten, die immer wieder Verzögerungen verursachen, vermieden werden können.

Um Investitionen in Backup-Lösungen, Instrumente, Plattformprodukte und in die Aus- und Weiterbildung der Aufgabenträger rechtfertigen zu können, müssen die Auswirkungen von Ausfällen quantifiziert werden. Weiterhin muß Klarheit darüber herrschen, wie lange das Unternehmen ohne Client/Server-Systeme oder deren Netzsegmente überhaupt funktionieren kann.

In einigen Fällen bietet sich die Outsourcing-Lösung als eine kostengünstige Alternative zum eigenständigen Management von Client/Server-Systemen.

10. Anhang

10.1 Literaturverzeichnis

<BAHR94>   Bahr, D.: Client/Server-Szenarien, CMG-CE Konferenz Dokumentation, S. 121, Bremen, 1994.

<BOEL90>   Boell, H.-P.: Lokale Netze - Momentane Möglichkeiten und zukünftige Entwicklung, McGraw-Hill Book Company GmbH, Hamburg, 1990.

<CARN94>   Carnese, D.: Managing Distributed Applications, Technology Transfer Institute Conference, Washington, D.C., Oktober 1994.

<DODS93>   Dodson, G., Heidel, R.: Client/Server Systems Management, CMG Transactions, Chicago, Herbst 1993, USA.

<HOFF90>   Hoffmann, P.: Universelles Überwachungs- und Management-Tool, DATACOM-Netzwerk-Spezial, Bergheim, Oktober 1990.

<HOPP94>   Hoppermann, J.: Rechnen sich Client/Server-Systeme wirklich?, CMG-CE Konferenz Dokumentation, S. 72, Bremen, 1994.

<JAND94>   Jander, M.: Management Frameworks, Data Communications Magazine, McGraw-Hill, New York, USA, February 1994.

<KAUF93>   Kauffels, F.-J.: Netzwerk-Management, 2. Auflage, DATACOM-Buchverlag, Bergheim, 1992.

<LEIN93>   Leinwand, A., Fang, K.: Network Management – A Practical Perspective, Addison Wesley Publishing Company, New York, USA, 1993.

<LEUE94>   Leuenberger, B., Ammon, Th.: Notwendigkeit und Problematik von Performance- und Kapazitätsmanagement in verteilten Systemen, CMG-CE Konferenz Dokumentation, Bremen, 1994.

<LINN94>   Linnel, D.: Enterprise Client/Server Management,
           Technology Transfer Institute Tutorial,
           Washington, D.C., Oktober 1994.

<LIPN94>   Lipner, L.D.: The Role of Visualization in Multi-Platform
           Performance and Capacity Management,
           CMG-CE Konferenz Dokumentation, Bremen, 1994.

<RULA93>   Ruland, Chr.: Informationssicherheit in Datennetzen,
           DATACOM- Buchverlag, Bergheim, 1993.

<SIEM93>   Siemens-Nixdorf: Distribution Management
           System (DMS), Produkt-Dokumentation,
           München, 1993.

<STAL93>   Stallings, W.: SNMP, SNMP2 and CMIP,
           Addison-Wesley Publishing Company, Redding,
           USA, 1993.

<TERP91>   Terplan, K., Voigt, Chr.: LAN Management –
           Funktionen, Instrumente, Perspektiven,
           DATACOM-Buchverlag, Bergheim, 1991.

<TERP992> Terplan, K.: Effective Management of Local Area
           Networks, McGraw-Hill, Inc.,
           New York, USA, 1992.

<TERP95>   Terplan, K., Huntington-Lee,J.: Applications for
           Distributed Systems and Network
           Management, Van Nostrand Reinhold,
           New York, USA, 1995.

<TRAI94>   Traister, L.: Measuring Performance in UNIX
           Environments, CMG-CE Konferenz Dokumentation,
           S. 319, Bremen, 1994.

10.2 Abkürzungsverzeichnis

ACD	automated call distributor
ACSE	association control service element
ANSI	American National Standards Institute
API	Application Programming Interface
ARPA	Advanced Research Projects Agency
ARPANET	ARPA computer network
ASN.1	abstract syntax notation one
ATM	asynchronous transfer mode
B-ISDN	Broadband ISDN
BU	business unit
CAD	computer aided design
CATV	coaxial community antenna television
CAU	controlled access unit
CCITT	Comité Consultatif Internationale Télégraphique et Téléphonique
CMIP	common management information protocol
CMISE	common management information service element
CMOL	CMIP over logical link control
CMOT	CMIP over TCP/IP
COBRA	common object-oriented request broken architecture
CSMA/CD	carrier sense multiple access/collision detect
CSU	channel service unit
DAS	double attached station
DATEX	Datendienste der Deutschen Bundespost Telekom
DCE	Distributed Computing Environment (OSF)
DEE	data circuit-terminating equipment
DES	Data Encryption Standard
DFN	Deutsches Forschungsnetz
DME	Distributed Management Environment (from OSF)
DMI	desktop management interface
DMTF	desktop management task force
DNA	Digital Network Architecture (DEC)
DQDB	distributed queue dual bus
DSU	data service unit
DTE	data terminal equipment
EDI	electronic data interchange
EGP	Exterior Gateway Protocol
EMS	element management system

FDDI	Fiber Distributed Data Interface
FDM	frequency division multiplexing
FTAM	file transfer access and management
FTP	file transfer protocol
GGP	Gateway Gateway Protocol
GNMP	government network management profile
GUI	graphical user interface
HDLC	high-level data link protocol
IAB	Internet Activities Board
ICMP	Internet Control Message Protocol
IEEE	Institute of Electrical and Electronic Engineers
IETF	Internet Engineering Task Force
IGP	Internet Gateway Routing Protcocol
IIVR	integrated interactive voice response
IMP	interface messages processors
IP	Internet Protocol
IPX	internet packet exchange
IS	intermediate system (ISO for IP-router)
ISDN	Integrated Services Digital Network
ISO	International Organization for Standardization
LAN	local area network
LAT	local area transport protocol (DEC)
LED	light emitting device
LLC	logical link control
LM	LAN manager
LWL	Lichtwellenleiter
MAC	media access control
MAN	metropolitan area network
MAU	media attachment unit or multiple access unit
MIB	management information base
MIF	management information format
MIS	management information system
MO	managed object
MSU	message service unit (IBM)
MTA	message transfer agent
MTBF	mean time between failures
MTOR	mean time of repair
MTTD	mean time of diagnosis
MTTR	mean time to repair
NCE	network control engine
NCP	network control program

NCL	network control language
NE	network element
NetBIOS	network basic input-output system
NFS	Network File System (Sun)
NIC	network interface card
NMF	network management forum
NMM	network management module
NMP	network management protocol
NMS	network management station or network management system
NMVT	network management vector transport
NOS	network operating system
OMG	Object Management Group
OSF	Open System Foundation
OSI	open system interconnected
OVW	OpenView Windows
PAD	packet assembler/disassembler
PBX	private branch exchange
PDU	protocol data unit
PC	personal computer
PCM	pulse code modulation
PHY	physical layer (FDDI)
PIN	personal indentification number or positive intrinsic negative
PING	packet internet grouper
PLS	physical signalling
PMD	physical medium dependent
PSM	product specific module
RFC	request for comments
RISC	reduced instruction command set
RMON	Remote Monitoring Standard for SNMP-MIBs
RODM	resource object data manager
ROSE	remote operating service element
RPC	remote procedure call
SAS	single attached station
SDH	synchronous digital hierarchy
SGMP	Simple Gateway Monotoring Protocol
SLIP	IP over serial lines
SMAE	systems management application entities
SMAP	systems management application protocol
SMF	systems management function
SMFA	systems management function area
SMI	structure of management information

SMDR	station message detailed recording
SMP	Station or Simple Management Protocol (FDDI)
SMTP	Simple Mail Transfer Protocol
SNA	Systems Network Architecture (IBM)
SNMP	Simple Network Management Protocol
SRB	source routing bridge
SSAP	source service access point
STA	spanning tree algorithms
TB	token bus
TCP	Transmission Control Protocol
TDM	time devision multiplexing
TDR	time domain reflectometer
TFTP	Trivial File Transfer Protocol
TME	Tivoli Management Environment
TMN	Telecommuniactions Management Network
TR	Token Ring
TTRT	target token ring rotation time
UA	user agent
UDP	User Datagram Protocol
UI	UNIX International
ULP	Upper Layer Protocol
UPS	uninterupted power supply
VNM	virtual network machine
VT	virtual terminal
VTAM	Virtual Telecommunications Access Method (IBM)
WAN	wide area network
XNS	Xerox Network Services

10.3 Stichwortverzeichnis

A

Accounting	54
Accounting Management	29, 41, 54ff, 116, 121, 130, 240, 250, 253
ACSE	42, 51
Action Request System	173, 187, 214, 222
Admin Center	178
Administration	58, 122, 130, 240, 250, 253
AgentWork	137
AIMS	37
AIX	181
Alarm-Management	58, 129, 240, 250, 253
Analyzator	243
Analyzator-Monitor	129, 130
Änderungs-Management	58, 65ff, 72, 84, 129, 240, 250, 253
Änderungsdienst	57
Änderungskoordination	29
Anwendungsschnittstellen	s. Application Programming Interface
API	29, 136, 143, 163f, 222
AppleTalk	48
Application Programming Interface	s. API
AR System	s. Action Request System
Archivierung	29, 57, 62, 128, 153f, 156
ASN.1	45
Atlas	37f, 41
ATM	35, 41, 95, 173, 247
Auslastung	60, 78, 136, 176, 184
Authentizitätsüberprüfung	113
Automatisierung	251

B

Backup	22, 31, 57ff, 83ff, 115, 129, 153ff, 177, 240, 250ff
Baselining	29, 91, 104, 133f, 240, 250, 253
Basisdienste	138, 140, 143, 145, 149f
Benutzerinformationen, Pflege von	61
Benutzerprofile	57
Berichtsgenerierung	57f, 103, 130
Bestands-Management	57ff, 129, 240, 250, 253
Bestandsdatei	84
Bestandsdatenbank	70
Bestandsdatenbasis	66, 83
Bestandsführung	29, 57ff, 72, 129, 152ff, 182, 200ff, 240, 250ff

Bestands-Management	70
Bestellwesen	57f, 69, 129, 240, 250, 253
Betriebskosten	24
Blue Vision	226

C

CCITT	41
CI	53f
Cisco Works	170f
Client/Server-Administration	57
Client/Server-Strukturen	17
Client/Server-Systeme, Risikoanalyse für	58
CMIP	40ff, 51ff, 56, 77, 133ff, 141, 148, 163f, 182
CMIP/PICS	51
CMIS	42, 49
CMISE	42
CMOL	41, 56, 145, 148, 164
CMOS	41
CMOT	41, 56, 147f, 164
Command 5000	74, 123, 222, 217ff
Command/Post	180, 228f
Common Management Information Protocol	s. CMIP
Component Interface	s. CI
Configuration Management	41
CORBA	41
CPU	33f
CSMA/CD	95

D

Data Repository	123
Datenbasis	67, 79
Datenerfassung	77f
Datensicherheit	58, 84, 129, 240, 250, 253
DB Manager	193
DCA	134
DCE	38, 41
DECnet	134
DeskTalk	209
Desktop	54, 56
Desktop Management Interface	s. DMI
Desktop Management Task Force	s. DMTF
Diagnose	57, 76, 88
Dienste, Basis-	133

Dienste, fortgeschritten	136, 138, 141, 144, 146, 148, 150
DiMONS	137, 146f, 158f, 172, 227
Directory	179
Directory-Dienst	57f, 70, 129, 240, 250, 253
Disaster/Recovery	57f, 63, 86, 90ff, 129, 240, 250, 253
Discovery	73, 134, 138, 140, 143ff, 152, 172
Distribution Manager/2	207
Distribution Manager/6000	205
DME	37f, 146
DMI	38, 41
DMTF	37, 41, 52, 59, 161, 168, 183, 201
DMTF-MIF	93
Dokumentation	57f, 65, 122, 130, 240, 250, 253
DOS	34, 38, 53, 139, 141
Downsizing	17, 20
DSA	134
Durchsatz	60, 136

E

EcoTools	192f
Element Manager	130
Encompass	137, 159
Enterprise Desktop Manager	204
Erfahrungsdatei	78, 83
Ethernet	45, 101, 186
EventIX	226

F

Fault Management	41, 49
FDDI	41
ForeView	173

G

GMF		123, 146
Graphic Monitor Facility	s. GMF	

H

Health-Profiler		209, 210
Heartbeat		180
Hierarchical Storage Management	s. HSM	

Host-Rechner	31, 160
HSM	65, 154, 177, 194
HyperScope	173
Hypertext	93

I

IAB	59
Input/Output	33f
Integration	164, 247f
Integrator	243
Integrator Plattform DB	129f
IPX	48
IS IS	51
ISDN	35

K

Kabel-Management	62, 217, 249
Kerberos	152
Kollisionsrate	96
Kommunikations-Manager	74, 123
Konfig	74, 217
Konfig-Manager	123
Konfigurations-Management	29, 57f, 71ff, 129, 152ff, 182, 240, 250ff
Konfigurierung von Systemen und Netzen	57f, 71f, 124, 129, 240, 250, 253
Kostenerfassung	58, 117, 130, 240, 250, 253

L

LAN	35ff, 44ff, 53ff, 63, 87f, 100ff, 120ff, 166, 170ff, 183ff, 200, 212, 243
LAN-Analysatoren	93, 103
LAN-Monitore	92, 105
LANlord	183
Lizenzüberwachung	29, 58, 117, 127ff, 153f, 201ff, 240, 250, 253

M

Maestro Vision	175
MAN	36f, 57, 59, 122, 129f
Management Information Base	s. MIB
Management Information Format	s. MIF

Management-Dienste	247, 254
Mangement-Funktionen	57ff, 240
Management Interface	s. MI
Management-Konzepte	131
Management-Protokolle	29
Management-Station	137
Management-Systeme	58, 249f
Management-System, Schutz des	57, 115, 240, 250, 253
Manager von Managern	132
Mapping	73f, 134, 138, 140, 143, 145, 147, 149, 172
MAXM	132
Messungen	96, 240, 250, 253
Messungen und Tests	58, 129
Meßdatenverarbeitung	75f, 100f, 130, 240, 250, 253
MI	54
MIB	42ff, 56ff, 79, 129f, 135, 148, 162, 168, 172, 194ff, 209f, 218, 227, 243, 255
MIB I	44, 60, 143, 145
MIB II	55, 60, 74, 143, 145
MIF	53, 56, 59, 126, 255
MIF-MIB	249
MIPS	33f, 95
Modell	129f, 130, 243
Modellierung	29, 57f, 104f, 130, 136, 240, 250, 253
Monitor	243
MountainView	74, 123, 218, 219, 222
MVS	68, 126

N

Navigator	202
NerveCenter	146, 148
NetExpert	132, 137
NetImpact	225
NetMetrix	186f
NetView	38, 186
NetView for AIX	137, 144f, 157, 173, 207ff, 222, 227f
NetView for OS/2	181f
NetView/390	131f, 144ff, 223, 225, 227
NetWare	53, 86, 160, 183
NetWare Management Service	158
Network Management System	s. NMS
NMC	139
NMC 5000	173
NMC Vision	158

NMF	41
NMS	44, 149, 184
NMVT	39, 145

O

OmniBack	177
OMNIPoint	37f, 49
OmniStorage	194
OneVision	38, 137, 139, 146, 158f, 186, 227
OnSite	101
OpenV*SecureMax	181
OpenView	38, 137, 141ff, 150f, 157ff, 172f, 180ff, 200f, 210ff, 222ff
OperationsCenter	154, 158, 177, 201
Optimierung	57
Optimierung der Performance	58, 130
Optivity	167
OS/2	28, 34ff, 53, 68, 126, 139, 160, 173, 181, 201ff, 224
OS/2-Umgebung	208
OS/400	68
OS/Eye*Node	176
OSI	41, 48, 59
Overhead	48f, 54f, 64, 79, 134, 191

P

Paketvermittlung	35
Paradigm	215
Passport	172
Patrol	192
PC	35
PDU	42
Performance	35, 54, 69ff, 96, 178, 240, 250, 253
Performance-Analyse	97, 108
Performance-Daten	100, 148, 174
Performance-Datenbanken	100
Performance-Indikatoren	33, 95f, 193
Performance-Indikatoren, Definition von	57
Performance Management	29, 41, 57f, 97, 106, 130, 153ff, 172, 240, 249ff
Performance-Messungen	58, 130
Performance-Messungen, Durchführung von	97, 240, 250, 253
Performance-Monitoring	193
Performance, Optimierung der	58, 102f, 130, 240, 250, 253

Performance-Parameter	58
Performance-Parameter, Definition von	95, 130
Performance-Voraussage	136
PerfView	154f, 178
PICUS	175
PING	134
Plattform	37, 131ff, 162, 184, 223, 243, 247f, 255
Plattformlösungen, speziell	151
Polling	48, 143, 147f, 151, 176, 192
Probe/Net	178f
Problembehebung	29, 58, 76, 81, 88, 129, 240, 250, 253
Problembestimmung	58, 76, 81f, 88, 129, 240, 250, 253
Problemdiagnose	58, 78, 81f, 129, 240, 250, 253
Problemerkennung	81f
Problem-Management	29, 57f, 76, 94, 129, 154ff, 214, 240, 250, 253
Protokolle	39, 135, 249
Proxy	48
Pull-Verfahren	124f, 154
Push-Verfahren	124f, 154

Q

Quarantäne	116

R

RARS		223
Recovery		83, 91
Registrierung		57
Remote Alert Reporting Systems	s. RARS	
Remote-Diagnosen		90
Remote Monitoring	s. RMON	
Remote Procedure Call	s. RPC	
Resource Object Data Manager	s. RODM	
Ressourcen-Auslastung		96
Restore		177
Retransmissionsrate		96
REXX		145
Rightsizing		17, 20
Risikoanalyse		57, 109, 130, 240, 250, 253
RMON		45f, 60, 90, 101, 103ff, 145, 148, 255
RODM		146
ROSE		42, 51
RPC		153

S

SAS/CPE	211, 212
Schutz des Management-Systems	130
Schwellenwerte	71
SDH	51
Security	54
Security-Dienste	57f, 112, 130, 240, 250, 253
Security Management	29, 41, 57f, 109, 116, 130, 153, 155, 240, 250, 253
Security-Maßnahmen	57f, 112, 114, 130, 240, 250, 253
Security-Maßnahmen, Implementierung von	58, 240, 250, 253
ServerView	184f
Servicegrad	60
Servicegüte	136
SFT	85f
Simple Network Management Protocol	s. SNMP
Site Manager	171
SMAE	42
SMF	49
SMI	59
SMIT	146
SMS	201f
SMT	36
SMUX	148
SNA	134
SNA-Expert	224
Sniffer	187f
SNMP	36ff, 52ff, 70ff, 94ff, 105f, 116, 121, 128, 132ff, 140ff, 148ff, 162ff, 171ff, 181ff, 192ff, 209ff, 218ff, 249, 255
SNMPv1	40f, 48f, 56, 135
SNMPv2	40f, 49, 56, 72, 135, 137
SNMP API	143
SNMP-MIB	93
SNMP MIB I	148
SNMP-PDU	48
SNMP-Plattform	144
SNMP-Traps	147, 172, 177
Software Distributor	200
Software-Lizenzen	57
Softwaremeter	120
Software-Pflege	57f, 127, 130, 240, 250, 253
Softwareverteilung	29, 57ff, 123, 126, 130, 153, 154, 199
Spectrum	38, 137, 158, 212, 226
SQL	38, 70, 136ff, 148, 151, 170, 191, 193, 201, 211, 218
StationView	185

Statusüberwachung	29, 57f, 78, 129, 240, 250, 253
Störberichte	78, 83, 89, 90
Stördatei	78, 81
Störstelle	89f
Störzettel	89, 214
Störzettelverwaltung	57f, 67ff, 88, 129, 190, 214, 221, 240ff
Structured Management Information	s. SMI
Structured Query Language	s. SQL
SunNet Manager	38, 139f, 157, 173, 178, 187, 210ff, 222ff
SunSoft	146
Sysnet	179f
System Fault Tolerant	s. SFT
Systems Administration	29

T

TCP	46
TCP/IP	40ff, 77, 134, 144, 168, 170, 187, 200, 215
Telecommunication Management Network	s. TMN
Terminal/Server-Strukturen	17
Test	57, 71, 86, 88, 240, 250, 253
Time Domain Reflectometer	87, 93
Tivoli Management Environment	s. TME
TME	151f, 158
TMN	37f, 41, 52, 56
Token Ring	45, 98, 101, 186
Topologiedienst	73
Topologiepflege	57f, 72, 129, 240, 250, 253
Transcend	166, 170
TransView	137, 146
Traps	47, 168, 197, 209

U

UDP	46
Unicenter	155, 157f, 183
UNIX	28, 34ff, 45, 53, 68, 99, 126, 139, 143, 150ff, 160ff, 173ff, 181ff, 192, 200ff, 215ff

V/W

Verkehrsanalyse	57
VM	68, 126
WAN	36ff, 87f, 93, 100ff, 116, 120ff, 132, 166, 170ff, 212, 221,243
WAN-Analysatoren	93

WAN-Monitore	92, 105
Weiterverrechnung	58, 118, 130, 240, 250, 253
WilView/X	173
Windows	34, 38, 53, 68, 141, 150, 160
Windows API	143
Windows-NT	38, 126, 139, 175, 201

X/Z

XMP	164
XMP API	143
XRSA	212
Zugangskontrolle	113
Zustand	60